만나요약설교 14

만나요약설교 14

김명규 지음

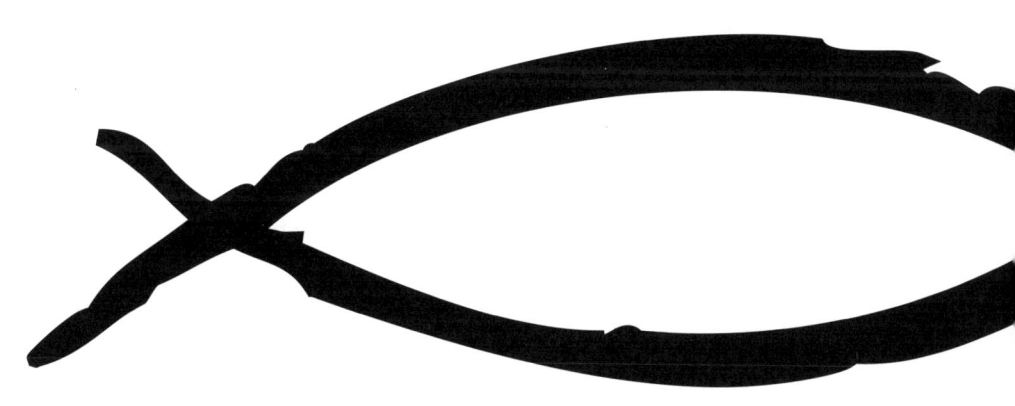

머리말

 자격이 있는 것도 아니지만 지금까지 귀한 강단에서 하나님의 귀하신 백성들에게 설교하게 하신 하나님께 무한 영광과 감사를 드리게 됩니다. 찰스 웨슬리(Charles Wesley, 1739)가 고백하며 찬송한(23장) 내용과 같이 입이 만 개가 있어도 모두 찬송할 수도, 감사할 수도 없는 일이라고 생각합니다. 지혜의 왕이며 부귀영화로 가득했던 솔로몬 왕도 고백하기를 (전 12:11-12)"지혜자들의 말씀들은 찌르는 채찍들 같고 회중의 스승들의 말씀들은 잘 박힌 못 같으니 다 한 목자가 주신 바이니라 내 아들아 또 이것들로부터 경계를 받으라 많은 책들을 짓는 것은 끝이 없고 많이 공부하는 것은 몸을 피곤하게 하느니라" 하였는데, 또 한 권의 요약설교집을 문서선교 차원에서 집필하게 되었습니다.
 교회 개척을 시작해서 목회를 한 지가 어제 일 같은데 벌써 43주년에 접어들었습니다. 목회하는 사람으로서 이제 곧 지려고 꼬리만 보이는 태양의 마지막 모습이 더 붉게 물들어 보임이 큰 의미가 있어 보입니다. 43년 목회해 왔지만, 내세울 것은 하나도 없고 그저 주님 앞에서 부끄러운 모습들뿐입니다. 그래도 지는 석양이 더욱 아름답고, 붉게 빛나듯이 마지막 남은 짧은 잔여기간의 목회가 이전보다 더욱 아름다운 복음전파의 선교현장이 되기를 간절한 마음으로 빕니다.
 로마서 16장에서 사도 바울이 고백한 잊지 못할 아름다운 이름들처럼 개척해서 43년간 목회를 도와서 함께해 온 이름들과 얼굴들이 주마등처럼 지나갑니다. 소중한 그들에게 하나님의 큰 축복과 상급이 준비되었으리라 믿습니다. 지난 30년간 필자가 소속한 교단 신학교에서 신약학 강사로서 미력하나마 후배 양성에 힘쓰고, 총회를 위해서는 총회장으로 섬기고, 지역선교 차원에서는 경찰선교와 연합회를 섬긴 것은 참으로 은혜롭고, 감사한 일이었습니다. 또한 선교에 관심을 가지다 보니 세계 주요 곳곳마다 다니면서 선교대회에 힘쓴 일들과 13군데 예배당을 건축하여 헌당하고 선교한 것은 은평교회의 영광이요 축복으로 생각합니다.

참으로 못 살고 못 먹던 시절 충청도 시골에서 태어났지만, 초등학교 4년 때에 교회 마룻바닥에 꿇어 엎드려 기도할 때 하나님께서 방언을 체험하는 은혜를 받게 하셨습니다. 시골 지게꾼으로 살고 있어서 가을 시제(제사) 때에는 제사 음식을 지게에 지고 4km나 되는 곳까지 배달했던 어릴 때의 추억도 하나님의 은혜로 더욱 빛나게 하는 장면이라 생각됩니다. 남들이 고등학교에 입학하는 나이에 서울에 올라와서 주경야독(晝耕夜讀)으로 뒤늦게 중학교에 입학하여 모름지기 벧세메스로 가던 두 암소처럼(삼상 6:12) 앞만 보고 달려온 세월이었습니다. 이런 지난날들의 기억들이 주마등처럼 떠오르니 감사의 눈물이 앞을 가립니다. 이 모든 일이 바울의 고백과 같이 하나님의 은혜로밖에는 해석이 불가능합니다(고전 15:9-10). 그저 하나님의 섭리가 놀라울 뿐입니다. 불의의 병기에서 의의 병기로 쓰이기를 원했던(롬 6:12-13) 시간들이 한참 남은 줄 알았더니 어느새 목회의 종점에 와있음을 봅니다. 모든 일은 마무리가 좋아야 함을 이야기하지만, 현실 앞에서는 어려운 일들이 있음도 고백하게 됩니다.

집안의 한 사람, 목사로서 선두 주자로 달리다 보니 친척의 동생들이 목회자가 되어 가문에 목사가 많음도 감사하게 생각합니다. 외삼촌 아들 김영수 목사, 김옥선 목사, 박웅 목사와 그 아들 박성국 목사, 김옥경 사모(김태정 목사), 이모님의 아들 중에 감리교 목사인 최성규 목사, 막내로 태어나 대학을 여러 군데 다니다가 결국 서울 신학대학에 들어가서 기독교 성결교 목사가 된 친동생 김성규 목사, 이들은 각각 교단은 다르지만, 같은 목회의 열정으로 헌신하는 동생들입니다. 그런데 그 뿌리가 충청남도 서천군 마산면 마명리 마명교회에서 나온 출신들이라는 데 감사하게 생각합니다. 비록 마명교회는 농촌교회이지만, 현존하는 목회자만 해도 수십 명이요 총회장만 해도 4명 이상이 배출된 자랑스러운 교회입니다. 마명교회를 위해 헌신해 주신 지체들에게 감사하게 생각합니다. 바울이 고백하듯이(딤전 4:17) 끝까지 이들이 잘 달려가기를 기도합니다.

오늘의 시대는 예수님의 재림을 앞당기기라도 할 듯 모든 징조들이 나타나고 있습니다. 말씀이 왜곡되고, 신본주의 교회가 아닌 성령의 역사를 외면하는 인본주의, 인간적인 집단의 교회로 전락해 가는 부끄러운 일부 교회들을 보면서 미래의 교회가 걱정되는 것은 이 필자만의 생각은 아닐 것입니다.

아이들의 출생률이 급격히 줄어들어 문을 닫는 초등학교가 늘어나는 절박한 시대적 상황 속에서 교회학교도 문을 닫은 교회들을 보는 현실은 하나님 앞에 송구스럽고 아픈 마음을 금할 수 없습니다. 반대로 무슬림권의 아이들은 넘쳐나고 있는 미래의 모판이 없는 한국교회의 모습을 생각하면 가슴이 저려옵니다. 장차 이 땅의 교회가 어찌 될는지 상당한 걱정을 하니 오늘도 엎드려 기도 밖에 나오지 않습니다.

주님께서 다시 재림하실 때까지 세계 선교의 사명을 가진 한국교회가 마치 침몰해 가는 거대한 배와 같은 현실 앞에서 발만 동동 구르게 됩니다. 또한 생각지 않았던 중국 우한발 코로나의 여파는 3년여 동안에 한국교회가 입은 타격은 필설로 표현할 수 없는 일이었습니다. 이제라도 다시 일어나야 합니다. 그리고 빛을 발해야 합니다. "일어나 빛을 발하라"(사 60:1)라고 외치던 이사야 선지자가 전하던 그 소리가 지금 한국교회를 향한 하나님의 말씀으로 들려옵니다. 이럴 때일수록 한국교회는 기도하는 교회, 말씀이 뜨겁게 생동하는 교회, 선교적 사명으로 이 땅과 세계의 영혼들을 깨우치는 구령운동이 살아있는 교회로 새롭게 일어서야 할 때라고 봅니다. 이는 힘으로 되지 않고 오직 하나님의 영으로 되는 줄 알고(슥 4:6) 오늘도 밤이면 밤, 새벽이면 새벽마다 강단에 엎드려 기도합니다. 이 땅 교회들에게서 성령의 불이 꺼지지 않게 해야 합니다(렘 6:12-14).

신학이 없고 영성만 강조하는 것도 문제이지만, 신학은 있는데 영성이 사라진 교회는 더욱 문제입니다. 모든 신학과 더불어서 영성이 회복되도록 힘써야 할 때라고 믿습니다. 유럽교회의 전철을 밟지 않기를 기도할 뿐입니다. 필자가 43년간 개척해서 섬겨 온 안양 은평교회뿐만 아니라 한국교회 전체가 다시 일어나서 전진하기를 기도하는 마음으로 소원을 담아 이 책을 펴내게 되었습니다. 총회 일에 바쁘신 중에도 불구하고 추천사를 부탁할 때 선뜻 응해주신 송홍도 총회장님께 감사를 표합니다.

항상 언제든지 설교를 들어 주신 은평교회 장로님들과 성도들에게 감사하며 전한 말씀과 같은 은혜가 평생 다하도록 넘치기를 바라고 기도합니다. 뒤에서 알게 모르게 기도해 주시던 친척과 형제들에게도 감사를 표합니다. 사무실에서 교회 일도 바쁜데 원고 정리에 힘써 준 교역자들에게 고마움을 표합니다.

때를 따라 이렇게 설교집을 내주신 예루살렘 출판사 박성숙 사장님에게 감사를 표합니다. 결혼 44주년인데 지금까지 목회를 핑계로 고생만 시킨 세월에도 묵묵히 동행하면서 달콤한 소리보다는 쓴 약과 같이 길잡이 역할을 하여 준 사랑하는 아내 유미자 사모에게 고마움을 표하며 천국에서 상급이 클 것이라 믿습니다.

 고맙습니다.
 사랑합니다.
 축복합니다.

2023년 7월
오염되어 죽었던 안양천에
팔뚝만 한 잉어들이 헤엄치고
이름 모를 꽃들이 만발하여 있고
왜가리, 백로, 오리들이 뛰노는 안양 천변의
은평교회 목양실에서
小石 金 明 圭 牧師

추천사

아모스 선지자는 북이스라엘의 13대 왕 여로보암 2세가 통치하던 시대, 풍요와 번영으로 치닫고 있을 때 예언하기를 "주 여호와의 말씀이니라 보라 날이 이를지라 내가 기근을 땅에 보내리니 양식이 없어 주림이 아니며 물이 없어 갈함이 아니요 여호와의 말씀을 듣지 못한 기갈이라"(암 8:11)고 외쳤습니다.

땅에 기근이 왔다는 것입니다. 그런데 그 기근은 먹을 양식이 없는, 마실 물이 없는 기갈이 아니라 여호와의 말씀을 듣지 못하는 기근이라는 것입니다. 선지자들을 통하여, 제사장들을 통하여 말씀이 전파되었으나 이스라엘 백성들은 그 말씀을 전혀 받아들이지 않고 끝까지 회개하기를 거부하다가 하나님의 심판을 받았습니다.

지금 우리에게는 너무도 좋은 환경이 놓여져 있습니다. 신앙생활하기 얼마나 편한지 모릅니다. 문밖에 나가 둘러보면 교회 십자가가 가장 먼저 눈에 띌 정도로 교회가 많습니다. 그리고 교회를 찾기만 하면 하나님의 말씀을 들을 수가 있습니다. 기독교방송 채널만 돌리면 말씀이 흘러나옵니다.

초대교회 시대나 일제 강점기에는 교회를 향한 박해가 이루 말할 수 없었습니다. 많은 순교자들이 나왔으니 그 핍박의 정도가 어떠한지를 짐작할 수 있을 것입니다. 그러나 지금 우리는 너무도 축복된 환경에서 신앙생활을 하고 있습니다. 그럼에도 불구하고 심히 부끄러운 마음을 금할 수가 없습니다. 한국교회는 마이너스 성장을 걷고 있습니다. 사람들은 세상이 더 즐거워서인지 좀처럼 교회를 찾으려 하지 않습니다.

교회를 찾을 수 있다는 것, 그리고 하나님의 말씀을 들을 수 있다는 것이 얼마나 복된 것인지를 알아야 합니다. 말씀을 주시고 그 말씀을 통하여 은혜를 베푸시는 하나님의 은혜가 얼마나 감격스러운 것인지 아셔야만 합니다.

복음전도와 선교에 불타는 열정을 가지시고, 대신 총회 제43, 44회기 총회장을 역임하신 존경하는 김명규 목사님께서 은평교회를 개척 설립하여 43년 동안 목회해 오시면서 어머니가 자식을 건강하게 먹이기 위해 맛있고 영양가 있는 음식을 만들듯이 생명의 양식을 준비하셔서 '만나 요약설교 14편'을 출간하게 됨을 기쁘게 생각하며 축하드립니다.

　남들은 한 권도 출간하기 어려운 일을 계속적으로 편찬하여 역사에 기록으로 남게 함은 한국교계와 특별히 대신총회 모든 목회자들과 목사 후보생들에게 큰 귀감이 됨을 생각할 때 감사드리며 적극 추천합니다.

　김명규 목사님은 정통개혁주의 신학과 신앙 위에서 기도 많이 하시고 목회의 경험과 성령충만한 가운데 설교를 집필하였으므로 목회자들뿐 아니라 성도들에게도 영혼의 양식, 만나가 될 줄 믿습니다. 이 설교집을 읽는 자마다 충만한 은혜와 영적인 깨우침을 얻어 여호와를 앙망하며 새 힘으로 달려가시길 소망합니다.

송홍도 목사
(대신 제57회 총회장, 늘찬송교회 담임)

목차

머리말   4
추천사   8

〈감사〉
감사하며 살자 / 골 3:15-17   15
무엇을 드려 감사해야 할까요? / 요 12:1-8   20

〈가정〉
어린이들을 천국 백성으로 키우라 / 마 18:1-7   26
네 부모를 공경하라 / 마 15:1-10   31

〈구원〉
하나님 만나기를 예비해야 합니다 / 암 4:6-13   36
구원받는 비결은 오직 한 길입니다 / 롬 10:9-15   41
우편 강도에게 주어진 낙원을 생각합니다 / 눅 23:39-43   47

〈기적〉
베데스다의 기적의 축복 / 요 5:1-9   52
성전 문 앞에서 일어난 기적 / 행 3:1-10   57

〈교회〉
생명의 방주인 은평교회여 영원하라 / 마 16:13-20   62

〈믿음〉

위기에서 벗어나는 믿음 / 마 8:23-27   67
믿음에서 오는 힘과 능력 / 마 17:14-20   72
에스더에게서 보는 그리스도인의 거룩한 결단 / 에 4:12-17   77
굴 밖으로 나와야 합니다 / 왕상 19:9-14   82

〈믿음의 사람〉

온 천하에 기념하신 사랑 / 막 14:3-9   88
하나님의 마음에 합한 사람들 / 행 13:13-23   93
여호수아의 신앙 인격 / 수 24:14-15   98
이 산지를 내게 주소서 / 수 14:6-15   103

〈부활〉

예수님의 무덤은 비어 있습니다 / 눅 24:1-12   109
부활하신 예수님을 만난 사람들 / 요 20:19-33   114

〈성탄〉

예수 성탄의 축복 / 눅 2:1-14   119

〈승리〉

손들고 승리한 르비딤 전쟁 / 출 17:8-16   125

〈신앙생활〉

즐겁고 행복하십니까? / 시 16:1-5   130
벧엘로 올라가는 신앙 / 창 35:1-5   135
농부에게서 배우는 신앙생활 / 약 5:7-11   140
하나님께서 주신 기회를 사용하라 / 엡 5:5-21   145
복음에 합당한 생활을 하는 사람들 / 빌 1:12-30   150

〈신앙인의 모습〉

불이 꺼지지 않게 하라 / 레 6:8-13	155
지혜로운 시간 관리자 / 엡 5:12-18	160
새로운 피조물입니다 / 고후 5:11-19	165
먼저 구해야 할 일 / 마 6:19-34	170
옥중에서도 찬송하는 신앙 / 빌 4:4	175
확신에 서 있는 신앙 / 딤후 1:1-9	180

〈영적 교훈〉

희생은 영광이 따라옵니다 / 요 12:20-25	185
주께서 가까이 계실 때에 할 일 / 사 55:6-11	190
위의 것을 찾는 그리스도인 / 골 3:1-4	195
이스라엘 선민을 향하신 하나님의 요구 / 미 6:1-8	200
선택을 잘해야 합니다 / 창 13:5-13	205
성한 곳이 없이 병들었습니다 / 사 1:1-9	211

〈열매〉

열매로 그 나무를 안다 / 요 15:1-8	217

〈예수님〉

예수님의 나귀 타고 가신 길 / 막 11:1-10	222
예수님이 우셨던 눈물들 / 히 5:1-10	227
예수님이 찔리시고 상하셨습니다 / 사 53:4-9	233
십자가 위에서 부르시는 나의 하나님 / 마 27:45-50	239

〈재림〉

예수님의 재림 때 요구되는 것이 있습니다 / 벧후 3:8-13	245

〈제자〉
우리는 복음의 일꾼입니다 / 골 1:13-23   251
너는 나를 따르라 / 요 21:20-23   256

〈축복〉
축복을 받은 사람들 / 롬 5:1-6   261
축복은 믿음대로 되리라 / 막 11:22-26   266

〈감사〉

감사하며 살자

골 3:15-17

　하나님의 피조물 가운데서 두드러지게 사랑할 줄 알며 감사할 줄 아는 피조물은 인간밖에 없다고 생각합니다. 물론 다른 동물들도 나름대로 조금씩 발달 된 모습들이 있기는 하지만 사람과 같이 언어가 있고 표현할 줄 아는 성문화(成文化)된 생활을 하는 것은 오직 사람뿐이라는 사실입니다. 성경은 분명히 말씀으로 가르쳐 주셨습니다. (시 50:14-15)"감사로 하나님께 제사를 드리며 지존하신 이에게 네 서원을 갚으며 환난 날에 나를 부르라 내가 너를 건지리니 네가 나를 영화롭게 하리로다" 계속해서 23절에서는 "감사로 제사를 드리는 자가 나를 영화롭게 하나니 그의 행위를 옳게 하는 자에게 내가 하나님의 구원을 보이리라" 하였습니다. 또한 항상 하는 기도 생활도 감사가 반드시 따라야 하는데 (골 4:2)"기도를 계속하고 기도에 감사함으로 깨어 있으라" 하였는바, 감사는 참 기도의 요소이며 기도의 완성이라고 말하게 됩니다.

　기도에는 청원(petition)과 감사(thanksgiving)의 두 요소가 있습니다. "깨어 있으라"(γρηγοροῦντες, 그레고룬데스)는 현재 분사형으로 언제나 깨어 있는 모습을 뜻합니다. (마 26:41-)겟세마네 동산의 예수님이 말씀하셨고, (엡 6:18)사도 바울도 "깨어 구하기를 항상 힘쓰며"라고 권면하였습니다. (막 13:35)예수님은 말세를 만난 성도들에게 더욱 깨어 있을 것을 강조해 주셨습니다. (신 16:15)절기를 지키는데 복 주실 것을 인하여 감사하며 지키라고 하셨습니다. 본문에서 사도 바울은 옥중에 갇혀 있으면서 사랑, 평강, 감사, 찬양, 봉사, 선교를 강조하고 있습니다. 이 말씀을 통하여 함께 은혜를 나누고자 합니다.

1. 왜 감사 생활을 해야 합니까?

감사 생활의 이유에 대해서 확실하게 답변을 주셨습니다. 이는 사람으로서 마땅히 해야 할 일이며 더욱이 중요한 것은 그리스도인이기 때문입니다.

1) 감사는 그리스도인으로서 마땅히 해야 할 신앙 인격의 척도가 됩니다.

그 사람의 신앙의 수준은 감사 생활에서 표현됩니다. 로마 시대에 키케로는 "감사하는 마음은 최고의 덕일 뿐만 아니라 모든 덕의 어머니이다." 하였습니다.

① 받은바 은혜와 복이 무한함 속에 살아가기 때문입니다.

그리스도인의 하나님께 맡은바 은혜와 축복은 계산할 수 없이 많습니다. 찬송 23장의 작사자 찰스 웨슬리(Charles Wesley)는 만 개의 입으로도 찬송을 다 할 수 없다고 표현하였습니다. 바울은 본문에서 그리스도인이요 그리스도의 종으로서 심한 핍박 중에서 전도하였지만 감사가 넘쳐나도록 찬송하고 있습니다.

② 우리는 누구나 이 은혜 속에 살아가고 있습니다.

그런데 은혜에는 두 가지 측면이 있습니다. 하나는 일반은혜입니다. 또 하나는 특별은혜입니다. 햇빛을 주시고 공기와 비를 주시는 것은 일반은혜에 속하지만, 그리스도 예수 안에서 죄 씻음받아 구원해 주시고 직분 주셔서 일하게 하시는 것은 특별은혜입니다(마 5:45). 이를 일컬어서 조직신학에서는 일반은총과 특별은총이라 부릅니다. (왕상 17장)비가 오지 않아도 죽게 되지만 예수 믿지 않아도 죽는 일입니다(요 3:36). (시 136:25)모든 육체에게 식물을 주시는 하나님께 감사해야 하는 것은 호흡이 있는 모든 인간이 해야 하는 찬송이요 감사입니다.

2) 그리스도인들은 더욱 은혜를 받아서 특별한 은총 가운데 살아가기 때문에 감사가 더욱 특별해야 합니다.

우리는 일반은총도 크지만, 더욱 이 큰 특별은총 가운데 살아가는 사람들입니다.

① 죄 사함받아 구원받은 은혜는 무엇과 비교할 수 없는 큰 은혜요 축복입니다.

지옥은 영원한데 지옥 가지 않고 예수 믿어 영원한 천국에 들어가는 축복을 받게 되었습니다. (롬 6:23)죗값은 사망인데 (엡 1:3)창세 전부터 예정되어 구원 받게 되었습니다. (딤전 1:12)그래서 바울 사도 역시 "우리 주께 감사하다"고 간증하며 전하였습니다.

② 특별은총의 최고봉은 천국의 시민권자가 되는 것입니다.

(요 1:12)하나님의 자녀가 되었습니다. (롬 8:15)하나님을 아버지라 부르게 되었습니다. (빌 3:20)천국의 시민권자가 되었습니다. (롬 14:17)천국은 성령 안에서 의와 평강과 희락이라고 하였습니다. 이와 같은 축복 속에서 당연히 감사 생활하는 것은 믿는 성도들의 마땅히 할 일입니다. 감사절에 감사가 회복되어 풍성하기를 축복합니다.

2. 감사할 때 감사하는 방법을 알아야 합니다.

감사하는데 어떻게 감사해야 하는가를 알고 감사해야 한다는 말씀입니다. 눈에 보이는 사람과의 관계에서도 "감사합니다." "고맙습니다."라는 말을 하게 되듯이, 사람과 사람 사이에서 하는 의례(儀禮)입니다.

1) 하나님께 날마다 그리고 수시로 감사하는 마음을 드려야 합니다.

(시 118:28-29)"주는 나의 하나님이시라 내가 주께 감사하리이다 주는 나의 하나님이시라 내가 주를 높이리이다 여호와께 감사하라 그는 선하시며 그의 인자하심이 영원함이로다" 하였습니다.

① 주님의 은혜를 생각할 때 감격스러운 마음을 가져야 합니다.

일반적인 일들로 우리가 감사합니다만 구원의 은혜를 생각할 때 더욱 감사와 찬송이 자동적으로 표현되게 됩니다. 마음에서부터 감사가 나와야 하는데, 성령님께서 우리 마음에 성전 삼으시고 계시기 때문에 감사하게 됩니다. (고전 3:16)마음이 성전입니다. (사 1:3)이스라엘 유다 백성은 책망받게 되는데 주인 되시는 하나님을 모르기 때문이었습니다. 안타까운 현장입니다.

② 말로써 감사해야 합니다.

다윗이 블레셋에 망명하여 아비멜렉 앞에서 미친 척할 때의 일입니다. (시 34:1-2)"내가 여호와를 항상 송축함이여 내 입술로 항상 주를 찬양하리이다 내 영혼이 여호와를 자랑하리니 곤고한 자들이 이를 듣고 기뻐하리로다" 하였습니다. 감사는 구원받은 모든 그리스도인이 마땅히 해야 할 일입니다. 이것은 사소한 일에도 "감사합니다"를 연발하는 미국을 비롯한 서방 사람들이 몸에 잘 익혀있어서 자주 땡큐(Thank you)라고 말합니다. 우리는 평상시에 하나님의 은혜에 대해서 감사하는 말을 드려야 합니다.

  2) 감사하는 것은 그냥 하는 것이 아니라 행동으로 나타내 보여야 합니다.

  입으로 감사하고 손짓으로 감사하며 목례로써 인사하며 감사하듯이 하나님께 대해서도 감사가 행동으로 나타나게 해야 합니다.

  ① 몸으로 보여야 합니다.

  그래서 구원받은 성도들이 첫 번째 해야 하는 중요한 행동은 몸으로 하나님께 나아와서 산 예배를 드리는 것입니다. (롬 12:1)우리 몸을 산 제물로 드리라고 분명히 하였습니다. 벵겔(Bengel)은 "하나님의 자비에 올바르게 감동된 자는 하나님의 뜻에 순종하게 된다." 하였습니다. 구약 시대에는 동물로 제사를 드렸으나 우리는 예수 그리스도 안에서 하나님께 마음과 몸을 다해서 예배를 드리게 됩니다.

  ② 영적 예배에는 헌물이 따르게 됩니다.

  (요 4:24)영적 예배(spiritual worship, Denny) 또는 마땅한 예배(Reasonable serve, Calvin)는 제물(헌물)이 따르는데, (삼하 24:24)다윗 시대에는 내리신 재앙도 멈추게 되었습니다. (시 51:16-17)하나님이 구원하시는 제사는 상한 심령이라고 간증하기도 하였습니다. (고후 9:7)인색함으로나 억지로 할 일이 아님도 배우게 됩니다.

3. 감사 생활에는 반드시 결과가 따라옵니다.

  반드시 아름다운 결과가 따라오게 되는데, 영적이든 육적이든 간에 그 생활에서 열매가 따르게 마련입니다. 마치 가을의 열매와 비교됩니다.

  1) 영적으로 따라오는 것이 있습니다.

  영적으로 따라오는 것은 누구도 그것을 훔치거나 빼앗거나 할 수 없고 내면적인 축복으로 남게 됩니다. 신앙생활을 어떻게 하였느냐에 따른 결과로 나타나는 현장이기도 합니다.

  ① 자신의 마음에 평화와 행복이 따라옵니다.

  반대로 감사하지 못하거나 감사가 없으면 무엇인가 불편하게 되는 것이 사실입니다. 진정으로 예수 믿는 믿음의 사람이라면 이 사실을 감지하게 됩니다. (요 14:27)이 평안은 세상이 주는 것과는 다른 성격의 평화입니다. 내면적인 평안이 가득 찬 감사 생활이 되시기 바랍니다.

② 내 마음이 기쁘기 때문에 타인에게 전달됩니다.

내 마음이 즐겁고 기쁘고 평화롭기 때문에 말이나 행동에서 나타나게 되고, 주위 사람에게 분명하게 영향을 끼치게 됩니다. 반대로 내 마음이 불안하고 짜증이 나게 되면 그 영향 역시 주위 사람에게 전달되어서 분위기가 좋지 않게 됩니다. (고후 2:14)어디에 있든지 그리스도의 좋은 냄새가 되기 위해서 힘써야 합니다. 옆 사람이 하품하게 되면 그 하품이 전염되는 것과 같은 원리라 할 것입니다.

2) 축복의 역사, 은혜의 역사, 형통의 역사가 나타나게 됩니다.

하나님께서 축복해 주는 은혜로 오는 결과입니다. (출 23:15-)그래서 맥추감사절과 추수감사절을 지키라고 명하시게 된 것입니다. 빈손으로 보이지 말라 하였습니다.

① 사도 바울은 지금 옥에 갇혀 있으면서도 감사와 찬송을 강조하며 전하고 있습니다.

몸은 옥에 있지만 믿음은 은혜와 축복이 있게 됩니다. 지금과 같이 풍요로운 시대에 살면서도 감사가 메마르고 무표정인 시대에 우리는 철저히 감사를 배우고 감사하는 신앙으로 살아야 합니다.

② 우리 안에 예수님이 계시다면 영과 육의 생활에 평화와 잘됨이 있습니다.
(시 23:6)다윗은 사망의 음침한 골짜기 가운데서도 찬송하면서 "내 잔이 넘치나이다"(my cup overflows) 하였는데, 스코틀랜드의 유명한 시각 장애인 조지 메트슨 목사님은 "나의 하나님, 나의 하나님, 나에게 가시를 주신 당신께 감사하나이다." 하였습니다. 고통 속에서 감사할 수 있을 때 완숙한 신앙이라고 할 수 있습니다. 지금과 같이 풍요의 세계에 살면서도 감사가 메마른 현장을 회개해야 합니다. 옥중에서도 감사하는 바울 사도의 신앙을 따라서 우리 마음에 감사함이 넘치는 축복이 임하기를 예수님의 이름으로 축원합니다.

결론 : 평상시 감사하면서 살아야 합니다.

〈감사〉

무엇을 드려 감사해야 할까요?

요 12:1-8

　사람이 짐승과 다른 점은 여러 가지가 있지만, 인간에게는 인성(人性)이 있어서 그 많은 요소 가운데 감사하며 사랑할 줄 안다는 것입니다. 물론 동물도 조금씩은 있다 할지라도 사람과 같지는 않은 것이 사실입니다. 하나님께서 창조하실 때 (창 1:26-)사람은 하나님의 형상대로 창조하셨는데, 여기에서 하나님의 형상이라고 하는 말은 하나님의 '사랑, 거룩, 의로움, 자비' 등 영적인 것들을 뜻하는 것으로 믿습니다. 문제는 (창 3:17-)하나님의 말씀에 불순종해서 이제는 축복이 아니라 저주의 대열에 있게 되었다는 사실입니다. 그리고 동생을 죽이는 가인의 사건(창 4:7-)까지 발생하게 되었습니다. 이제 예수님이 오셔서 대속적 죽으심과 부활로써 구원의 길이 열리게 되었고 예수 믿어 구원받은 성도들은 언제나 감사가 회복되어야 합니다. (출 23:15-)출애굽 해서 가나안 땅을 약속하시면서 매년 맥추 감사와 추수 감사를 드리라고 하신 하나님의 말씀에서 우리는 감사를 배우게 됩니다. (살전 5:16-)"항상 기뻐하라 쉬지 말고 기도하라 범사에 감사하라 이는 그리스도 예수 안에서 너희를 향하신 하나님의 뜻이니라" 하였는데, 여기 '범사에'라는 말은 모든 일 안에서 감사하는 것을 뜻합니다.

　오늘 본문은 요한복음 11장에서 나사로가 다시 살리심을 받게 되었고, 그로 인하여 동네잔치가 벌어지게 되었는데, 마리아가 예수님께 향유 병을 쏟아서 헌신하는 내용입니다. 이 향유 붓는 행위를 가룟 유다가 비난하자 예수님께서는 오히려 칭찬하시면서 나의 장례를 위해서 좋은 일이라고 하였습니다. (마 26:6-7)또 시몬의 집에서 마리아는 향유 옥합을 깨서 주님께 드렸지만, 우리는 무엇을 가지고 감사해야 할 것인가를 생각해보며, 감사 신앙을 회복하시기를 축원합니다.

1. 우리는 몸으로 헌신하며 감사해야 하겠습니다.

복음성가 중에 "나 무엇 주께 드려야 주님 기뻐하시리"라는 가사와 같이 "우리는 무엇을 드려야 할까요?"라는 질문 앞에 우리 몸을 드려서 감사해야 합니다.

1) "무엇을 드릴까요?" 할 때 생각이 납니다.

미가 선지자가 전한 말씀입니다. (미 6:6)"내가 무엇을 가지고 여호와 앞에 나아가며 높으신 하나님께 경배할까" 하였습니다. 존 헨리 박사(Dr. John Henry)는 "감사는 최고의 항생제요 방부제요 해독제이다." 하였는바, 감사 속에 모든 치료제가 있다는 뜻일 것입니다.

① 하나님께서 기뻐하시는 것을 찾아서 감사해야 합니다.

(창 27:4)야곱이 이삭이 즐겨 드시는 별미로써 대접해 드린 것과 같이, 우리는 하나님이 기뻐하시는 것이 무엇인지 찾아야 합니다. (히 11:6)그것은 믿음입니다. 빈센트(Vincent)는 말하기를 "그것은 모든 시대를 통해서 보는 보편적인 명제로 제시하는 것이다." 하였습니다. (롬 12:1-)몸을 산 제물로 드리는 것입니다.

② 성령이 우리에게 말하는 것은 몸을 산 제물로 드리는 것입니다.

이는 구원 받은 성도가 첫째 해야 할 사명입니다. 벵겔(Bengel)은 "하나님의 자비하심에 올바르게 감동된 자는 하나님의 뜻에 순종하게 된다."고 하였습니다. (고전 6:15, 3:16-)우리 몸이 성령의 전이 되었기 때문입니다. (시 51:17)상하고 통회하는 심령으로 드리는 제사입니다.

2) 하나님이 기뻐하시는 일이라면 그것이 무엇이라도 드릴 수 있어야 합니다.

이는 그의 뜻에 순종하는 마음이요 자세입니다.

① 하나님의 뜻이라면 드리고 감사했던 아브라함에게서 배우게 됩니다.

(창 22:1-)하나님께서 아브라함을 시험(test)하시려고 이삭을 드리라고 하실 때 아브라함은 주저 없이 실행하였습니다. 비록 이삭을 죽이지는 않았지만 아브라함의 믿음을 확실히 인정받는 사건이었습니다. (창 22:12)"내가 이제야 나를

경외하는 줄 알았다" 아시고 준비해 두신 양을 드리게 하셨습니다.

② 구원받은 성도의 삶의 목적은 하나님의 영광입니다.
(사 43:21)하나님을 찬송하는 일이 되어야 합니다. (엡 1:6)창세 전에 예정해 주신 목적도 하나님을 찬송하는 것입니다. (고전 10:31)먹고 마시는 모든 일이 하나님께 영광 돌리는 것이 그 목적이 되어야 합니다. 소요리 문답 1문에 사람이 제일 되는 목적 역시 하나님 영광에 두었습니다. 이번 감사절에 우리 마음에서부터 우러나오는 감사의 일들이 실제로 몸으로 실행되기를 축복합니다.

2. 어떤 마음으로 드려야 합니까?
어떤 마음, 어떤 자세로 드려야 합니까? 감사를 드리는 자세가 중요합니다. 아무렇게나 마음과 정성 없이 드리는 것이 아닙니다. 마리아는 준비된 향유를 가지고 드렸는데, 물질만 드린 것이 아닙니다. 마음 전체를 드렸고 정성을 다해 드렸습니다.

1) 드리는 자세가 중요합니다.
사람과 사람 사이에서 볼 때도 자세가 있듯이, 하나님께 드리는 것도 마음과 자세가 매우 중요합니다.
① 전심을 다하는 자세입니다.
본문에서 마리아는 향유 병 전체를 드렸습니다. 조금 덜거나 빼지 않고 전체를 부어드렸습니다. (고후 9:7)인색함으로나 억지로 하지 말지니 하나님은 즐겨 내는 자를 기뻐하시니라 하였습니다. (신 6:4)마음을 다하고 성품을 다하고 힘을 다하여 네 하나님 여호와를 사랑하라고 하였습니다. (창 4:1-)가인은 그 마음에 믿음이 없었습니다. (히 11:4)그러나 아벨은 믿음으로 드렸습니다. 그 예배를 하나님께서 받으시고 축복해 주셨습니다.
② 감사절을 통하여서 믿음의 착실함을 드려야 합니다.
오늘 본문에서 마리아는 전체를 부어 드렸습니다. 울면서 감격스럽게 드린 것입니다. 머리털로 주님의 발을 씻는 모습을 보여 주었습니다. 우리의 믿음은 어떤 자세입니까? (요 11:32)마리아는 예수님 발 앞에서 꿇어 엎드려서 "예수님이 여기 계셨더라면 내 오라비가 죽지 않았을 것이라"고 울던 여인이었습니

다. 예수님 앞에 꿇어 엎드리는 자세로 향유를 부어드렸습니다. 우리는 예수님께 무엇을 드리며 어떤 자세를 드리는지 확인하는 감사절이 되어야 하겠습니다.

　2) 기적을 체험하는 감사절이 되어야 합니다.

　그냥 남들이 하기 때문에 하는 감사절이 아닙니다. 마리아는 오라비가 죽었다가 다시 살아난 절박한 상황을 분명하게 체험하게 되었고, 그 체험에 감격해서 감사를 드렸던 것입니다. 지금 우리는 어떤 감사를 드리는 것인지 깨달아야 합니다.

　① 여기에는 진실로 감사함이 넘치게 되는 것입니다.

　죽은 오라비가 살게 되었으니 마리아로서는 감사함이 넘치게 된 것입니다. 여기에서 향유가 부어지고 머리털로 씻는 일은 체험자만이 할 수 있는 일이라고 믿습니다. 우리는 은혜 받은 자로서 늘 감사를 확인해야 하겠습니다. 여기에 대해서 가룟 유다는 300 데나리온에 팔아서 가난한 자들을 도와야 한다고 주장하지만, 이를 신학자 벵겔(Bengel)은 "마리아의 헌신을 상징하는 향유 냄새가 가룟 유다의 마음에 노여움만 일으켰을 뿐이었다."고 평하였습니다. 우리는 가룟 유다가 아니라 은혜 체험에 감사해야 하는 마음으로 가득 차야 하겠습니다.

　② 그 감사는 경건함 그 자체였습니다.

　요즈음처럼 헌금하는 시대에는 봉투에다 얼마 넣어서 헌금한 것으로 할 일을 다했다고 생각하면 곤란합니다. 옥합을 깨뜨리는 마음으로 온 정성을 다하여서 엄숙하고 경건하게 드리는 것이 중요합니다. (시 50:14-15) "감사로 하나님께 제사를 드리며 지존하신 이에게 네 서원을 갚으며 환난 날에 나를 부르라 내가 너를 건지리니 네가 나를 영화롭게 하리로다" 하였는데, 이런 감사가 살아있는 감사절이 되시기를 바랍니다.

3. 마리아는 전체를 드리는 감사였습니다.

　처녀가 결혼자금을 준비하며 꿈을 안고 살아가게 되는데, 그 꿈과 준비된 모든 것을 주님 앞에 한꺼번에 부은 바 된 현장입니다.

　1) 그 일정 부분이 아니라 전부를 드린 현장입니다.

부자요 부유한 집안에서야 향유 옥합 하나쯤 드려도 그까짓 것이라고 할지 모르지만 가난한 마리아로서는 전체를 드리는 것이었습니다.

① 주님은 마리아의 그 믿음을 귀하게 보시고 칭찬해 주셨습니다.

(막 12:42)예수님께서 헌금통에 헌금하는 사람들을 보시다가 그중에서 어떤 가난한 여인이 가난한 가운데서 두 렙돈을 넣는 것을 보시고, 부자들은 부한 가운데 일부를 하지만 이 여인은 전부를 드렸다고 칭찬하였습니다. 이는 액수보다 비율이요, 마음이 귀한 것이라고 칭찬해 주셨다고 학자들은 해석했습니다. 141장 찬송과 같이 "늘 울어도 눈물로써 갚을 길 없어 이 몸밖에 드릴 것 없어 이 몸 바칩니다." 하는 신앙적 감사와 간증이 있어야 할 것입니다.

② 주님이 기뻐 받으시는 제물과 헌신이 되었습니다.

천만금을 주님께 드려도 하나님께 열납되지 못한다면 헛것이 되고 하나의 소비로 끝이 날 것입니다. 그러나 마리아는 귀한 향유로 드릴 때에 주님이 기쁘시게 받으시고 칭찬하여 주셨습니다. 우리는 하나님께 드릴 때 하나님께서 기뻐하시는 헌신된 생활이 되도록 힘써야 하겠습니다.

2) 마리아의 이름이 온 천하 복음이 전해지는 곳에서 기념하게 될 것이라고 하셨습니다.

가룟 유다는 자기 사욕 때문에 마리아를 비난했지만, 예수님은 칭찬해 주시면서 이 복음이 전해지는 곳에서 마리아를 말하여 기념하게 될 것이라고 칭찬과 함께, 미래의 영광까지 말씀해 주셨습니다.

① 세상에서도 기념됩니다.

당시에 수많은 청중 앞에서 예수님은 마리아를 칭찬해 주셨습니다. 증인 된 칭찬의 현장을 보여 주셨습니다. 우리 주님이 공인하시는 칭찬은 축복이요 영광이 됩니다. 지금까지 교회사에서도 마리아와 같이 공인된 칭찬 받은 사람은 기록에 없을 정도입니다. 마리아는 천국에 가면 상급이 크지만 세상에서도 그의 이름이 뛰어난 칭찬의 여인으로서 성경에서 지금까지 읽히고 있습니다.

② 천국에서 마리아에 대한 상급이 큰 것은 물론입니다.

이 향유를 부은 행위는 대속적 제물로서 이 땅에 육신을 입으시고 오셔서 죽으신 예수님의 시체라도 장례를 위해서 행한 마리아의 헌신이 되었던 것입니다. 추수감사절에 우리는 이 복음이 온 땅에 전파되기 위해서 열심히 헌신하게 되는 중에 우리가 감사 헌금한 것이 전도와 선교로 쓰임을 받게 될 때 구원 받은 백성이 천국에 많아짐으로써 천국에서 그 결과를 보고 기뻐하게 될 것입니다. 마리아가 예수님의 장례를 위하여 귀한 헌신을 했듯이, 우리의 헌신이 이번 추수감사절이 영혼 구원에 쓰이는 귀한 제물이 되기를 예수님으로 축원합니다.

결론 : 감사가 헌신으로 이어지게 해야 합니다.

〈가정〉

어린이들을 천국 백성으로 키우라

마 18:1-7

미래의 울창한 숲과 풍성한 과실수를 위해서는 어린 묘목들을 잘 키우고 지극정성으로 보살펴야 훗날에 목적한 목재나 과실들이 가득하게 열리게 됩니다. 우리에게 주신 자녀들을 지극정성으로 잘 키우되 성경으로 돌아가서 성경이 우리에게 무엇을 말씀하고 있는가를 깨닫고 성경적으로 키워나갈 때 분명히 성경에 약속하신 대로 성장하게 될 줄 믿습니다. (시 128:1-)"여호와를 경외하며 그의 길을 걷는 자마다 복이 있도다 네가 네 손이 수고한 대로 먹을 것이라 네가 복되고 형통하리로다" 하였고, (신 28:1-14)하나님의 말씀을 듣고 행하는 자에게 본인과 자녀 손들까지 반드시 축복이 약속되어 있습니다.

자녀 손들이 잘되기를 원하십니까? 말씀대로 양육하세요. 거기에는 잘됨과 축복이 약속되어 있음을 믿습니다(요삼 1-4). (신 6:4-)마음을 다하고 뜻을 다하고 힘을 다하여 말씀을 자녀에게 부지런히 가르치며, 말씀을 손목에 매며 미간에 붙이고 문과 문설주에 기록하라는 말씀을 보면, 말씀을 가까이해서 살 것과 말씀을 향할 때 복이 임하는 것을 강조해 주고 있습니다. 오늘날의 어린이주일은 1856년 북미의 매사추세츠주에 소재한 첼시라는 곳에 제일유니버셜교회(First Universal Church)의 찰스 레나드 목사님이 매년 5월 아이들과 부모를 초청해서 아이들에게 꽃을 달아주고 성경을 가르쳐 준 것이 온 미국 교회에 퍼져서 어린이 주일이 시작되었다고 합니다. 오늘 본문은 예수님께서 어린아이들을 축복해주신 말씀입니다.

1. 어린이도 하나님의 자녀입니다.

어른만의 세계가 아니라 아이들의 세계에서도 분명한 것은 부모의 소유적 개념이 아니라 하나님의 자녀로 양육해야 한다는 것입니다.

1) 자녀를 소유 개념으로 보면 안 됩니다.

아이는 독립된 인격체로 하나님이 주신 생명체입니다.

① 부모에게 자녀를 하나님의 뜻대로 잘 키우고 양육하라는 사명이 분명합니다.

(시 127:3)"자식들은 여호와의 기업이요 태의 열매는 그의 상급이로다" 하였습니다. 부모는 자녀가 있음으로써 보람이 있는 것이요 기쁨이지만 어디까지나 하나님께서 위탁해주신 대상이므로 신앙적으로 양육해야 합니다. 예수님 안에서 전인적(全人的) 인격으로 양육해야 할 사명이 있습니다(삼상 2:26, 삼상 3:1-, 눅 2:40-52). 이것이 성경이 말하는 어린이 양육법입니다.

② 아이들을 경홀히 여기면 안 됩니다.

(막 10:13)예수님께 아이들을 데리고 왔을 때 제자들은 귀찮아하였고 홀대했습니다. 그러나 예수님은 그 아이들을 영접하며 기도해 주셨습니다. 신학자 칼(Karr)에 의하면, 당시에는 아이들이 랍비에게 축복기도 받는 풍습이 있었다고 전합니다. 예수님이 기도해 주신 아이가 성장하여 사도 요한의 제자가 되었고, 후에는 그 아이가 순교했던 폴리캅(Polycarp)이라는 말도 전해집니다. (창 48:14-)야곱은 죽기 전에 요셉의 아들인 므낫세와 에브라임에게 축복기도 하였는데, 그 축복이 그대로 되었습니다. 신학자 벵겔(Bengel)은 예수님은 부모들의 요구보다 더 많이 기도해 주셨다고 했습니다.

2) 자녀를 주신 이유를 잘 파악해서 양육해야 합니다.

잠깐 내게 기쁨이나 만족을 주기 위한 존재가 아니라는 사실입니다.

① 천국의 영원한 기업으로 키워야 합니다.

자녀를 주셔서 키우라고 맡기신 이유입니다. 천국 기업이 되도록 양육해야 합니다. (창 27:27)야곱이 받은 축복은 이삭에게서 물려받았고, 이삭은 아브라함에게 물려받았듯이 자손 대대로 축복이 내려가게 해야 합니다.

② 축복은 그냥 받는 것이 아닙니다.

올바른 신앙 교육에서 물려받게 됩니다. (엡 6:4)부모는 자녀를 말씀으로 양육해야 합니다. (딤후 1:3-)로이스와 유니게와 디모데를 잇는 대물림의 신앙이 축복입니다. 이 관계가 자녀들에게 대대로 이어지므로 축복과 은혜가 끊어지지 않는 가정들이 되시기를 축복합니다.

2. 하나님의 자녀이기 때문에 하나님의 말씀을 먹고 성장하게 해야 합니다.

동물의 세계에서도 그들이 먹는 것에 따라서 종(Species)이 달라지는데, 하나님의 자녀는 하나님의 말씀을 먹고 살아야 합니다(마 4:4).

1) 주의 말씀의 권위로 성장하게 해야 합니다.

(엡 6:4)"아비들아 너희 자녀를 노엽게 하지 말고 오직 주의 교훈과 훈계로 양육하라" 하였습니다.

① 시대적인 전문성만을 위한 교육 때문에 아이들의 영적인 것이 훼손되기 쉽습니다.

성경 말씀을 통한 주의 교양과 훈계로 양육해야 합니다. 자녀들에게 성경을 읽는 것과 기도하는 모습을 보여주며 가르쳐야 합니다. 미국의 유명한 조지 트루트(G. W. Truett) 목사님은 새벽마다 복숭아밭에 엎드려 기도하는 어머니에게서 기도를 배우고 유명한 목사가 되었다고 간증합니다. 신앙생활의 모든 모습은 어릴 때부터 보고 배우도록 가르쳐야 합니다.

② 하나님이 없는 교육이나 경영은 헛된 것에 불과한 것임을 깨달아야 합니다.

주의 백성들이 세상적 개념으로 자녀를 양육하려 하는데, 이는 반드시 수정되고 교정되어야 합니다. 하나님이 없는 인생은 성공 같으나 결국 헛된 것이 안개와 같기 때문입니다. (약 4:13-)"너희 생명이 무엇이냐 잠깐 보이다 없어지는 안개니라" 하였습니다. 우리 자녀들이 안개처럼 허무한 인생이 되면 참으로 곤란합니다. 예수님 안에서 축복받는 자녀가 되게 해야 합니다.

2) 자녀 교육은 내 방식대로가 아니라 하나님의 방식대로 할 때 그것이 축복이요 성공입니다.

내 방식은 세상적이고 세속적이며 허락된 운명에 익숙한 방식이지만, 하나님의 방식은 영구적이고 변하지 않는 축복의 방식입니다.

① 세상적이 아니라 하나님께서 주신 가치관이 되게 해야 합니다.

세상적인 가치관은 (창 25:34)에서와 같은 가치관이라면, 하나님이 주신 가치관은 (창 27:27-)야곱이 이삭에게 축복받는 가치관입니다. (딛 1:6-)교회에서 직분을 세울 때도 "불순종하는 일이 없는 믿는 자녀를 둔 자"라야 한다고 하였습니다. 미국 속담에도 오늘 바르게 가르치지 않으면 내일은 죄수가 된다는 말이 있습니다.

② 부모와 어른들이 먼저 모범적 가치관으로 신앙생활에 본이 되어야 합니다. 세 살 버릇이 여든까지 간다는 말처럼 어릴 때 배운 신앙이 평생을 좌우하게 되기 때문입니다. 예수님이 축복해 주시는 자녀들이 되게 해야 합니다.

3. 우리 자녀들이 하나님 앞에서 어린이가 되게 해야 합니다.

"천국은 이런 자의 것이니라"고 말씀해 주신 이유입니다. 세상 나이가 몇이든지 하나님 앞에서 우리는 어린아이라는 것을 망각해서는 안 됩니다. 예수님은 제자들을 향하신 기도 가운데서 이렇게 기도해 주셨습니다. (요 17:1-)"예수께서 이 말씀을 하시고 눈을 들어 하늘을 우러러 이르시되 아버지여 때가 이르렀사오니 아들을 영화롭게 하사 아들로 아버지를 영화롭게 하게 하옵소서."

1) 천국의 소유자는 아이들과 같이 순수한 믿음을 가진 자라야 합니다.

예수님이 말씀해 주셨습니다. 우리는 세상에 살지만 천국의 시민권자요(빌 3:20), 하나님을 아바 아버지라 부르며(롬 8:15), 하나님 자녀의 신분을 가진 자입니다(요 1:12).

① 아들이 엄마 품을 그리워하듯이 천국을 향한 분명한 믿음이 있어야 합니다.

신앙은 늘 하나님을 닮아가는 생활입니다. 가나안 농군학교 김용기 장로님은 대학생들이 찾아와서 하나님을 보여 달라고 할 때 창 1:26을 말하면서, 믿는 자는 하나님의 형상이 마음 안에 있다고 전했다고 합니다.

② 아이들 속에는 순수함이 있습니다.

(눅 2:40)예수님께서 자라실 때 모습처럼 그 키가 자라며 지혜가 자라고 하나님과 사람들에게 칭찬 듣는 인격체로 양육되어야 합니다. 예수님 안에 있을 때 온전한 인격체로 양육되게 됩니다. 하나님 말씀과 기도로 양육되기 때문입니다.

2) 세상은 타락해서 아이들까지도 악이 가득해지는 때가 되었습니다.

우리 아이들을 예수님이 축복 기도해 주시던 아이들과 같이 키워야 합니다. 세계화 시대에 여기에 교회 교육의 사명이 있습니다.

① 우리 자녀들이 악한 사탄 마귀의 놀이마당에 놀아나지 않고 하나님의 영광이 되게 해야 합니다.

(마 17:14, 막 9:19-)예수님이 변화산에서 내려오셨을 때, 한 아버지가 귀신 들려서 어려움을 당하는 어린 아들을 주님 앞에 데리고 왔습니다. 언제부터 그랬냐고 물음에 어릴 때부터 그랬다고 했습니다. 예수님은 그 어린이 속에 있는 귀신을 내쫓으시고 건강하게 하셨습니다. 신학자 크랜필드(Cranfield)는 "믿음을 가진 자는 주께서 하시는 일에 한정을 두지 않는다." 하였는데, 우리 자녀들이 주님의 무한정한 일 안에서 성장하게 해야 합니다.

② 자녀들의 마음이 성전이 되게 해야 합니다.

어린아이 때부터 우리 자녀들의 마음이 성전이 되게 하고, 마귀의 놀이터인 숙주가 되지 않게 주의해야 합니다. (고전 3:16)하나님의 성전이 되게 해야 합니다. 지금은 영적으로 혼돈된 때입니다. 우리 자녀들이 모두 축복되게 성장하기를 예수님의 이름으로 축원합니다,

결론 : 자녀도 천국 백성입니다.

〈가정〉

네 부모를 공경하라

마 15:1-10

매년 5월은 가정의 달이고, 가정의 달 두 번째 주일은 부모 공경하는 어버이 주일로 지켜왔습니다. 현대사회가 대가족제도에서 핵가족 시대로 가더니, 이제는 홀로 사는 사람이 많은 기이한 환경이다 보니 자녀가 부모에 대한 공경이라든가, 존경하며 섬기는 마음이 빈약해지는 시대가 되었습니다. 성경은 우리에게 구약의 율법 시대나 신약의 복음 시대나 부모 공경에 대한 말씀을 변함없이 가르쳐 주고 있습니다. (출 20:12)십계명에서 "네 부모를 공경하라 그리하면 네 하나님 여호와가 네게 준 땅에서 네 생명이 길리라" 하였습니다.

신약에서는 (엡 6:1-)"자녀들아 주 안에서 너희 부모에게 순종하라 이것이 옳으니라 네 아버지와 어머니를 공경하라 이것은 약속이 있는 첫 계명이니 이로써 네가 잘되고 땅에서 장수하리라" 하였는데, 여기에서 "순종"(ὑπακούω, 휘파쿠오)이라는 말은 부모님이 말씀하시면 언제라도 들을 수 있는 마음 준비가 된 상태를 뜻합니다. 신학자 메이어(Meyer)는 "이것은 그리스도인의 순종의 특색을 말한다. 그것은 그리스도 안에서 활동하며 그리스도와 같이 사회에 있는 자의 순종이다." 하였습니다. 빈센트(Vincent)는 "부모와 자녀 간의 옳은 행실이다." 하였습니다. (요 19:27)예수님은 십자가에서 돌아가실 때도 요한에게 어머니 마리아를 부탁하셨습니다. (레 19:3)성경은 부모 공경이 안식일 지키는 규례만큼이나 중요하다고 말씀합니다. 하나님과의 관계가 수직적 관계라면 부모 섬기는 일은 수평관계인데, 수평관계에서 가장 중요한 일입니다. 본문은 예수님께서 종교적 이유로 부모를 섬기지 않는 행태를 질타하시면서 부모 공경을 강조하신 말씀입니다.

1. 부모님을 존경하는 마음으로 공경해야 합니다.

예수님은 이와 같은 바리새인들을 책망하시는데, 외식하는 자들이라고 책망하셨습니다. '고르반'(θυαρβαν), 즉 하나님께 드렸다고 핑계 대고 지키지 않는 외식적 사고를 책망하셨습니다.

1) 어떠한 경우에도 하나님의 말씀은 어느 한쪽이 무시될 수 없습니다.

하나님의 말씀은 동격이요 동일합니다. 외식하는 자들은 '휘포크리타이'(ὑποκριται)로 '배우, 연기자'라는 뜻입니다.

① 부모를 경홀히 여기면 축복 대신에 저주가 옵니다.

(신 27:16)"그의 부모를 경홀히 여기는 자는 저주를 받을 것이라 할 것이요 모든 백성은 아멘 할지니라" 하였습니다. 부모는 나를 세상에 있게 하신 분입니다. 돌아가신 후에 울지 말고 살아 계실 때 잘해 드려야 합니다. (롬 1:13)사도 바울이 "복음에 빚진 자"라고 하였듯이 우리는 부모님께 모두 빚을 지고 살아가는 존재입니다. 셰익스피어는 "감사하지 않는 자녀를 두는 것은 독사의 이빨보다 더 날카롭게 찌른다." 하였습니다. (창 45:28)요셉이나 (룻 1:5-16)룻과 같이 복을 받을지언정 (삼하 15:16)압살롬이나 (창 9:22)함과 같이 되면 곤란합니다.

② 늙으신 부모님일수록 관심을 더 가지고 정성을 더해야 합니다.

부모님도 한때는 젊으셨고 그 젊음을 자녀를 위해 쏟고 사셨습니다. (잠 23:24)"의인의 아비는 크게 즐거울 것이요 지혜로운 자식을 낳은 자는 그로 말미암아 즐거울 것이니라" 하였습니다. 부모님을 즐겁게 해 드려야 합니다.

2) 부모님을 늘 마음으로 섬겨드려야 합니다.

지금과 같이 분주한 시대에 옛날 농경사회처럼 할 수는 없지마는 마음으로 늘 섬겨드리시기 바랍니다.

① 부모님을 존경하며 마음에 새기며 살아야 합니다.

여기에서 의로움이 나타나고 평강과 축복이 더해지게 됩니다(출 20:12).

② 보이는 부모님을 섬기지 못하면서 보이지 않는 하나님을 경외하는 것은 문제가 됩니다.

(요일 4:20)사도 요한을 통해서 주시는 말씀의 원리를 보게 됩니다. 눈에 보이

는 형제를 사랑하지 못하면서 보이지 않는 하나님을 사랑할 수 없다고 하였습니다. 물론 우리가 완전하지는 못할지라도 분명히 마음에 새겨야 할 말씀이라고 믿습니다.

2. 부모 공경은 그리스도 예수 안에서 해야 합니다.

(엡 6:1-)"자녀들아 주 안에서 너희 부모를 공경하라 이것이 옳으니라" 하였는데, '주 안에서' 해야 합니다. 신학자 메이어(Meyer)가 강조하였는데, 부모 공경은 '주 안에서'(ἐν κυρίως, 엔 퀴리오스) 하는 것이 중요한 관건입니다.

1) 주 안에서 부모 공경하는 것이 강조점입니다.

주님을 모르는 시야에서 제사하는 것은 우상숭배이기 때문에 따르면 안 됩니다. 그것은 하나님을 반(反)하는 그릇된 것이기 때문에 따를 수 없습니다.

① 예수 믿는 신앙에서의 공경입니다.

복음이 이 땅에 들어왔을 때 기독교는 핍박을 많이 받았는데, 제사를 드리지 않는다는 이유로 제사를 지내는 사람들로부터 오해를 받았기 때문입니다. 그러나 이제는 기독교 복음이 이 땅에 오래 전파됨으로 조상숭배가 부모 살아 계실 때 잘하는 것이요 돌아가신 후에는 추도예배로 대신하는 풍조로 인해 세상적으로도 이해가 된 실정입니다. 부모님 공경은 살아 계실 때 잘해야 합니다.

② 부모님께 전도해서 예수님 믿고 영원한 천국에 가실 수 있게 하는 것이 참된 효도가 된다는 사실을 잊지 말아야 합니다.

(눅 16:7-24)부자가 지옥에서 하는 소리를 들어야 합니다. 평생토록 부자로 살다가 지옥에 들어간 후에 고통으로 호소하는 소리를 성경에서 분명하게 들어야 합니다. 세상적인 효도가 아니라 영적이고 영원한 천국으로 인도하는 효도가 가장 중요한 것입니다. 아직도 불신으로 살아가는 부모님이 계시다면 이 문제부터 빨리 해결하는 것이 제일 시급한 일입니다.

2) 이 문제는 부모나 자녀에게 동일합니다.

내가 세상에 두고 가는 자녀들이 예수님 믿지 않고 살다가 지옥에 가게 된다면 이보다 더 큰 충격이 없을 것입니다. 세상에서 성공했다고 잘 살아가고 있다고 착각하면 곤란합니다. 예수님 없으면 지옥입니다.

① 부모님은 자녀에게, 자녀는 부모님에게 예수 그리스도의 복음을 전해서 영원한 천국을 소유하도록 하는 것이 영원한 축복입니다.

요한 웨슬리(John Wesley)의 어머니는 17명의 자녀를 모두 예수 믿는 사람으로 키웠고, 주의 종의 길을 걷게 한 아들들도 많았습니다. 그중에 대표가 요한 웨슬리, 찰스 웨슬리입니다.

② 신앙적으로 부모와 자녀 관계가 바르게 서야 합니다.

왜냐하면 부모님이 자녀를 거두는 것도 잠시요 자녀가 부모를 섬기는 것도 잠간이기 때문입니다. 자녀 양육도 잠시요 부모님 공경도 잠시라는 사실을 잊지 말아야 합니다. 본문에서 말씀하심과 같이 모세를 통해서 말씀하신 율법의 계명은 부모 공경하고 복 주시는 하나님 말씀으로 믿고 실행해야 합니다. 부모 공경은 반드시 자녀 손 대대에 복 받는 길이요 잘 되는 길입니다.

3. 부모님이 만족해하시는 효도에는 축복이 약속되어 있습니다.

부모님이 만족해하시고 기뻐하시면 거기에는 반드시 축복과 잘 됨이 약속되어 있습니다.

1) 부모님에게 육신적인 공양을 할 수 있는 힘대로 해야 합니다.

용돈이 필요하시면 용돈도 드리세요. 그 용돈은 결국 손주들에게 가게 됩니다. 요즈음 할머니 할아버지들은 손주들에게 용돈을 줘야 인기가 있습니다.

① 효도하게 되면 결국 그 축복은 나와 자녀들이 받게 되어 있습니다.

성경에서나 교회사에서나 지금 현존하는 교회에서나 효도하는 곳에 복 받는 것을 보면서, 성경적 효도는 믿는 성도의 도리인 동시에 복 받는 지름길임을 깨달아서 실행에 옮겨야 하겠습니다.

② 부모님에게 그릇 행하면 두고두고 축복이 없게 됩니다.

성경 말씀에서도 보게 되지만, 교회사에서나 현재 우리 주변에서도 분명히 보게 되는 현상입니다.

2) 네 부모를 공경하라는 말씀은 하나님의 명령입니다.

세상 사람들이 교훈적으로 하는 말이 아니라는 것입니다. 교회의 절기를 보면서 어버이주일이 있다는 자체가 축복을 주시는 하나님의 뜻으로 믿게 됩니다. 효도는 행동으로 하는 것입니다.

① 귀찮게 생각하지 말고 기쁘고 즐거운 마음으로 실행할 때 복이 있습니다. (시 119:165) "주의 법을 사랑하는 자에게는 큰 평안이 있으니 그들에게 장애물이 없으리이다" 하였습니다. 사람이 살아가면서 얻는 큰 평안과 축복은 하나님 말씀에서부터 오게 됩니다. 부모님을 잘 공경하고 복을 받게 되시기를 축복합니다.

② 부모님은 자녀들에게 하나님의 대리자로 주셨습니다.

부모에게 양육권을 주셨는데, 양육은 하나님의 말씀대로 해야 할 의무가 있습니다. 그리고 자녀들은 부모님을 섬기되 하나님의 대리자로 섬겨야 합니다. 주를 섬기는 자라면 부모님을 잘 섬기고 공경해야 합니다. 이것이 신앙적으로 성경이 가르치는 중심이기 때문입니다. 주 안에서 부모님을 잘 공경하므로 세상에서의 축복은 물론이고 천국의 상급까지 누리는 성도들이 다 되시기를 예수님의 이름으로 축원합니다.

결론 : 부모 공경에는 조건이 없습니다.

〈구원〉

하나님 만나기를 예비해야 합니다.

암 4:6-13

　세상에는 태어나서부터 죽을 때까지 서로 만나며 살아가는 만남의 연속선상에 있다고 볼 수 있습니다. 태어나서 보니 부모님을 만나게 되는 것이 첫 만남입니다. 형제를 만나고 성장해 가면서 친구와 이웃을 만나게 됩니다. 문제는 누구를 만나냐에 따라서 각자의 삶이 달라진다는 것입니다. 영원한 행복과 영원한 불행이 발생하게 됩니다. 반려동물의 시대인데, 짐승들도 누구를 주인으로 만나느냐에 따라서 그 삶이 달라집니다. (눅 10:30-)여리고로 내려가다 강도를 만나 거의 죽어가던 사람에게 제사장이나 레위인이 아니라 선한 사마리아 사람이 선한 이웃이었고 만나야 할 사람이었습니다. 미국으로 입양 간 아이들이 양부모를 만나게 되는데, 행복하게 된 사람도 있지만 양부모를 잘못 만나서 어렵게 된 사람들도 많습니다.
　오늘 본문에서 아모스 선지자는 외쳤습니다. 비단 유다 백성 이스라엘 백성뿐만 아니라 모든 인생에게 외치는 말씀입니다. "이스라엘아 네 하나님 만나기를 준비하라"(12절) 했습니다. 이 권면은 모든 권면 가운데 제일 중요하고 요긴한 권면이라고 믿습니다. 인간은 하나님께서 부르실 때마다 외면하거나 다른 길을 갔습니다. (창 3:7-)에덴에서 아담을 부르실 때도 그랬습니다. (창 4:6-)가인을 부르실 때도 그랬습니다. 그러나 하나님의 부르심에 응하고 만난 사람들의 인생은 달랐습니다. (창 12:1-)아브라함을 부르셨습니다. (출 3:2-)모세를 부르셨습니다. (마 4:18-)제자들을 부르셨습니다. 그리고 그들은 그 부르심에 응답하였고 복된 만남의 생애를 살게 되었습니다.

1. 필연적으로 하나님을 만나게 됩니다.

내가 원해서도 아니요 내가 원치 않아서도 아닙니다. 누구나 피할 수 없습니다.

1) 사람이 하나님을 피하여 살 수는 없습니다.

세상에 태어나서 살아가는 자체가 우연이 절대로 아닙니다. 하나님께서 태어나게 하셨고 살아가게 하시는 것입니다. 그래서 생명은 내 것이 아니요 하나님의 것이라는 사실입니다.

① 그래서 반드시 하나님 안에서 살아야 합니다.

(출 3:14-)하나님은 영원부터 영원까지 스스로 계시는 분이십니다. 그런 인격적인 신이신 하나님께서 만나 주실 때에 만나야 합니다. (사 55:6-)하나님을 만날 때에 가까이 계실 때에 불러야 합니다. 만나고 싶어도 만날 수 없는 때가 오는데 그때에는 더 불행해지게 될 것입니다.

② 하나님께서는 계속하여 부르셨습니다.

한두 번 부르시고 중단하시는 것이 아닙니다. 그런데 아벨을 죽인 가인의 경우에는 하나님의 부르심에 응답하기는커녕 "내가 내 아우 아벨을 지키는 자니이까"("I don't know," he replied. "Am I my brother's keeper?") 하면서 강퍅함을 보였습니다. (욘 2:1-)하나님은 죄를 범한 요나를 불고기 뱃속에서도 만나주셨고 찾으셨습니다. (마 11:28)"수고하고 무거운 짐 진 자들아 다 내게로 오라"고 지금도 계속해서 부르시고 찾으시는 하나님의 부르심을 들어야 합니다.

2) 하나님의 부르심에는 여러 가지 방법이 있습니다.

다양한 방법을 통해서 다양한 백성을 부르시고 찾아가십니다. 부르시고 손짓해도 깨닫지 못하고 돌아오지 않을 때 문제가 생깁니다.

① 하나님의 부르심에 순종해야 살게 됩니다.

오늘 본문 6-11절에서 보면, 양식이 떨어지고 비가 오지 않아서 가뭄이 들고 병충이 곡식 가운데 만연하게 되며 전염병에 사람들이 시달리게 되고 청년들이 죽어가고 소돔과 고모라와 같이 불 심판이 있어도 하나님께 돌아오지 않게 됩니다. 우리는 이런 사실을 지금 북한 땅에서 여실히 보게 됩니다.

② 부르심에도 돌이키지 않으면 심판이 무섭게 임하게 됩니다.

북쪽 이스라엘은 앗수르에게 망하게 되었고, 남쪽 유다는 바벨론에게 처참하게 망했습니다. 그러나 70년 만에 돌아오게 하시는데 (합 3:2)진노 중에라도 긍휼을 잊지 아니하시는 하나님이시기 때문입니다. 그러나 유대인들은 예수님을 십자가에 못 박았고, 2,000년간이나 나라가 없는 상태로 있었습니다. 하나님이 부르실 때 만나는 것이 살길입니다.

2. 하나님께서 만나주시는 시간까지 예비해 주셨습니다.

우연한 일같이 보이나 우연한 일이 아닙니다. 하나님께서 역사하심 속에서 이루어지는 일들입니다. 질병, 가난, 자녀 문제, 가족관계 등과 같은 모든 일이 일어나게 되는 때, 모든 인생사에는 하나님께서 역사하심의 부르심이 있고 하나님의 손짓이 있음을 깨달아야 하겠습니다.

1) 오묘하게 부르시고 만나주시는 하나님이십니다.

사람의 뜻과 계획에는 전혀 관계없이 하나님이 부르시게 되고, 하나님을 믿고 구원에까지 이르게 하십니다.

① 하나님께서 부르시는 음성을 듣고 응답해야 합니다.

문제는 이스라엘 백성은 하나님의 부르심에도 듣지 못했다는 것입니다. (사 6:9)이사야 선지자에게 사명을 부여해 주실 때 그들의 상태를 말씀해 주셨는데, 듣기는 들어도 깨닫지 못하고 보기는 보아도 알지 못하며 마음이 둔하고 귀가 막히고 눈은 감긴 백성이라고 하였습니다. 그만큼 마음이 닫혀 있고 강퍅한 백성이었습니다.

② 평상시에 돌아오는 자가 복이 있습니다.

일상적으로 깨닫고 돌아와야 합니다. 그런데 그렇지 못할 때 한탄적인 말씀이 임하였음을 알게 됩니다. (사 1:2-)"하늘이여 들으라 땅이여 귀를 기울이라 여호와께서 말씀하시기를 내가 자식을 양육하였거늘 그들이 나를 거역하였도다 소는 그 임자를 알고 나귀는 그 주인의 구유를 알건마는 이스라엘은 알지 못하고 나의 백성은 깨닫지 못하는도다 하셨도다" 하였습니다. 슬픈 이스라엘의 영적인 모습입니다. 노천명의 '모가지가 길어서 슬픈 짐승이여!'라는 시 구절을 떠오르게 하듯, 슬픈 이스라엘의 영적 모습입니다.

2) 하나님께서는 만나주시려고 계속하여 기다리고 계십니다.

돌아와서 하나님께 드리는 제사(예배)가 회복되고 하나님을 경외하기를 기다리고 계십니다.

① 예배를 통해서 만나시기를 원하십니다.

예배 회복이 중요합니다. 하나님께서는 예배를 받으십니다. 성도와 성도 사이에 친교도 중요하지만 더 중요한 것은 예배를 통해서 하나님과 만나는 인격적인 만남입니다. 찬송, 기도, 드리는 헌금뿐만 아니라 말씀을 통해서 하나님을 만나야 합니다. 그 모든 핵심과 중심은 하나님과 영적인 만남입니다.

② 하나님은 언제든지 만나 주시기를 원하여 기다리고 계심을 볼 수 있습니다.

하나님께서 부르시는 이들의 부르심의 과정을 보면, 여러 가지 형태로 만나 주셨습니다. 예배드리면서도 만나 주시지만, 투병이나 환란 가운데서 하나님을 만나고 돌아온 사람들도 많습니다. 어떤 이는 예배당 건물을 보면서 지나는데 마음이 끌려 예배당에 들어갔다가 하나님을 만나기도 했습니다. 따라서 하나님의 부르심과 만나주심은 다양합니다. (사 1:18)그리고 죄를 용서하시며 구원해 주십니다. 일평생을 살면서 하나님을 만나는 사건은 반드시 체험되어야 할 영적 세계입니다.

3. 하나님을 만나기 위해서는 해야 할 일이 있습니다.

하나님을 만난 사람들이 기본적으로 우선해야 할 일이 있습니다. 우선 해야 할 영적인 긴급한 일들을 먼저 해야 합니다.

1) 하나님의 말씀을 믿고 예수님을 본인의 구세주로 영접해야 합니다.

이스라엘 백성은 수천 년간 오실 예언된 메시야를 기다렸는데, 막상 그분이 오셨으나 영접하지 아니하였고 오히려 이방인들의 손으로 십자가에 못 박아 죽게 하였습니다.

① 믿음으로 하나님 말씀을 믿고 받아들이는 것이 예수님을 나의 구세주로 영접하는 일입니다.

(요 1:11-13)"자기 땅에 오매 자기 백성이 영접하지 아니하였으나 영접하는 곧 그 이름을 믿는 자에게는 하나님의 자녀가 되는 권세를 주셨으니 이는 혈통으로나 육정으로나 사람의 뜻으로 나지 아니하고 오직 하나님께로부터 난 자들이니라" 하였습니다. 마음 문을 열고서 예수님을 영접하여 모셔야 합니다.

② 다른 것 생각하지 말고 순수하게 받고 믿어야 합니다.

믿지 못하게 하는 다른 생각이 많이 있기 때문입니다. 순수하게 믿어야 합니다. 예수님을 믿고 하나님께 돌아와서 하나님을 만나며 살아가는 믿음 생활을 하나님께서 기뻐하십니다. (히 11:6)하나님께서 기뻐하시는 믿음입니다. 하나님은 지금도 우리 인생을 만나주시기를 기다리시는데 하나님을 만나는 방법은 오직 예수 그리스도를 믿을 때 가능합니다.

2) 하나님의 부르심에는 후회하심이 없습니다.

사람은 어떤 일에 대하여 후회도 하고 반성도 하지만 하나님의 부르심에는 후회하심이 없습니다. 하나님은 전지전능하시기 때문입니다.

① 하나님의 부르심에는 언제나 옳고, 그릇 됨이 하나도 없기 때문입니다.

(약 1:17)"그는 변함도 없으시고 회전하는 그림자도 없으시니라" 하였습니다. (민 23:19)"하나님은 사람이 아니시니 거짓말을 하지 않으시고 인생이 아니시니 후회가 없으시도다" 하였습니다. 하나님의 부르심은 완벽합니다. (롬 11:29)"하나님의 은사와 부르심에는 후회하심이 없느니라" 하였습니다. "후회하심"(ἀμεταμέλητα, 아메타멜레타)에 대해, 신학자 고딧(Godet)은 "유대인으로 부르시고 택한 백성으로 구원하게 된 것들에 대하여 후회하심이 없다." 하였습니다. 유대인뿐이겠습니까? 하나님은 우리 모두를 부르시고 구원해 주시는 것을 후회하지 않으심을 믿어야 합니다.

② 하나님의 부르심에 후회하심이 없도록 부르심에 만나야 합니다.

《로미오와 줄리엣(Romeo and Juliet)》에서 "창문을 열어다오" 할 때 살며시 창을 열고 있는 그때 배경음악이 퍼지게 됩니다. 하나님은 오늘도 우리를 부르시고 자녀 삼으시고 은혜 주시며 축복 주시며 죄 사함을 받고 천국 백성 삼으시기 원하십니다. 그 하나님의 부르심에 우리 모두 기쁘게 응하여 축복받게 되기를 예수님의 이름으로 축원합니다.

결론 : 하나님은 지금도 만나주시기를 원하십니다.

⟨구원⟩

구원받는 비결은 오직 한 길입니다

롬 10:9-15

　세상에는 어느 분야를 말할 때 그 일이 되기 위해서 여러 가지 길과 방법을 제시하고, 그 일이 성취되기 위한 방편을 이야기합니다. 목적지를 정해놓고 이동하기 위해서는 기차로 갈 것이냐, 자동차로 갈 것이냐, 비행기로 갈 것이냐 하는 다양성이 있습니다. 인간이 구원받는 문제에 대해서도 많은 종교들이 이야기합니다. 지금의 세상은 종교 다원주의가 판을 치는 시대입니다. 구원에 대해 오직 한 길 예수 그리스도만 주장하게 되면 외골수라고 하면서 선뜻 받아들이지 않는 것이 이 세상의 풍속도입니다.

　세상이 그럴지라도 죄 사함받고 구원받는 문제에 관한 것은 오직 예수 그리스도밖에는 다른 길이 없다는 사실을 성도들은 분명하게 고백하고 믿습니다. 공자는 말하기를 "조문도석사가의(朝聞道夕死可矣)"라 하면서 아침에 도를 찾으면 저녁에 죽어도 좋다 하였고, 석가모니는 길을 찾기 위해 10년을 헤맸으나 찾지 못하였습니다. 예수님은 (요 14:6)"내가 곧 길이요 진리요 생명이니 나로 말미암지 않고는 아버지께로 올 자가 없느니라" 하셨습니다. "내가 곧 길이다"(!Eγώ εἰμι ἡ ὁδός, 에고 에이미 호도스)라고 선포하셨습니다. 신학자 버나드 램 (Bernard L. Ramm)은 이것이야말로 예수님의 신성을 선포하신 것이라 하였고, 메이어(Meyer)는 그가 바로 생명이시다 하였습니다. 의사인 누가는 누가복음과 사도행전을 통해서 온 천하에 예수 그리스도가 구세주이심을 선포하였습니다. (행 4:12)다른 이로써는 구원을 얻을 수 없습니다. (행 4:13)베드로와 요한은 이 사실을 기탄없이 뭇사람들에게 전하고 가르쳤습니다. 본문은 예수 그리스도만이 우리의 구세주이심을 전하고 있습니다. 그럼 구원받는 조건은 무엇입니까?

1. 예수 그리스도를 나의 구세주로서 마음으로 믿는 믿음입니다.

 복음을 듣고 머리로 인지해서 아는(知) 정도가 아니라 마음으로 믿어야 합니다. 듣고 아는 정도로 끝나는 것이 아니라 마음으로 굳게 믿어야 합니다.

 1) 마음으로 굳게 믿는 믿음입니다.

 (9절)"네가 만일 네 입으로 예수를 주로 시인하며 또 하나님께서 그를 죽은 자 가운데서 살리신 것을 네 마음에 믿으면 구원을 받으리라" 하였습니다. 몇 가지 분명한 믿음에 서야 합니다.

 ① 예수님만이 구세주이심을 시인해야 합니다.

 이는 인정하고 믿는 믿음을 뜻합니다. 내 인생의 주인이 누구냐 하는 진리입니다. 내 인생의 주관자 되시는 주인이 누구냐 하는 질문과 대답은 오직 예수 그리스도라고 해야 합니다. 절대 주권자가 되시기 때문입니다. (요 1:11)유대인들은 수천 년간 메시야를 기다렸는데도 막상 오시자 그분을 영접하지 아니하였습니다.

 ② 마음에 예수님을 모시고 믿는 일입니다.

 누구를 어찌 믿을 수 있는 세상이겠습니까마는 오직 예수님만은 나의 구세주로 마음에 늘 모시고 믿어야 합니다. 사람의 행동은 마음에서 주관되기 때문에 마음에 누가 계신가 하는 것은 중대한 일입니다. 우리 마음 가운데 계시는 예수님을 구원하시는 구세주로 영접하고 믿어야 합니다. 이것이 기독교 복음의 핵심입니다.

 2) 예수님을 믿고 시인해야 합니다.

 만인 앞에서 예수님을 시인하면 축복이라고 하셨습니다. 따라서 예수 믿는 이 일이 얼마나 큰 축복인지 알아야 합니다. 예수님을 시인하고 믿는 것은 세상에서 비교할 수 없는 축복에 속합니다.

 ① 믿음의 대상이 곧 예수 그리스도이십니다.

 신앙의 대상은 오직 예수 그리스도이십니다. 신앙의 내용은 예수 그리스도께서 십자가에서 대속적 죽으심과 부활하심을 믿는 것입니다. (고전 15:1)사도 바울은 부활장에서 십자가에서 죽으심과 부활을 믿으면 영생이라고 논증하였습니다. 성경대로 받고 성경대로 믿고 고백하게 될 때 영원한 생명이 보장되고 영원히 사는 축복이 복음의 내용입니다.

② 예수님의 십자가 부활을 믿으며 그 사실을 시인하고 고백하는 것입니다.

(롬 4:25)"예수는 우리가 범죄한 것 때문에 내어줌이 되고 또한 우리를 의롭다 하시기 위하여 살아나셨느니라" 하였습니다. 이 사실을 믿는 사람이 구원 받게 되고 의롭다하심을 받는 것이 십자가의 도(道)요 기독교 복음입니다. (살후 3:2하)문제는 이와 같은 사실을 믿는 것은 아무에게나 주어진 것이 아니라는 것입니다. 누구나 다 믿는 것이 아니기 때문에 믿고 영접하여 확실한 신앙에서 살아가는 것은 하나님께서 주신 축복 중의 축복입니다.

2. 예수 그리스도를 입으로 주님으로 시인해야 합니다.

언제인가 정신장애로 귀신에게 붙들려서 꼼짝 못 하는 사람이 있었습니다. 앉혀놓고 부지런히 찬송하고 성경을 읽어주고 낫기를 기도했습니다. 그에게 예수님을 구주로 믿고 영접할 것을 강조하면서 그의 입으로 예수님을 부르고 시인하도록 하였지만, 입만 꾹 다물고 열지 않았습니다. 아멘 소리라도 시키려고 애를 썼지만 아멘 소리도 하지 않았습니다. 그러나 계속해서 매일 그를 앉혀놓고서 간구하자 드디어 입이 열리고 예수님을 시인하고 아멘이 나오기 시작하였는데, 이로써 귀신이 나가고 정신이 온전하게 돌아오는 역사를 보게 되었습니다.

1) 열려야 합니다. 문이 닫히면 시인도 고백도 할 수 없습니다.

여기에는 아무런 능력이 나타나지 않게 됩니다.

① 열리게 될 때 역사가 나타나게 됩니다. 닫힌 마음과 입이 열려야 합니다.

(막 7:34)예수님께서 청각 장애자의 귀에 손을 얹으시고 탄식하시며 그에게 이르시되 "에바다"하시니, 이는 '열리라'는 뜻입니다. 그의 귀가 열리고 혀의 맺힌 것이 곧 풀려 말이 분명하더라고 하였습니다. (요 11:39)돌로 닫아놓은 나사로의 무덤을 열어 놓게 할 때, 예수님이 나사로야 나오너라 하시는 음성을 듣고 나사로가 죽은 자 가운데서 살아 나오게 됩니다.

② 우리의 믿음의 문도 열리게 될 때 예수님이 우리 마음에 들어오십니다.

라오디게아 교회를 향해서 예수님께서 말씀해 주셨습니다. "볼지어다 내가 문밖에 서서 두드리노니 누구든지 내 음성을 듣고 문을 열면 내가 그에게로 들어가 그와 더불어 먹고 그는 나와 더불어 먹으리라"(계 3:20) 하셨습니다. 마음 문을 열고 문을 열어서 주로 시인하며 고백해야 합니다. 우리가 흔히 하는 아멘이라는 말도 아무나 하는 것이 아니라 마음과 입이 열리게 될 때 나오는 영적인 일입니다. 마음과 입이 열리지 않으면 아멘이라는 말도 나오지 않는 것이 사실입니다. 그 자체도 매우 어려운 일입니다. 거기에는 사탄이 마음과 입을 열지 못하도록 붙들어 매고 있기 때문인데 불쌍한 존재라 할 것입니다.

2) 순서가 있습니다.

먼저 마음으로 믿어야 하는데, 이 믿음은 들음에서 나오는바 하나님 말씀을 들을 때에 말씀의 역사로서 믿음이 생기게 됩니다. (롬 10:17)"그러므로 믿음은 들음에서 나며 들음은 그리스도의 말씀으로 말미암았느니라" 하였습니다. 말씀을 듣고 주의 성령님께서 역사하실 때 가능한 일입니다.

① 말씀을 듣게 될 때 그 말씀이 내 마음에 믿어지고 순종하게 됩니다.

마음에서 뜨겁게 받아지고 거기에서부터 역사가 나타나게 됩니다. (눅 24:32) 마치 엠마오로 내려가던 두 제자에게 부활하신 예수님께서 그들 속에서 말씀을 풀어 주시며 같이 가게 되는데, 후에 그들의 고백이 궁금합니다. "그들이 서로 말하되 길에서 우리에게 말씀하시고 우리에게 성경을 풀어 주실 때에 우리 속에서 마음이 뜨겁지 아니하더냐 하고" 하였고, 그들은 다시 예루살렘에 올라가 부활하신 예수님을 뵈옵게 되었습니다. 마음 문이 열려야 합니다.

② 마음 문이 열려있으면 시인하고 영접해야 합니다.

사람과 사람 사이에서도 마찬가지입니다. 공연한 일로 마음이 닫히고 멀어지면 서로가 불편하게 되고 되는 일이 없습니다. 사람과 사람 사이에서도 닫힌 마음은 서로 열고서 통해야 합니다. 가족과 친구 사이에서도 서로가 마음의 문이 열려있어야 합니다. 그러므로 은평교회 성도들은 언제나 주님께 뿐 아니라 교회 안에서도 서로 마음의 문들이 닫히지 아니하고 열려있는 은혜 중에 살 수 있기를 바랍니다.

3. 내가 불러야 하는 이름은 예수님의 이름입니다.

예수 그리스도의 이름은 언제나 가까이에서 부르고 시인하며 영접해야 하는 이름입니다. 왜냐하면 세상 그 누구의 이름도 나를 구원할 이름은 그 이름 밖에는 없기 때문입니다. (13절)"누구든지 주의 이름을 부르는 자는 구원을 받으리라" 하였습니다. 나를 죄에서 구속하시고 마귀의 속박과 올무에서 끊어 내시고 지옥 불에서 건져 내시는 분은 예수 그리스도밖에는 없기 때문입니다. 영원토록 천국 생명을 주시는 이름은 예수 그리스도밖에 다른 길이 없습니다.

1) 예수님 이름을 부르세요.

그 길밖에는 전혀 다른 길이 없습니다. (마 1:21)"아들을 낳으리니 이름을 예수라 하라 이는 그가 자기 백성을 그들의 죄에서 구원할 자이심이라 하니라" 하였습니다. 예수 이름 자체가 우리를 구원해 주시는 이름입니다.

① 예수 이름뿐입니다.

세상에는 이름들이 많습니다. 사람 이름, 식물 이름, 동물 이름, 물고기 이름, 수많은 이름 중에서 내가 구원받은 이름은 예수 이름밖에 없습니다. 시편에는 우리에게 이렇게 전하였습니다. (시 50:15)"환난 날에 나를 부르라 내가 너를 건지리니 네가 나를 영화롭게 하리로다" 하였습니다. 나를 건져주시고 내 기도를 들어주시고 구원해 주시는 이름이 예수님 이름입니다.

② 마지막까지 부르는 이름은 예수님 이름밖에 없습니다.

오직 예수님 이름을 부르며 예수님의 이름으로 천국에 갑니다. 마지막 죽을 때에도 예수 이름 밖에는 다른 이름이 내게는 없음을 기억해야 합니다. 앞서 간 성도들이 이 신앙으로 살다가 예수님 이름으로 천국에 갔습니다. 이 예수님의 이름을 잊지 말아야 합니다.

2) 예수 그리스도의 이름은 내 인생 속에 연결되어 있습니다.

이 세상을 살아가는 모든 삶의 현장 속에 연결되어 있습니다. 성공이든 실패든 간에 언제나 예수님 이름과 연결이 바르게 되고 단절되지 않게 해야 합니다.

① 이 세상 살아가는 모든 일 가운데 예수님의 이름이 연결되어 있습니다.

그래서 어디에서나 그 이름을 불러야 합니다. 직장에서 예수님의 이름으로 일하세요. 사업장에서도 예수님의 이름으로 사업해 보세요. 공부하는 학생들은 교실에서 예수님의 이름으로 공부해 보세요. 근심 걱정, 초조 불안을 모두 떨쳐 버리고 예수님의 이름을 부를 때에 평안이 올 줄 믿습니다. (시 119:165)"주의 법을 사랑하는 자에게는 큰 평안이 있으니 그들에게 장애물이 없으리이다" 하였습니다.

② 천국에 갈 때까지는 언제나 예수 그리스도의 이름으로 살아가야 합니다.

천국 가는 일부터 시작해서 천국에 가서도 우리에게는 예수 그리스도의 이름이 늘 가까이 있어야 합니다. (마 10:32)하나님 나라에서는 오직 예수님 이름을 부인하지 않고 시인하며 찬송하여야 합니다. 우리가 예수님 이름을 부를 때에 예수님은 우리의 이름을 기억하실 줄 믿습니다. 오직 예수 그리스도 그 이름을 부르며 세상에서와 영원한 천국에서 축복받기를 예수님의 이름으로 축원합니다.

결론 : 예수 이름밖에 없습니다.

〈구원〉

우편 강도에게 주어진 낙원을 생각합니다

눅 23:39-43

　길거리에 볼 수 있는 간판이나 책을 읽다 보면 흔하게 볼 수 있는 용어 중의 하나가 '낙원'(Paradise), '유토피아'(Utopia)라는 말입니다. 교회 옆에 큰 공장 이름을 팩토피아(Factopia)라고 했는데, '공장'(factory)이라는 말과 '유토피아'(Utopia)의 합성어를 줄여서 부르는 이름으로 이해됩니다. 그러나 타락 이후에 이 땅에서는 낙원이라는 말을 찾을 수 없습니다. (단 12:4)빨리 왕래하는 지식이라는 과학 만능의 세계가 왔어도 이 세상은 낙원이 될 수 없습니다. (창 3:17)타락 이후에 인간은 죽어서 결국 흙으로 돌아가기 때문입니다. (전 1:2)부귀 영화의 왕인 솔로몬도 "헛되고 헛되도다"라고 고백합니다. (전 12:13-14)마지막 결론은 하나님을 경외하고 그를 섬기라고 강조했습니다. 이것이 사람의 본문이기 때문입니다.

　오늘 본문 말씀은 예수님께서 십자가에 죽으실 때 우편 강도가 예수님을 주로 고백하였을 때 예수님께서 그에게 "네가 오늘 나와 함께 낙원에 있으리라" 하셨습니다. "낙원"이라는 말은 페르시아어로 그 뜻이 '동산'인데, 구원받은 성도들이 영원히 가서 사는 곳을 뜻합니다. 범죄하여 타락한 이후에 추방되었던(창 3:24) 에덴동산이었지만, 예수님 안에서 다시 회복하는 축복이 있습니다. (계 2:7)이기는 믿음이 있어야 합니다. 예수님께서 죽으실 때에 허락받은 우편 강도의 낙원을 보면서 은혜받게 됩니다.

1. 우편 강도는 죽어가는 절박한 시간이었지만 하나님을 두려워했습니다.

(39-41절)자신의 몸이 죽어가는 시간이었지만 예수님을 시인하며 믿었습니다. 좌편 강도에게 "나와 너는 죄를 지어서 당연히 이렇게 죽지만 저 예수님은 옳지 않은 것이 없느니라" 했습니다.

1) 죽음 직전에도 깨닫는 사람과 깨닫지 못하는 사람이 있습니다.

신학자 벵겔(Bengel)은 "그 고통스러운 십자가가 그의 회개를 크게 도왔다. 평범한 침상에서 회개하는 경우는 별로 없다." 하였습니다. 고통 중에서 예수님을 믿게 된 것입니다.

① 하나님을 두려워하는 사람은 회개가 이루어지게 됩니다.

하나님을 두려워하지 않는 사람은 회개가 성립되지 않습니다. 외경 가운데 '빌라도 행전'(Gesta pil:10)에는 회개한 사람이 디스마스(Dismas)였고, 회개치 않는 사람이 게스타(Gestas)였다고 전하기도 합니다. (요일 1:7-8)회개하는 사람은 용서해주시며 모든 죄에서 깨끗하게 하십니다.

② 하나님을 두려워하지 않는 사람은 죽으면서도 회개가 없습니다.

우리는 언제나 영적으로 깨어 있는 감각이 필요합니다. 회개가 없으면 망하는 자리에서 망하게 됩니다. 회개가 없을 때 망하는 현장을 봅니다. (창 4:10)가인의 모습에서 봅니다. (눅 22:3, 요 13:2)사탄이 가룟 유다의 마음에서 역사했습니다. (행 5:4)아나니아와 삽비라를 보게 됩니다. 반대로 회개할 때 회복하고 사는 경우도 분명히 보게 됩니다. (삼하 12:3-)다윗의 경우에서 보게 됩니다. (행 2:38-)회개할 때 성령님께서 역사하십니다. 죽어가면서 회개한 우편 강도는 낙원의 복을 받았습니다.

2) 영과 육을 지옥에 던지시는 하나님을 두려워해야 합니다.

하나님이 없는 불신자는 말합니다. 마음이 약한 자들이나 하는 일이라고 말하는데 마음이 약해서 회개하는 것이 절대 아닙니다.

① 절대자 되시는 하나님을 두려워하는 섬김의 역사는 당연합니다.

영과 육을 지옥에 던지시는 절대자 하나님이십니다. (마 10:25)몸과 영혼을 지옥에 던지시는 하나님을 두려워하라고 하였습니다. 신학자 벵겔(Bengel)은 "하나님을 두려워하는 자는 하나님 외에 아무것도 두려워하지 않는다." 하였습니다.
　② 하나님 경외하고 섬기는 것은 하나님을 두려워하는 믿음입니다.
　경외하는 것은 그 앞에서 납작 엎드리는 것입니다. 어거스틴(Augustine)은 "현재 하나님을 두려워하는 것은 영원한 세계의 안전을 가져온다."고 하였습니다.

2. 예수님을 시인하고 믿는 것은 낙원으로 가는 길입니다.

　우편 강도는 마지막 순간이지만 예수님을 믿고 시인하였습니다. 우편 강도가 시인한 것 몇 가지를 살펴보겠습니다.
　1) 우편 강도는 시인하였습니다.
　이 몇 가지 시인의 내용은 매우 중요합니다. 사람에게는 이 시인과 고백이 중요합니다.
　① 자기의 죄를 시인하였습니다.
　(46절)"네가 동일한 정죄를 받고도" 하였고, "우리는 우리가 행한 일에 상당한 보응을 받는 것이니 이에 당연하거니와"(41절) 하였는데, 마땅히 자기의 죗값을 인정하고 시인하는 장면입니다. 그러나 망하는 사람은 죽어가면서도 회개나 자신의 죄를 시인하지 않습니다.
　② 예수님을 시인하였습니다.
　(41절)"이 사람이 행한 것은 옳지 않은 것이 없느니라" 하였습니다. 그는 예수님의 행적에 관한 소식을 들었을 것이고, 천국 복음에 대한 소식을 들으며 예수님께 관한 말씀을 시인한 것입니다. 마지막 죽을 때라도 복음을 시인하면 살게 됩니다.
　③ 천국 낙원 예수님의 나라를 시인했습니다.
　"예수여 당신의 나라에 임하실 때에 나를 기억하소서" 하였습니다. 평상시에는 따르지 아니하고 죄짓고 강도 행위자로 죽어가지만, 예수님과 함께 천국 낙원을 시인하는 모습을 봅니다. 죽음 직전에라도 우리는 예수님 믿고 천국을 시인하며 사는 사람들이 있도록 주변에서 전도하고, 예수님과 천국에 대해서 말해 줄 수 있어야 합니다. 우편 강도는 구원받게 되었습니다.
　2) 우편 강도는 종합적으로 볼 때 예수님을 시인하였습니다.

예수님을 시인하여 믿는다는 것은 바로 구원으로 가는 축복입니다. (롬 10:9-13)"네가 만일 네 입으로 예수를 주로 시인하며 또 하나님께서 그를 죽은 자 가운데서 살리신 것을 네 마음에 믿으면 구원을 받으리라 사람이 마음으로 믿어 의에 이르고 입으로 시인하여 구원에 이르느니라 사람이 마음으로 믿어 의에 이르고 입으로 시인하여 구원에 이르느니라 성경에 이르되 누구든지 그를 믿는 자는 부끄러움을 당하지 아니하리라 하니 유대인이나 헬라인이나 차별이 없음이라 한 분이신 주께서 모든 사람의 주가 되사 그를 부르는 모든 사람에게 부요하시도다 누구든지 주의 이름을 부르는 자는 구원을 받으리라" 하였습니다.

① 그러므로 주님의 이름을 불러야 합니다.

비단 영혼 구원의 문제뿐만 아니라 어떤 일이 있을 때마다 주의 이름을 부르는 자는 구원이요 응답을 받습니다. (마 1:21)"아들을 낳으리니 이름을 예수라 하라 이는 그가 자기 백성을 그들의 죄에서 구원할 자이심이라 하니라" 하였습니다. 예수님의 이름은 우리를 구원해 주시는 이름입니다.

② 예수님의 이름으로 기도할 때 역사가 나타납니다.

예수님의 이름을 부르는 자들이 기도할 때 응답을 받게 됩니다. (요 14:13-, 16:24-)우편 강도는 예수님의 이름을 부름으로써 구원받게 되었습니다.

3. 낙원의 주인은 예수 그리스도임을 믿고 시인하였습니다.

(42절)"이르되 예수여 당신의 나라에 임하실 때에 나를 기억하소서" 하였습니다. 신학자 벵겔(Bengel)은 "나를 기억하소서 하였는데, 이는 누가복음(18:13)의 세리가 멀리서 기도하는 장면을 연상케 하는 지극히 겸손한 기도의 자세"라고 했습니다. 또 훼파르(Farrar)는 "그것은 먼 곳에서 기억되기를 바라는 참된 겸손의 기도였다. 그는 예수를 다른 사도들이 떠난 후에 주(主)로 본 것과 죽은 후에는 죽은 자에게 축복하실 수 있는 왕으로 인정하였다. 그러므로 사도들이라 해도 그에게서 배워야 할 것이다."라고 했습니다.

1) 낙원의 주인이 예수님이심을 믿었고 시인한 것입니다.

천국에도 많은 천사들과 먼저 구원받은 사람들이 있겠지만 천국의 그 주인은 예수님이십니다.

① 우편 강도의 구원관은 확실합니다.

예수님이 진실된 구세주이시며, 낙원이 그분의 것이라는 구원관입니다. "당신의 나라"(ἐν τῇ βασιλείᾳ σου, 엔 테 바실레이아 수, when you come in your Kingdome/ RSV 개역성경)는 예수님이 주인 되시는 왕국입니다.

② 예수님이 준비하시는 나라입니다.

(요 14:1-)"너희는 마음에 근심하지 말라 하나님을 믿으니 또 나를 믿으라 내 아버지 집에 거할 것이 많도다" 지금은 우리에게 우편 강도의 고백이 필요합니다. 예수님이 주인 되시는 그 나라에 입성하는 자격은 예수님의 이름으로만 가능합니다. 다른 이름으로는 절대 갈 수 없습니다(요 14:6, 행 4:12).

2) 그 나라의 왕은 예수 그리스도이십니다.

망하는 세상 나라의 어떤 정권이 아닙니다. 영원한 나라입니다(단 2:44).

① 지금부터 예수님을 왕으로 모시고 살아야 합니다.

(계 2:27-)철장 권세로 세상을 심판하시려고 재림하실 예수 그리스도입니다. (빌 2:9)모든 무릎이 그에게 꿇게 되고, 모든 입으로 주라 시인하게 될 왕 되시는 예수님이십니다.

② 우편 강도는 죽을 때에 "오늘 네가 나와 함께 낙원에 있으리라"는 확답을 받았습니다.

"내가 진실로 네게 이르노니" 하였습니다. "낙원"(paradeivsw, 파라데이소)이란 헬라어로 '동산'인데 '즐거운 동산'이라는 뜻으로서 (창 2:8)에덴동산을 연상케 합니다. 어디로 가는 인생입니까? 지금 인생은 가는 길도 알지 못한 채 무조건 가는데, 예수 없는 곳은 지옥입니다. 십자가에 죽으시고 부활하신 예수님을 구주로 믿고, 모두가 낙원에 참여하기를 예수님의 이름으로 축원합니다.

결론 : 낙원에 가야 합니다.

⟨기적⟩

베데스다의 기적의 축복

요 5:1-9

　성경에 수많은 사람의 이름들과 지명들이 등장하는데, 사람의 이름들에 나름대로 뜻이 있고 지명은 지명대로 각자의 뜻이 있습니다. (창 28:19)야곱이 하룻밤 묵었던 곳이 본래는 루스(황당하다는 뜻)이었으나 벧엘로 바뀌게 되는데, 이는 '하나님의 집'이라는 뜻입니다. (창 32:32)얍복강가에서 씨름하다 야곱은 이제 더 이상 야곱이 아니라 하나님과 씨름하여 이겼다는 뜻을 가진 이스라엘이 되었습니다. (행 9:1)예수를 핍박하던 사울은 그 이름이 크다는 이름이었으나 이제는 작은 자라는 뜻을 가진 바울이 되었고 복음을 위해서 생명까지 바치게 되었습니다. 한국인의 이름은 한자어에 그 뜻을 많이 두고 있으나 서양인들의 이름은 성경에서 나오는 이름들을 사용하는 사례가 많습니다.
　본문에서 유대인의 명절 즈음해서 예수님께서 예루살렘으로 올라가셨습니다. 예루살렘이라는 이름은 '예루(터, 기초) + 살렘(shalem, 평화)'이라는 곳입니다. 다윗 시대부터 그 번성함이 최대치를 이루는 곳이었습니다. 그곳에 '베데스다'라는 곳이 있는데, '자비의 집'이라는 뜻입니다. 그곳에 행각 다섯이 있고, 많은 병자, 맹인, 다리 저는 사람, 혈기 마른 사람 등 장애인들이 많이 모여 있었습니다. 그들은 가끔 천사가 못에 내려와 물을 움직이게 하는데 그때 먼저 들어가는 자는 병이 낫게 된다는 속설 때문에 그 많은 병자들이 그곳에 모여들게 되었습니다. 오늘 본문은 바로 그곳에서 38년간 누워있던 병자가 예수님을 만나서 낫게 되는 기적의 현장인데, 여기에서 은혜를 받게 됩니다.

1. 베데스다(bethesda)는 축복받은 이름입니다.

'자비의 집'이라는 뜻을 가지고 있고, 행각 다섯이 있으며, 많은 병자들이 모이는 곳이 되었습니다.

1) 베데스다는 상징적으로 오늘 교회와 같은 곳입니다.

교회는 많은 병자들과 같은 죄인이 모이는 곳입니다. 무엇을 기다리며 낫기를 기다리는 것입니다.

① 천사가 내려와서 물을 움직이게 하는데, 물이 움직일 때 먼저 들어가면 낫는다는 믿음 때문입니다.

여기에서 영적인 뜻을 보게 됩니다. 주님의 교회는 말씀의 물이 움직이는 곳이요 심부름꾼인 주의 종이 하나님 말씀의 물을 휘저어 움직일 때에(엡 5:26) 살게 되는 능력의 역사적 현장이 됩니다. 신학자 도즈(Dods)는 "요한 사도는 이 못이 이 도시에 항구적으로 있는 것으로 보았을 것이다" 하였는데, 세상이 존재할 때까지는 주님의 교회에 말씀이 역사하게 될 것입니다.

② 축복의 역사가 있는 곳에서 축복을 받아서 누릴 줄 알아야 합니다.

축복의 역사가 있는 곳에서 축복을 누리지 못하면 우리 인생은 헛수고가 됩니다. 베데스다 연못가에 와있어도 그곳의 축복을 누리지 못하면 허사이듯이, 예배당에 앉아 있어도 말씀을 통하여 은혜를 받지 못하면 소용없게 됩니다. (요 10:26)당시에 바리새인들은 예수님의 양이 아니므로 말씀을 듣지 못했습니다. 요한 칼빈(John Calvin)이 말했듯이 구원의 안전성(the security of salvation) 안에 있어야 합니다. 예수님은 구원을 주시는 분이십니다. "주노니"는 현재형으로서 구원과 축복은 미래에 받을 약속이 아니라 이미 받은 축복이라는 말입니다.

2) 우리는 날마다 하나님의 자비하심 안에 있습니다.

베데스다에서 살아가고 있다는 현실을 잊지 말아야 합니다.

① 우리 자신이 잘나서가 아니라 하나님의 온전한 은혜입니다.

이는 모세를 통해서도 강조해 주셨으며 확인하였습니다. (신 9:4)"네가 심중에 이르기를 내 공의로움으로 말미암아 여호와께서 나를 이 땅으로 인도하여 들여서 그것을 차지하게 하셨다 하지 말라" 하시면서 전적인 하나님의 역사하심을 믿으라고 하였습니다.

② 우리는 날마다 베데스다에 살기를 힘써야 합니다.

하나님의 자비하심과 긍휼하심이 풍성하신 은혜의 집입니다. 그리고 말씀의 물이 움직이게 될 때에 말씀 속에 뛰어들어서 나음을 얻고 치유함을 받고 새롭게 되어야 합니다. 38년 된 환자는 비록 오랫동안 누워있었으나 예수님의 말씀을 믿고 나아갈 때 깨끗하게 치유함을 받게 되었습니다. 감사하고 감격스럽게 예수님 만나서 늘 베데스다의 은혜 속에 살아가는 성도들이 다 되시기를 축복합니다.

2. 베데스다는 사랑과 자비뿐 아니라 축복을 받는 곳입니다.

사랑과 자비뿐 아니라 이제는 은혜 속에서 축복받는 곳이 되어야 합니다.

1) 어려운 장애자들에게 쉴만한 안식처인 행각이 다섯이나 있어서 언제나 그곳에서 편히 쉴 수 있었습니다.

(마 11:28)예수님은 "수고하고 무거운 짐 진 자들아 다 내게로 오라 내가 너희를 쉬게 하리라" 하신 주님의 뜻이 있는 곳입니다.

① 예수님이 초청하는 곳에는 편히 쉴 수 있습니다.

신학자 브루스(Bruce)는 "권위적이면서도 친절한 초청이다." 하였습니다. 모든 인류를 향해서 부르시는 메시아 예수님의 부르심이요 초청입니다. "수고하고 무거운 짐 진 자들"(οἱ κοπιῶντες καὶ πεφορτισμένοι, 오이 코피온데스 카이 페폴티스메노이), 이는 수동태와 능동태가 겸한 것으로서 인간은 본인과 그리고 누군가에 의해서 수고한다는 것입니다. 예수님께 와서 해결 받아야 합니다. 자의적으로든 타의적으로든 수고합니다.

② 예수님 안에 들어오면 진정으로 화평과 기쁨이 약속되어 있습니다.

그리고 성경 바울 서신들에서 보면 항상 서두에서 강조하는 말씀이 '은혜와 평강'이었습니다. 예수님 안에 은혜와 평강과 긍휼이 있습니다. (요 14:27)이 평강은 세상이 주는 것과는 전혀 다른 것입니다. (시 119:165)"주의 법을 사랑하는 자에게는 큰 평안이 있으니 그들에게는 장애물이 없으리이다" 하였습니다. 자비의 집과 같은 예수님 안에서 누리는 축복과 은혜의 현장입니다.

2) 베데스다는 움직이는 물이 있으므로 축복의 장소입니다.

신학자들에 의하면 그곳은 흐르는 간헐천이 있어서 물이 마르지 않고 때때로 그 물이 움직이게 되는데, 본문의 말씀과 같이 축복의 장소라고 설명합니다. 병에서 낫기도 하고 치료되는 축복과 은혜의 장소가 되었다는 것입니다.

① 장애자들에게는 귀가 솔깃한 소망의 장소입니다.

우리에게 살아가면서 소망의 장소가 있다는 것은 축복 중의 축복입니다. 그곳은 혼자가 아니라는 것입니다. 로빈슨 크루즈가 혼자 무인도에서 구조를 기다릴 때 가장 무서운 적은 혼자 있다는 외로움이었다고 하는데, 사람은 혼자 살아갈 수 없는 존재이기 때문입니다. 그곳은 주님이 함께하시는 희망이 있는 곳입니다. (롬 15:13)하나님은 소망의 하나님이 되시며 (롬 15:33)하나님은 평강의 하나님이 되심을 믿어야 합니다.

② 베데스다 안에 있으면 축복입니다.

그곳은 예수님의 안위하심이 늘 따르기 때문입니다. (고후 1:3)사도 바울은 환난 중에도 예수님의 안위하심을 찬송하며 간증하였습니다. 이제 우리는 예수님 안에서 베데스다의 안위와 축복을 누리며 타인에게 전해야 할 사명을 다해야 할 줄 믿습니다. 이 은혜 속에 있기를 축복합니다.

3. 베데스다 안에서 주님을 만나고 축복받게 되었습니다.

수많은 종류의 환자들이 그곳에 있었는데, 유독 38년 된 병자가 그곳에서 꼼짝하지 못하고 누워 있었습니다. 누군가에 의하여 눕힌 후 꼼짝도 하지 못하고 누워만 있는 불쌍하고 가련한 병자였습니다. 한 번도 스스로 능동적으로 걸어 보지 못했던 환자였습니다.

1) 38년 된 환자의 특징을 보게 됩니다.

병이 오래되었으니, 고생도 할 만큼 했습니다. 긴병에 효자 없듯이 주변에는 아무도 그를 돌아보는 자가 없었습니다. 그냥 혼자 있는 외로운 인생입니다. (마 9:20)12년을 혈루증 앓던 여인도 병으로 인해 재산은 모두 없어지고 낫기는 커녕 더 중하게 되었는데, 이 38년 된 병자는 그 여인보다 더 어려운 처지였습니다.

① 병으로 오랫동안 고생한 흔적이 엿보입니다.

그런데 그와 같은 병자가 예수님을 만나게 된 것입니다. 차라리 죽고 싶은 마음이었는지도 모르는 때에 예수님을 만났고, 그 병자의 형편을 예수님이 아셨습니다. 예수님은 형편을 모두 아시고 그에게 다가와 주셨습니다.

② 예수님을 만나서 믿어야 합니다.

예수님의 이름을 부르면 구원의 약속이 주어집니다. (롬 10:11-12)"성경에 이르되 누구든지 그를 믿는 자는 부끄러움을 당하지 아니하리라 하니 유대인이나 헬라인이나 차별이 없음이라" 하였습니다. 38년 된 이 병자는 일어나 네 자리를 들고 걸어가라 하실 때 일어나게 되었고, 믿음 가운데서 기적이 일어나게 되었습니다. 신학자 벵겔(Bengel)은 "주님은 연못으로 내려가지 아니하시고 이 병자를 직접 고치셨다. 그러므로 주님은 물을 움직이게 하는 천사보다 훨씬 위대하시다." 하였습니다. 물은 곧 말씀인데 말씀 되시는(요 1:1) 예수님이 치료해 주신 것입니다. 예수님을 만나면 치료됩니다.

2) 38년 된 병은 죄 때문이었지만 죄 문제까지도 해결해 주셨습니다.

모든 병이 죄 때문에 오는 것은 아니지만(요 9:1) 죄 때문에 오는 병도 많이 있습니다.

① 38년 된 병은 죄 때문에 왔습니다.

(5:14)예수님께서 성전에서 그 나은 사람을 보셨는데, 그때 그에게 말씀하셨습니다. "보라 네가 나았으니 더 심한 것이 생기지 않게 다시는 죄를 범하지 말라" 하셨습니다. (15절)그 사람이 자기를 낫게 하신 분은 예수님이라고 간증하였는데 예수님을 만나면 이런 일들이 일어나게 됩니다.

② 베데스다 연못가에는 수많은 병자가 있듯이, 오늘 교회에 나오는 우리는 모두 문제를 안고 살아가고 있습니다.

베데스다에서 기쁜 소식이 들려오듯이 교회에 나오는 우리에게도 이 기쁜 소식이 퍼져 나오게 되기를 축복합니다. 베데스다 연못에는 누군가의 소문을 듣고 모여들듯이 우리 교회에서 나가는 소문을 듣고 많은 사람이 예수님께 나아오는 역사가 있게 되기를 예수님의 이름으로 축복합니다.

결론 : 교회는 베데스다 연못과 같은 곳입니다.

〈기적〉

성전 문 앞에서 일어난 기적

행 3:1-10

　성경은 우리에게 수많은 기적과 일어난 사건들을 통하여 때를 따라서 합당한 교훈과 깨달음을 줍니다. 그래서 성경에 대하여 사도 바울은 전하였습니다. (딤후 3:14)"그러나 너는 배우고 확신한 일에 거하라 … 모든 성경은 하나님의 감동으로 된 것으로 교훈과 책망과 바르게 함과 의로 교육하기에 유익하니 이는 하나님의 사람으로 온전하게 하며 모든 선한 일을 행할 능력을 갖추게 하려 함이라" 하였습니다. 성경은 구원을 얻게 하는 지혜를 얻게 하는데, 그것은 성부, 성자, 성령 삼위일체 하나님의 책이기 때문입니다. 그래서 성경은 기적으로 가득 찬 내용으로 우리에게 주셨습니다. 그 기적 중에 제일은 우리가 예수 믿고 구원받는 일입니다. 그 기적들이 지금도 일어나고 있습니다. 복음 전도의 미련한 방법으로(고전 1:18-) 지금도 계속됩니다. (출 4:2)애굽에서 10가지 재앙으로 이스라엘을 이끌어내셨고, (왕상 18:21-)하나님과 바알과 아세라 사이에서 방황하던 이스라엘 백성에게 불로 응답해 주시던 기적의 현장도 보게 됩니다. (왕상 18:39-)그 기적을 보고서야 그들은 하나님의 살아 역사하심을 소리쳤습니다.

　본문은 예수님이 부활 승천하신 후 오순절 때에 성령 충만 받은 베드로와 요한이 성전으로 기도하러 올라가다가 미문에 앉아 있던 나면서 못 걷게 된 이를 고치고 일으켜 세워서, 그가 걷기도 하고 뛰기도 하며 성전 안으로 들어가 찬송하게 된 기적의 내용입니다.

1. 베드로와 요한의 영적인 협동 신앙을 보게 됩니다.

흔히들 협동 신앙이라고 하는데, 여기에서는 그 협동 신앙에서 기적이 나타나는 현장을 보게 됩니다. 처음으로 일어나서 걷고 뛰며 성전에 올라가 기도하며 찬송하는 기적입니다.

1) 혼자의 믿음도 중요하지만, 협동하는 곳에 역사가 더 뜨겁게 나타납니다.

(전 4:11-)"또 두 사람이 함께 누우면 따뜻하거니와 한 사람이면 어찌 따뜻하랴 한 사람이면 패하겠거니와 두 사람이면 맞설 수 있나니 세 겹 줄은 쉽게 끊어지지 아니하느니라" 하였습니다.

① 협동하는 믿음입니다.

혼자의 신앙도 중요하지만, 때때로 함께하는 신앙도 중요합니다. (막 2:11)한 중풍 병자는 네 명의 친구가 예수님께 데려왔으나 사람이 많아서 어찌할 수 없을 때 그들은 사다리를 지붕에 걸치고 네 사람이 지붕으로 올려 지붕을 뚫고 병자를 예수님 앞으로 달아 내리는 현장에서 예수님은 그들의 믿음을 보시고 중풍 병자를 치유해 주신 사건을 보게 됩니다. 오늘 본문에서 나면서 못 걷게 된 이를 보고 베드로와 요한이 협동하여 치유하는 사역의 모습을 보게 됩니다.

② 협동하는 데 방해되는 것을 접을 수 있어야 합니다.

협동하는 데는 여러 가지 장애가 있기 쉽습니다. 예컨대 베드로와 요한은 성격 차이를 극복했음을 보게 됩니다. 베드로와 요한은 성격 차이가 있었습니다. 베드로가 급하고 다혈질적이라면(마 16:22, 요 21:21, 마 26:69), 요한은 차분한 성격의 사람으로 보여집니다(마 4:21). 베드로는 그물을 던질 때 부름을 받았고, 요한은 그물을 손질할 때 부름을 받았습니다. 교회 안에는 같은 직분이라도 성격, 학벌, 출신, 재산, 생활 방식이 모두 다릅니다. 그러나 하나 될 때 역사가 나타납니다.

2) 그 나면서 못 걷게 된 이를 불쌍히 여기는 마음이 동시에 믿음으로 통하게 되었습니다.

① 더불어 함께 외치게 되었습니다.

누가 먼저라고 할 것 없이 동시적이었습니다. (4절)"베드로가 요한과 더불어 주목하여 이르되 우리를 보라 하니" 하였습니다. "주목하여"(ἀτενίσας, 아테니사스)는 (행 1:9)예수님이 하늘로 올려져 가실 때 제자들이 동시에 쳐다볼 때 사용했던 단어입니다. 자세히 보았고 긍휼히 여겼습니다.

②나면서 못 걷게 된 이는 베드로와 요한을 바라보았습니다.

(5절)그가 베드로와 요한에게서 무엇을 얻을까 하여 바라보았습니다. "바라보거늘"은 주의 깊게 똑바로 보는 모습입니다. 베드로와 요한이 말했습니다. "우리를 보라(look at us)." 교회에 왔으면 주님을 바라보는 마음이 확실하고 간절해야 합니다. 여기에 역사가 나타나게 됩니다.

2. 이것은 철저한 믿음으로 된 기적입니다.

이 나면서 못 걷게 된 이가 몇 살이며 언제부터 이렇게 되었는지는 알 수 없지만, 베드로와 요한이 전하는 그 말을 귀담아듣고 바라보았을 때 기적이 일어나게 된 것입니다.

1) 이들은 모두 믿음의 사람들이었습니다.

베드로나 요한뿐만 아니라 나면서 못 걷게 된 이도 믿었습니다. (약 5:15)"믿음의 기도는 병든 자를 구원하리니 주께서 그를 일으키시리라"고 했습니다. 서로의 믿음이 중요합니다.

①사도들의 믿음입니다.

손을 잡아 일으켜 세우면 일어날 줄로 믿은 것입니다. 앞서 언급하였듯이 바라보라고 할 때 보게 되었고, 사도들은 그 손을 잡아서 일으켜 세우게 되었습니다. 믿음이 없이는 일어날 수 없는 기적의 현장입니다. (마 17:20)어릴 때부터 귀신이 들어간 아이를 치료하실 때도 믿음을 강조하였습니다. 기적의 현장에는 믿음이 반드시 요구됩니다.

②나면서 못 걷게 된 이의 믿음이 중요합니다.

"우리를 보라"(look at us)라고 했을 때 바라보았는데, 그냥 바라본 것이 아닙니다. "바라보거늘"(5절, ἐπεῖχεν, 에페이겐)은 주의 깊게 보는 것을 뜻합니다. 그냥 대충 보는 둥 마는 둥 하는 것이 아니라 주의 깊게 보는 것입니다. (행 1:15)제자들이 예수님의 승천하시는 모습을 바라보듯 하였고, (왕하 2:10)엘리사가 엘리야의 승천하는 모습을 바라보는 시선과 같은 바라봄입니다. 이것이 믿음으로 바라보는 자세입니다. 우리의 믿음이 이렇게 되어야 합니다.

2) 위대한 역사와 인물들 옆에는 믿음이 강조되었습니다.

성경적으로나 교회사에서 크게 역사했던 인물의 옆에는 언제든지 그냥 된 것이 하나도 없고 믿음과 영적인 능력이 따릅니다. 믿음은 곧 기적을 따라오게 하는 일을 분명하게 보게 됩니다.

① 성경에서 보게 됩니다.

본문에서 보듯이 베드로와 요한은 대단한 믿음을 우리에게 보여 줍니다. (행 19:11-)"하나님이 바울의 손으로 놀라운 능력을 행하게 하시니 심지어 사람들이 바울의 몸에서 손수건이나 앞치마를 가져다가 병든 사람에게 얹으면 그 병이 떠나고 악귀도 나가더라" 하였습니다. 믿음의 세계에서 일어나는 능력과 기적의 사건입니다. (요일 5:4)세상을 이기는 것은 믿음의 능력으로만 가능합니다.

② 교회사에서 그랬습니다.

조지 뮬러는 믿음으로써 수많은 고아를 돌보며 기적을 체험했습니다. 그래서 고아의 아버지라는 명칭이 따라다니게 되었습니다. 스코틀랜드의 존 낙스의 믿음의 기도는 10만 대군의 힘보다 더 위력이 있다고 했습니다. 그러므로 우리는 구경꾼이 아니라 체험적인 믿음의 신앙인이 되어야 합니다.

3. 나면서 못 걷게 된 이가 일어나서 걷고 뛰었습니다.

이론적이고 이름만 가지는 믿음이 아니라 체험적 모습입니다. 실제 일어난 믿음의 세계를 보는 현장이 되었습니다.

1) 예수님의 이름이 위대하기 때문에 가능한 일입니다.

베드로와 요한의 이름이 아니라 나사렛 예수 그리스도의 이름이 위대합니다. 지금도 오직 예수 그리스도의 이름으로만 가능한 일임을 믿어야 합니다.

① 은과 금이 아닙니다.

"은과 금은 내게 없거니와" 하였음을 기억해야 합니다, 바울이나 베드로, 요한 같은 사도들은 재산가가 아니었습니다. 사도들에게 있는 것은 금은보화가 절대 아니라는 사실입니다. 오늘날 부자들은 오히려 예수님을 배척하고 믿지 않는 경우를 많이 보게 되는데 성경 시대에도 그러했습니다. (눅 16:19-)부자의 경우 지옥에서 물 한 방울 없어 고통당하는 모습을 성경은 우리에게 확실하고 사실적으로 보여 줍니다.

　② 나사렛 예수의 이름으로 걷게 하였습니다.

"나사렛 예수 그리스도의 이름으로 걸으라" 할 때 발과 발목에 힘을 얻어 걷게 된 기적입니다. 예수 그리스도의 그 이름은 영원히 우리 구세주의 이름입니다. 우리는 언제든지 그 예수 그리스도의 이름을 부르는 신앙인이 되어야 합니다.

　2) 예수님의 이름으로 일으켜 세운 기적입니다.

나면서부터 한 번도 걸어 본 적이 없는 사람이기 때문에 기적 중의 기적이 되었습니다. 돈 몇 푼을 주는 것은 일시적인 구제이겠지만 예수의 이름을 주어 낫게 했으니 영구적인 구제가 된 것입니다.

　① 우리는 이 시간에 배워야 합니다.

영적으로 날마다 앉아만 있는 사람이 있다면, 예수 그리스도의 이름으로 일으켜 세워야 할 때입니다. "오른손을 잡아 일으키니" 하였습니다. "잡아"(πιάσας, 피아사스)는 살짝 잡는 형태가 아니라 힘을 주어 꽉 잡는 것을 뜻합니다. 자칫 미끄러져 손을 놓칠 수도 있기 때문에 꽉 잡아서 일으켜 세워야 합니다. 특수한 행위였을지 모르나 여기에 하나님의 기적은 나타나게 되었습니다.

　② 힘이 없다가 다리에 다시 힘이 생겨서 일어나게 되었습니다.

발과 발목에 힘이 생기니 이제는 일어나는 것뿐만 아니라 걸어서 뛰는 현장을 봅니다. 성전에 들어가서 사람들을 구경만 하던 사람이 이제는 성전에 들어가서 자신의 입으로 찬송하게 되었습니다. 성전 밖에서 구경만 하던 사람이 같이 들어가서 찬송하게 된 기적입니다. 절대적인 믿음의 기적입니다. 이런 교회가 되어야 합니다. 밖에 있던 사람들이 우리 교회에 들어와 찬송하는 체험적인 교회로 축복받게 되기를 예수님의 이름으로 축원합니다.

결론 : 믿음에는 기적이 따릅니다.

〈교회〉

생명의 방주인 은평교회여 영원하라

마 16:13-20

　세상의 모든 집단이나 단체나 심지어 국가까지도 흥망성쇠의 과정이 있기 때문에 세상에서는 영원할 수 없습니다. 그러나 하나님의 교회는 구약교회(광야교회, 행 7:38)든지 신약교회든지 간에 예수 그리스도 안에서 영원합니다. (단 2:31-35)느부갓네살 왕의 꿈속에서 모든 역사가 예언되었는데, 거대한 신상을 부수고 뜨인 돌이 태산을 이루어 온 세상에 충만케 되었습니다. 이것이 지상교회의 막중한 사명이요, 예수 그리스도 복음의 세계라는 것입니다.

　초대교회 당시에 소아시아에는 일곱 교회 외에도 밀레도, 아드라뭇데노, 앗소, 드로아, 골로새, 히에라폴리스 등에 많은 교회가 있었지만, 일곱 교회를 대표로 말씀해 주셨습니다. 신학자 베드(Bede)는 "모든 시기가 7일에 순환하듯이 7이라는 숫자는 우주성을 띠고 있기 때문이다." 하였습니다. 어거스틴(Augustine)은 "온 우주적 교회의 완전성을 특징하였다." 하였습니다. 무라토리안 정경(Muratorian Canon)은 "요한은 계시록에서 일곱 교회에 편지를 썼으나 모든 교회에 말하고 있다."라고 하였습니다. 우리 교회가 칭찬받는 예수님이 세우신 교회로 성숙해 가야 하겠습니다. 본문에서 예수님은 최초로 '교회'라는 용어를 말씀하시고, 예수님이 세우신 교회의 특성을 말씀하셨습니다.

1. (예수 그리스도가 세우신) 은평교회는 바른 신앙고백 위에 세워진 교회입니다.

　은평교회는 예수 그리스도께서 세우셨습니다. 모든 시대 어디에서 세워져 있든지 간에 참 교회는 예수님이 세우신 교회입니다.

1) 올바른 신앙고백이 올바른 교회의 터전입니다.

신학자 메이어(Meyer)는 "이는 기독교 신조의 전체이다." 하였습니다. 신학자 샤프(Schaff)는 "이는 기독교 신앙고백의 첫째요 기본적인 것이며 또한 사도신경의 요점이다."라고 했습니다.

① 예수 그리스도는 누구이십니까?

이 질문은 2,000년이 지난 지금까지도 세계인들의 질문이요 물음입니다. 4대 성현, 선지자, 엘리야, 세례 요한이라 하는데, 이는 모두 빗나간 대답입니다. 예수 그리스도는 (요 1:4-5)하나님이시며, 사람들에게 비추는 생명의 빛이십니다(요 1:11). 사람들은 깨닫지 못하였고 영접하지 아니하였습니다.

② 예수 그리스도는 곧 하나님이십니다.

예수님이 곧 창조주이십니다. (요 1:1)태초에 말씀으로 계셨고 만물을 창조하셨습니다. (빌 2:5)하나님과 본체가 되십니다. (요 5:18)유대인들(바리새인들)은 예수님이 하나님의 아들이라는 소리에 예수님을 십자가에 못 박으려고 혈안이 되어 있었습니다. (요 19:7)드디어 이 사건이 고발되어서 예수님은 하나님의 아들이시기 때문에 십자가에 못 박히는 죽음에 이르게 되었습니다. 그러나 (요 14:6)예수 그리스도를 통해서만 아버지께 올 수 있고 여기에 구원이 있습니다.

2) 예수님은 그리스도이십니다.

헬라어 '그리스도'는 히브리어로 메시야인데, 기름 부음 받은 자라는 뜻입니다.

① 구약에서 메시야 사상은 성경 전체에 가득합니다.

메시야가 오셔서 유대인뿐만 아니라 죄로 타락한 인간을 구원해 주시겠다는 하나님의 약속이요 언약(covenant)입니다. 구약에는 인물, 제도, 법률, 사상 등에서 메시야를 약속해 주셨습니다. (창 3:21)가죽옷, (창 6:13)방주, (출 12:48)유월절 어린양, (레 1:3)흠 없는 제물, (민 21:8)놋 뱀 사건 등 수많은 일과 사건이 예수 그리스도 메시야 약속의 표상입니다.

② 메시야는 기름 부음을 받은 분으로 오십니다.

구약에서 선지자, 제사장, 왕을 세울 때 기름을 붓게 되는데, 예수님은 그 세 가지 직(職)을 한 몸에 가지고 오셨기 때문에 예수님은 메시야로서 우리의 구세주가 되십니다. 이를 신학적으로 예수 그리스도의 삼직(三職)이라 부릅니다.

2. (예수 그리스도가 세우신) 은평교회는 음부의 권세가 이기지 못하는 교회입니다.

세상의 역사에서 수많은 국가와 단체들이 흥망성쇠를 거쳐 가지만 주님이 세우신 참된 교회는 누구도 무너뜨릴 수 없습니다.

1) 음부의 권세가 이길 수 없습니다.

"음부의 권세"에서, 음부(하데스)는 '아(α)'와 '이데인(ἰδεῖν)'의 합성어로서 "보이지 않는 곳"이란 뜻을 가지고 있습니다. 히브리어로 '스올'(sheol)에 해당합니다.

① 지옥입니다. 불구덩이입니다. 영원한 저주의 곳입니다.

그런데 예수님은 십자가에서 죽으시고 생명의 부활을 하셨습니다. 죽음까지 이르셨으나 3일 만에 다시 생명의 부활을 하심으로 죽음까지도 이기셨습니다. 교회는 에클레시아(ἐκκλησια)라는 말인데, 예수님의 구원받은 사람들의 모임인바, 불러낸 사람들이라는 뜻이 있습니다. 악한 마귀가 제아무리 사악하게 협박해도 예수 그리스도를 믿는 성도들의 모임인 교회는 끝내는 어찌할 수 없음을 알아야 합니다.

② 역사적으로 수많은 사람이나 정치적, 군사적, 사상적 세력들이 교회를 핍박하고 무너지게 하려고 힘을 썼지만, 교회는 역사 속에서 끊이지 않고 세워져 왔습니다.

앞으로도 요한계시록의 예언과 같이 핍박이나 위험이 있겠지만, 교회는 든든히 서서 복음을 전하게 될 것입니다. (계 12:13)뱀, 마귀, 용이 교회를 크게 박해하게 될 것입니다. 공중 재림하시려고 공중은 청소되고 깨끗하여지겠으나 지상에 쫓겨날 용의 세력으로 말미암아 세상은 너무 악하여지게 되지만, 교회는 주님이 다시 오실 때까지 든든히 서 있을 것입니다. 예수님을 십자가에 못박았지만, 예수님은 부활 승리하셨습니다.

2) 교회는 반석 위에 세워져 있기 때문입니다.

"반석 위에 내 교회를 세우리니" 하셨는데, 이 반석은 남성 명사로 큰 바위나 반석(Rock)을 뜻합니다.

① 이 반석은 예수 그리스도이십니다.

일찍이 어거스틴이나 루터는 이 반석이 예수 그리스도라고 분명하게 천명하였습니다. 예수 그리스도가 반석이라는 성경 구절은 많습니다. 롬 9:33(사 28:16 인용), 고전 10:4, 벧전 2:6, 8. 예수 그리스도는 우리 믿는 자의 반석이기 때문에 누구도 그 무엇도 교회를 무너지게 할 수는 없다는 믿음을 확실히 가져야 하겠습니다.

② 온 세상 교회는 반석 위에 세운 교회로서 천국까지 영원하리라 믿습니다.

역사적으로 로마 세력은 헤롯 왕을 비롯해서 정치 세력들이 예수님의 교회가 설 수 없도록 방해하였으나 예수님의 십자가 복음과 부활로써 굳게 서게 되었습니다. 로마는 기독교를 인정하게 되었습니다. 1,700년대의 볼테르는 기독교 성경을 무시하며 앞으로 없어질 것이라 하였지만, 그가 죽은 후 영국 선교회는 그의 무신론적 책을 펴냈던 인쇄소에서 성경을 펴내게 되었습니다. 미국 남북 전쟁 후 루 월리스(Lew Wallace)는 성경이 허구임을 증명하려다 붓을 꺾고《벤허》라는 명작을 쓰게 되었습니다. 미국 뉴욕에 거대한 엠파이어스테이트 빌딩은 지하에 거대한 암반석 위에 세우졌다고 하는데, 하나님의 교회는 반석 되시는 예수님 위에 세워졌음을 믿어야 합니다.

3. (예수 그리스도가 세우신) **은평교회는 열쇠가 주어진 교회입니다.**

교회에 주어진 열쇠로서 매우 중요한 열쇠입니다. 베드로를 통해서 이방인에게도 전도의 문이 열리고 구원의 문이 열리게 되었습니다. (행 10:1)백부장 고넬료가 베드로를 초청하여 복음을 듣게 된 시점에서부터 이방인에게도 복음이 전해지는 문이 열리는 계기가 되었습니다.

1) 이 열쇠는 매우 중요합니다.

따라서 예수 그리스도 안에서 반드시 믿는 자가 소유해야 할 열쇠입니다. 은평교회와 성도들에게 이 열쇠가 주어지고 사용되는 축복이 있기를 예수님의 이름으로 축복합니다.

① 예수님을 전하여 믿고 돌아온 사람에게는 천국 열쇠가 주어집니다.

천국은 다윗의 자손으로 오신 예수님의 이름으로만 열리게 됩니다. 세상의 유명하다고 하는 이름으로도 열리지 않습니다. 오직 예수님의 이름으로만 천국이 열리게 됨을 믿고 끝까지 붙잡고 불러야 할 이름은 예수 그리스도입니다. (요 14:6)예수님의 이름으로만 아버지 하나님께 갈 수 있기 때문입니다. (행 4:12)구원을 얻을만한 다른 이름을 우리에게 주신 일이 없습니다.

② 축복의 열쇠입니다.

하나님께서 주시는 축복 역시 예수님의 이름으로만 받게 됩니다. 말씀을 통해서 수없이 듣게 되고 읽게 되고 보게 됩니다. (요 1:1)말씀 되시는 예수 그리스도입니다. (계 1:3)읽는 자, 듣는 자, 지키는 자가 복이 있다고 하였습니다. (신 28:1-14)모세를 통해서도 분명하게 하나님의 말씀을 듣고 행할 때에 복이 있다고 말씀해 주셨고, 말씀을 떠나서 다른 길로 가면 축복이 아니라 저주임을 바로 깨달아야 합니다.

2) 다윗의 열쇠를 가지신 예수 그리스도의 교회이기 때문입니다.

(계 3:7)빌라델비아 교회에게 주신 축복의 말씀을 통해서 분명히 확인하여 주셨습니다. 적은 능력을 가지고도 주님의 말씀을 지키며 배반하지 않았던 축복받은 교회였습니다.

① 한번 열면 닫을 사람이 없고 닫으면 열 사람이 없습니다.

왜냐하면 그 열쇠의 주권자가 예수 그리스도이시기 때문입니다. 교회의 주인은 바로 예수 그리스도이시기 때문입니다. 또한 교회의 머리는 예수 그리스도시요 교회의 몸 역시 예수 그리스도이십니다(고전 12:3). 따라서 예수님만이 교회의 주인이시요 주권자가 되신다는 것입니다. (엡 5:30)"우리는 그 몸의 지체임이니라" 하였습니다. 이제 멀지 않아서 예수님은 왕권을 가지고 오셔서 온 세상을 심판하실 것입니다.

② 은평교회의 미래입니다.

우리 교회는 빌라델비아교회를 본받아야 합니다. 칭찬받은 교회요 축복받은 교회의 모습입니다. 은평교회는 더욱더 힘써서 전도하는 교회, 선교하는 교회로서 해외에 약한 지역에 예배당을 건축하게 될 것입니다. 말세 때에 생명의 노아 방주로서의 역할을 하게 될 것입니다. 그리고 견고하게 세워져 가게 될 것입니다. 이렇게 축복받기를 예수님의 이름으로 축원합니다.

결론 : 반석 위에 세워진 교회입니다.

〈믿음〉

위기에서 벗어나는 믿음

마 8:23-27

　세상을 살아가면서 누구나 여러 가지 측면에서 위기가 찾아올 때가 있습니다. 이런저런 일들을 통해서 오는 위기입니다. 문제는 위기가 바로 앞에 있어도 알 수 없다는 것입니다. (약 4:13-)미래의 계획 가운데 살아 보려 하지만 "너희는 잠깐 보이다 없어지는 안개니라" 하였습니다. 여기 "안개"(ἀτμὶς, 아트미스)는 '연기'라고도 번역하는데 인생이 짧고 허무하고 불안정 상태인 것을 비유하는 것입니다. 그래서 (시 102:11)그림자 같고 풀의 쇠잔함과 같다 하였고, (욥 8:9) 그림자와 (약 1:10-11, 벧전 1:24, 사 40:6 인용)풀의 꽃과 같다고 하였습니다.
　독일계 미국의 유명한 철학자 중에 에른스트 블르흐(Ernst Bloch)는 《희망의 원리(Das Prinzip Hoffnung)》라는 책에서 '희망'을 다음과 같이 다섯 가지로 설명하고 있습니다. "첫째, 인간은 빵이 아닌 희망을 먹고산다. 둘째, 희망을 잃어버린 것은 삶 전체를 잃어버린 것이다. 셋째, 희망은 최악을 극복하게 하는 힘이다. 넷째, 희망은 배우고 훈련하는 것이다. 다섯째, 희망은 인간을 인간답게 한다." 참고할만합니다.
　본문에 보면, 예수님께서 제자들과 함께 타고 가시던 배에 갑자기 돌풍이 불어서 어려움을 당하게 됩니다. 그때 예수님께서 바람과 파도를 잔잔케 하셨는데, 이를 통해 제자들의 연약한 믿음에 대해서 질문하시는 예수님의 물음을 보게 됩니다.

1. 절망적 상황에서도 주님을 찾는 믿음이 중요합니다.

제자들은 순간적으로 절망했습니다. 바람과 파도 앞에서 겁도 나고 무서웠습니다.

1) 삶에 문제가 있을 때 순간적으로 정신이 약해지는 것입니다.

(시 78:7)"그들로 그들의 소망을 하나님께 두며 하나님께서 행하신 일을 잊지 아니하고 오직 그의 계명을 지켜서"라고 했습니다.

① 문제가 있는 상황이라면 그 속에서 하나님을 찾아야 합니다.

하나님은 만나 주신다고 하셨습니다. 성경은 분명히 만나 주시는 하나님이심을 말씀해 주십니다(렘 33:1, 사 55:6, 시 107:23, 대하 23:10-13). 혹시 죄를 범하였을지라도 사하심을 얻게 됩니다(약 5:16-).

② 제자들은 예수님을 찾았습니다.

"주여 주여 우리가 죽겠나이다" 하였습니다. 사탄이 바람을 불게 하고 파도를 치게 할 때 무서워하지 말고 하나님께 가까이 나아가야 합니다. (롬 10:9)마음으로 믿고 입으로 시인하며 부르짖게 될 때 하나님은 역사해 주심을 믿어야 합니다.

2) 예수님의 이름을 불렀으면 믿고 맡겨야 합니다.

예수님이 지금 제자들과 같은 배를 타고 계십니다. 제자들이 예수님을 선택한 것이 아니라 예수님이 제자들을 선택하고 일하시는 것입니다(요 15:16). 특별선택(special selection)의 관계입니다.

① 제자로서 예수님을 따른다는 것은 입으로만이 아니라 행동으로 따라가야 합니다.

무엇이든 맡기고 따라가는 데 생명까지도 맡기고 기다려야 합니다. (시 37:5-6)"네 길을 여호와께 맡기라 그를 의지하면 그가 이루시고 … 네 공의를 정오의 빛같이 하시리로다" 하였습니다. 제자들의 길은 맡기고 따라가는 길이기 때문입니다.

② 절망적이고 힘든 상황에서도 맡기고 따라가는 믿음입니다.

(마 21:21)믿고 따라갈 때 큰 기적으로 나타나게 됩니다. 산이 옮겨지는 믿음이라고 하였으니 기적 중의 기적입니다. (출 14:13)온갖 원망과 불평의 소리가 아니라 믿고 나갈 때 홍해도 갈라지게 됩니다. 이러한 믿음이 우리에게 필요

합니다.

2. 순종할 수 없는 상황에서도 순종하며 사는 믿음입니다.

어떤 일은 보편적으로 순종하기에 쉬운 것도 있지만 어떤 것은 순종하기에 어려운 것도 있습니다. 예수님은 순종하시되 죽기까지 순종하셨습니다. (히 5:8-9)그 길에서 우리에게 구원의 문이 열리게 되었습니다. (롬 4:18-)아브라함은 믿을 수 없는 중에 믿고 순종하였습니다. (창 12:1, 22:1)거기에 기적이 나타났습니다.

1) 바람과 파도를 잔잔케 하시는 예수님은 하나님께 순종을 보이셨습니다.

하나님 아버지께 적극적으로 순종하셨습니다.

① 예수님은 십자가에서 죽으시는 일까지 순종하시므로, 죄에 빠진 인간을 구원하는 길이 열리게 되었습니다.

(마 26:39)육신을 입으신 예수님은 십자가에서 죽으시는 이 쓴잔을 내게서 옮길 수만 있으면 옮겨달라고 기도하시다가, 그러나 내 원대로 마옵시고 아버지의 원대로 하시기를 결정하고 결국 승리하셨습니다. 하나님 아버지의 말씀에 순종하는 길에서 나타나는 승리와 축복과 기적의 현장을 십자가의 죽으심과 부활로써 보여 주셨습니다. 하나님의 말씀 앞에서 순종하는 신앙을 확인해야 합니다.

② 본문에서 볼 때 제자들은 믿음이 없었기 때문에 바람과 파도 앞에서 두려워하며 무서워했습니다.

본문에서 주님은 제자들의 믿음 없는 모습을 책망하고 계십니다. 우리가 믿음이 있다면 그 믿음으로써 어떤 상황에서도 담대해야 합니다. 그런데 제자들과 같이 우리 역시 어떠한 문제 앞에서 나약한 모습을 보일 때가 있습니다. 바람과 파도 앞에서도 믿음을 굳게 해야 합니다.

2) 믿음으로 순종하는 곳에는 역사가 일어나게 됩니다.

믿지 못하고 신뢰하지 못하는 곳에는 예수님의 역사도 나타날 수 없습니다. 예수님을 믿고 신뢰하는 것이 우리가 해야 할 과제입니다.

① 순종하는 데는 희생이 따르기 때문에 마음을 굳게 해야 합니다.

미국의 기업들은 언제나 3C를 외치며 기업을 한다고 합니다. 기회(chance)와

도전(challenge) 그리고 선택(choice)입니다. 이것이 중요한 신념이 되었다고 합니다. 힘들 때일수록 우리의 믿음에는 희생도 따른다는 것을 잊지 말아야 합니다.

② 현재 어렵고 힘들다구요? 기회를 놓치지 말아야 합니다.

미국의 부호였던 카네기는 "쇠는 뜨거울 때 좋다. 그러나 더 좋은 것은 쇠를 뜨겁게 만드는 것이다." 하였습니다. 수십 년을 교회에 다녀도 뜨거움이 없다면 아무런 역사가 나타날 수 없음을 알아야 합니다. 예수님의 이름을 뜨겁게 불러봐야 하겠습니다. 주님이 무슨 응답이라도 주실 줄 믿습니다.

3. 풍랑 중에 할 수 있는 일은 기도하는 일뿐입니다.

사방이 모두 막혀 있어도 하늘은 뚫려 있듯이 사방에서 문제점과 어려움이 있어도 하나님께 기도하는 특권은 막히지 않았습니다. (롬 12:12)"소망 중에 즐거워하며 환란 중에 참으며 기도에 힘쓰며"라고 하였는데, 이는 구원받은 성도가 해야 할 영적인 일입니다.

1) 믿는 성도의 특권은 기도 생활인데, 이는 영적 무기와 같습니다.

하나님께서 우리에게 대단한 무기를 주셨으니 곧 기도하는 일입니다. 문제는 사용하지 않으면 녹이 슬어서 쓸 수 없게 된다는 것입니다. (렘 33:1-3)예레미야는 옥중에 있었지만 기도하고 부르짖는 무기가 있음을 깨닫고 사용하였습니다.

① 기도는 항상 힘써야 합니다.

(눅 18:1-)항상 기도하고 낙망하지 말아야 합니다. (행 1:14)예수님이 승천하신 후 초대교회는 오로지 기도에 힘썼습니다. 그리고 그곳에 약속하신 성령님이 임하시게 되었던 산 역사를 봅니다. (행 12:12)베드로가 옥에 갇혀 있을 때도 기도하는 교회의 모습을 보게 되는데, 여기에도 기적이 나타나서 베드로가 옥에서 기적적으로 나오게 되었습니다.

② 제자들은 풍랑 중에 예수님의 이름을 불렀습니다.

기독교는 무엇보다도 기도에 힘쓰는 신앙적 발자취를 남겼음을 보게 됩니다. (시 115:4)열방의 우상은 죽었지만 (왕상 18:29)우리가 믿는 하나님은 불로써 응답하심으로써 만천하에 보여주셨음을 보게 됩니다. 제자들이 예수님의 이름을 불렀을 때 기적의 역사가 나타났습니다.

2) 주의 이름을 부르는 곳에는 응답이 약속되어 있습니다.

공연히 공기만 가르는 소리가 아닙니다. 응답의 약속입니다(요 14:12-14, 15:15, 16:23-24).

① 주의 이름을 부르는 곳에는 구원이 있습니다.

예수님의 이름을 부르면 구원입니다. 누구라도 할 수 없는 일을 예수님은 말씀 한마디로 해결해 주셨는데, 바람과 파도가 잔잔케 된 것입니다. (롬 10:11-13)"성경에 이르되 누구든지 그를 믿는 자는 부끄러움을 당하지 아니하리라 하니 유대인이나 헬라인이나 차별이 없음이라 한 분이신 주께서 모든 사람의 주가 되사 그를 부르는 모든 사람에게 부요하시도다 누구든지 주의 이름을 부르는 자는 구원을 받으리라" 하였습니다.

② 환란 중에 믿고 선포하며 기도해야 합니다.

고장 난 기계는 기술자가 고치듯이 고장 난 인간이나 환경은 창조주 되시는 주님이 고치십니다. 심지어 바람과 파도도 잔잔케 해주시는 주님이십니다. "이이가 어떠한 사람이기에 바람과 바다도 순종하는가"(27절) 하였습니다. 그러므로 우리는 기도의 줄기를 꼭 잡고 기도하는 중에 기적을 체험하시기를 예수 그리스도의 이름으로 축원합니다.

결론 : 위기는 기적을 보는 호기입니다.

〈믿음〉

믿음에서 오는 힘과 능력

마 17:14-20

　기독교 복음 신앙에서 중요한 내용 가운데 하나가 믿음이라고 할 것입니다. 그 믿음의 여하에 따라서 힘과 능력이 나타나기 때문입니다. 세상에서는 공부 많이 한 것을 학문의 힘이요, 재산이 많으면 재산의 힘이요, 권력이 있을 때는 권세의 힘이라고 말합니다. 우리 믿음의 세계에서는 보이는 세상적인 힘이 아니라 영적이고 신령한 능력을 말하게 됩니다. (고전 15:30)사도 바울은 전하였습니다. "형제들아 내가 이것을 말하노니 혈과 육은 하나님 나라를 유업으로 받을 수 없고 또한 썩은 것은 썩지 아니할 것을 유업으로 받을 수 없느니라" 하였습니다. 성경은 우리에게 우리가 싸우는 것은 그와 같은 육적인 것이 아니라 영적인 것임을 분명히 말하고 있습니다. (고후 10:3, 엡 6:10-17)영적인 대상에서 싸우는 상대가 사탄 마귀와의 싸움이기 때문입니다. 칼빈(Calvin)은 지상교회는 전투적 교회라 하였고, 루터(Luther)나 벵겔(Bengel) 같은 신학자들 역시 마귀는 그들이 싫어하는 교회(성도)를 상대로 싸움을 걸어온다고 하였습니다. 신학자 빈센트(Vincent)는 "이 싸움에서 진리는 각양의 덕목을 통합함으로써 진리의 범위에서 실천할 수 있는 것이다." 하였습니다.

　본문은 예수님이 변화산에서 내려온 후에 벌어진 내용입니다. 어떤 아버지가 귀신 들린 아이를 데려왔으나 제자들은 고치지 못하였습니다. 그러나 예수님은 말씀으로 귀신을 추방하시고 그 아이를 낫게 하셨습니다. 왜 우리는 고치지 못했느냐는 제자들의 질문에 대한 예수님의 답변은 믿음에 관한 것입니다.

1. 예수 믿는 믿음은 생활을 새롭게 하는 능력이 있습니다.

예수 믿는 믿음은 인생을 새롭게 하는 능력입니다. 전혀 새로운 인격체로 바뀌게 하는데 그 사례들이 수없이 많이 있습니다.

1) 예수 믿고 예수님을 만난 사람은 인생 목적이 달라지고 살아가는 방식이 다른데, 이는 예수님을 만났기 때문입니다.

① 예수님을 만나면 살아가는 방식과 목적도 다르게 됩니다.

지옥 가는 길에서 천국 가는 길로 바뀌면서 살아가는 모습이 모두 변화하게 됩니다. (요 3:16)믿음으로 가는 영생의 길입니다. (눅 23:42-)천국 가는 길로 바뀌는 것이 예수 믿는 길입니다. (요 14:1-)예수님이 만드신 나라입니다. (요 1:12)예수님을 영접한 믿음의 길입니다. (빌 3:20, 4:2)그 이름들이 생명책에 기록된 믿음입니다.

② 예수 믿지 않는 불신의 목적지는 지옥입니다.

최종적으로 누구나 반드시 죽음이 오게 됩니다. 죄 때문입니다. (히 9:27-)그 후에는 심판이 있지만 믿는 자는 영생이 확보되었습니다. (요 3:14)예수 그리스도를 믿기 때문입니다. 그러나 불신자는 지옥에서 영원히 고통받게 됩니다. (막 9:48 눅 16:24)절대로 지옥에 가면 안 됩니다. 여기에 이 세상의 지상교회의 사명이 있습니다.

2) 예수 믿는 힘은 구원받는 힘이요 능력입니다.

세상 무엇으로도 어떤 방법으로도 지옥에서 건져낼 수 없습니다. 오직 예수 믿는 믿음의 힘과 능력뿐입니다.

① 예수 믿는 것은 죄의 심판과 마귀의 굴레에서 건져내는 힘이요 능력입니다.

재력, 학벌, 권력, 그 어떤 것도 우리를 건져 낼 수 없습니다. 오직 예수 믿는 믿음뿐입니다. (창 39:9)요셉을 그 험한 유혹에서 벗어나게 한 것은 하나님을 믿고 두려워하는 믿음이었음을 봅니다.

② 예수 믿는 믿음은 하나님을 기쁘시게 하는 능력입니다.

세상의 그 무엇 가지고도 하나님을 기쁘시게 해드릴 수 없지만 믿음으로는 기쁘시게 해드리게 됩니다. (히 11:6)믿음이 없이는 기쁘시게 못한다고 하였습니다. 신학자 빈센트(Vincent)는 문자 그대로 모든 시대를 통틀어서 보편적 명제는 믿음이라고 하였습니다. 히 11장에 나타나는 모든 이름뿐만 아니라 본문에서도 예수님은 그 믿음을 강조해 주셨으니 이 믿음 갖기를 축복합니다.

2. 예수 믿는 능력은 기적이 체험되는 힘이요 권세입니다.

성경에는 인간으로는 할 수 없는 능력과 힘이 소개되는데 이것이 바로 믿음의 세계요 믿음의 역사입니다. 복음을 믿고 따라갈 때 그 믿음에서 나타나는 기적의 세계입니다.

1) 이 믿음은 곧 능력이요 영적 힘입니다.

믿음의 선진들이 이 믿음의 능력에서 승리하였고 세상을 이겼습니다. (요일 5:4)온갖 기적과 능력의 체험장입니다.

① 예수 믿는 믿음은 곧 구원의 능력이기 때문입니다.

본문에서 보면, 예수님이 변화산에 내려가셨을 때 나머지 9명의 제자들이 귀신 들린 아이를 사이에 두고 문제를 해결할 수 없었습니다. 그러나 예수님은 말씀 한마디로 귀신을 추방하시며 아이를 건강하게 하셨습니다. 그 이유에 대하여 제자들이 질문하였을 때 예수님은 "너희 믿음이 적은 연고니라"라고 하셨습니다. (20절)"믿음이 적은"(ὀλιγοπιστίαν, 호리고피스티안)은 어떤 사본에는 '믿음 없는'(ἀπιστίαν, 아피스티안)으로 되어 있습니다. 믿음이 없으면 기적도 일어나지 않습니다.

② 믿음에는 기도가 따라야 합니다.

기도가 필수입니다. 마태복음 본문에서는 믿음을 강조하셨는데, 같은 사건을 놓고 마가복음에서는 기도가 강조되었습니다. (막 9:29)"이르시되 기도 외에 다른 것으로는 이런 종류가 나갈 수 없느니라"고 하였습니다. 믿음이 없는 기도는 참된 기도가 될 수 없습니다. (막 11:24)예수님은 기도에 대하여 말씀하시면서 강조하셨습니다. "기도하고 구한 것은 받은 줄로 믿으라 그리하면 너희에게 그대로 되리라" 하셨는데, 히브리서에서는 (히 11:1-2)"믿음은 바라는 것들의 실상이요 보이지 않는 것들의 증거니 선진들이 이로써 증거를 얻었느니라"고 했습니다. 그런가 하면 에머슨(Emerson)은 "믿음은 종달새 알에서 종달새의 우는 소리를 듣는 것이다."라고 표현했습니다. 믿음과 기도가 중요합니다.

2) 믿음과 기도는 떼려야 뗄 수 없는 영적 관계임을 보게 됩니다.

믿음이 있다고요, 기도하세요. 기도가 없는 믿음은 허수에 불과할 수밖에 없습니다. 기도했다고요, 기도한 내용에 대해서 주실 줄로 믿어야 합니다. 기도하고 의심하는 것은 거품과 같아서 좋은 일이 결코 없습니다(약 1:5-8).

① 그래서 예수님은 기도와 믿음을 한 사건에서 강조해 주셨습니다.

우리 모든 가족은 늘 기도가 생생하시기를 축복합니다. 그리고 기도했으면 믿음이 약해지지 말고 기도한 바가 이루어지기를 바라고 믿어야 합니다. (눅 18:1-8)항상 기도하고 낙심하지 말아야 한다면서 인자의 때에 믿음을 보겠느냐고 강조하셨습니다. 지금은 곧 믿음이 약한 시대가 아닌가 생각해야 합니다.

② 기도에는 응답이 올 때까지 기다리는 인내의 믿음도 중요합니다.

본문에서 아이의 아버지는 제자들을 통해서 치유의 열매가 없었지만 일찍 포기하지 아니하고 예수님이 오실 때까지 기다리며 애쓴 결과 아이가 낫는 기적을 볼 수 있었습니다. 인내하는 믿음이 중요합니다(약 5:11, 계 14:12).

③ 겸손의 기도입니다.

예수님이 오시자 아버지는 그 앞에 엎드려서 구했습니다. 기도에는 믿음과 겸손입니다. 목이 곧고 마음과 귀에 할례받지 못한 상태로는 곤란합니다(행 7:51). (눅 18:13)세리와 바리새인의 기도에서 교훈을 얻게 됩니다.

3. 하나님의 일은 믿음과 기도를 통해서 역사하십니다.

성경은 어디를 보아도 이 믿음과 기도는 필수적 요소인데, 우리가 과연 이 믿음과 기도가 살아 있는지를 잘 살펴야 할 것입니다.

1) 우리는 지금 하나님의 사업에 동참한 믿음의 사람들입니다.

우리가 예수 믿고 신앙생활 하는 것은 세상적인 일을 하는 것이 아닙니다. 우리는 하나님의 일을 위해서 뛰어든 인생입니다.

① 무슨 일을 하든지 이 일은 하나님의 일이고 하나님의 사업이라는 것을 잊지 말아야 합니다.

예컨대 (왕상 17:45)다윗이 어렸지만 골리앗과 싸울 때 하나님의 일로 생각하며 싸웠습니다. 너는 칼과 창과 단창으로 오지만 나는 만군의 여호와 하나님의 이름으로 싸운다고 하였습니다. 직장, 사업, 공부, 자녀 교육 등 모든 일을 하나님의 것으로 생각하고 행할 때 기도 가운데서 하게 됩니다. 여기에는 역사가 크게 나타나게 됨을 봅니다.

② 우리 인생의 첫 번째 두 번째 세 번째도 목적은 오직 하나님의 영광이 되어야 합니다.

마귀의 상징이 되는 골리앗과의 싸움에서 다윗이 골리앗을 쳐부수고 이긴 비결은 이스라엘 하나님의 영광을 위해 싸웠기 때문입니다. 본문에서 귀신이 아이에게서 떠나게 되고 건강이 회복되는 현장에서 볼 수 있는 축복된 장면입니다. 오직 하나님의 영광이 나타나게 살아야 하겠습니다. 예수님은 귀신을 추방하셨습니다.

2) 예수님은 지금도 우리에게 말씀해 주십니다.

"너희 믿음이 어디 있느냐"는 것입니다.

① 믿음과 기도에는 생명력이 있어야 합니다.

겨자씨만큼만이라는 주님의 말씀은 그 해석에 있어서 신학자 풀루머(Plummer)는 한 모래알만큼만이라고 하신 것이 아니라 겨자씨는 비록 작으나 큰 나무가 될 생명력이 내포되어 있는 것을 비유하신 것이라고 하였습니다. 우리의 믿음과 기도생활에 있어서 생명력이 중요합니다. (마 13:31-32)천국 비유에서도 보게 됩니다.

② 우리의 영적인 모습은 죽은 것(계 3:1-7)이 아니라 살아서 역사하는 모습이어야 합니다.

우리의 믿음이나 기도가 그들과 같이 된다면 곤란합니다. 우리 주변에는 영적으로 볼 때 귀신에게 시달리는 일들이 너무나 많이 있습니다. 우리의 기도와 믿음이 살아 있음으로써 우리 주위에서 귀신을 추방하고 불신앙에서 건져내고 자유하게 하는 기적의 모습을 많이 보게 되기를 예수님의 이름으로 축원합니다.

결론 : 우리에게는 영적 믿음의 능력이 있습니다.

〈믿음〉

에스더에게서 보는 그리스도인의 거룩한 결단

에 4:12-17

　사람이 살아가면서 결심하고 결단한다는 것은 일반적으로 중요하지만, 신앙적이고 영적인 일에서는 더 중요한 일이라고 생각합니다. 성공과 실패의 차이가 여기에서 좌우되는 일도 많이 있기 때문입니다. 삼국 통일에 주역이 된 신라의 김유신은 자기가 타고 다니던 애마까지 목을 벨 정도로 결단의 사람으로 유명합니다. 성경에서 보면 결단과 결심은 그의 믿음과 직결되는데, 대표적인 인물로 아브라함을 들 수 있을 것입니다. (창 12:1)갈대아 우르를 떠나는 일부터 시작해서 (창 21:14)하갈과 이스마엘을 추방하는 일과 (창 22:1)아들 이삭을 제물로 바치라는 하나님 명령에 따르는 결단은 믿음이요 순종이었습니다. (마 4:18, 마 9:9)제자들은 예수님이 부르실 때 직업과 생활을 버리고 예수님을 따라가는 결단의 사람들이었습니다. 아는 목사님은 신학을 하기 전에 목장을 경영했습니다. 아들은 외국 유학까지 다녀와서 시중 은행에 취직했습니다. 어느 날 이 목사님은 목회하기 위해 목장을 정리하고, 아들에게 식당을 맡겼는데 지금은 그 지역에서 유명한 사업장이 되었음을 보게 됩니다.

　매사의 순간적인 결단이 중요합니다. 운동 경기에서도 순간적인 결심이 그 경기를 이기도록 이끌게 됩니다. (왕상 3:9)솔로몬은 일천번제 후에 하나님께서 무엇이든 구하라 하실 때 지혜를 구했습니다. 수학자 피타고라스(Pythagoras)는 "나는 다만 지혜(σοφία, 소피아)를 사랑한다(φιλέω, 필레오)."라는 말에서 철학(philosophy)이란 말이 나왔다고 하는데, 진정한 지혜는 결단이라고 생각합니다. 미국에서 어느 큰 회사가 망하게 되었는데 그 망한 이유에 대해서 설문 조사를 한 결과, 결단을 내리지 못해 망하게 되었다는 것입니다. 본문에서 왕후 에스더가 삼촌 모르드개의 말을 듣고 3일간 금식하며 왕 앞에 나아가는 결단의 모습을 보게 됩니다.

1. 희생적 결단은 새로운 길이 열리는 축복을 받게 됩니다.

하만에 의해 유다 백성이 모두 몰살당하게 될 위기였습니다. 그 위기에서 벗어나는 지혜가 결단에서 찾아옴을 봅니다.

1) 하만이라는 반유대(Anti Jew)에서 벗어나는 결단입니다.

모르드개를 미워하다 보니 모르드개가 속한 민족을 모두 몰살시키려는 하만의 음모에서 벗어나야 했습니다.

① 에스더는 삼촌인 모르드개의 말을 듣게 되었고, 작심한 후 하녀들과 더불어 금식기도 하였습니다.

왕이 긍휼을 베풀어야 왕 앞에 나아갈 수 있는데, 에스더는 "죽으면 죽으리이다"(And if I perish, I perish) 결단하고 나아가게 됩니다. 기도는 어려울 때 능력이 됩니다. (마 4:1-)예수님도 공생애를 40일 금식으로 시작하셨습니다. (눅 2:36)안나는 100세가 되는 나이에 금식하고 기도하다가 아기 예수님을 뵙게 되었습니다.

② 희생적 결단에는 축복이 약속되어 있습니다.

어렵게 하는 결단에는 희생이 따라오게 됩니다. (창 43:14)야곱은 베냐민을 잃으면 잃으리라 하면서 애굽으로 내려보내는 결단을 합니다. (요 12:24)한 알의 밀알이 죽으므로 많은 열매를 맺게 되는 결과를 가져옵니다.

2) 반유대인 하만을 이기는 방법은 희생적 결단이었습니다.

왕이 부르는 긍휼을 베푸는 일이 없음에도 죽으면 죽으리라는 결단으로 왕 앞에 나아갑니다.

① 내가 희생적 결단을 하면 하나님이 일하십니다.

하나님이 일하시기 때문에 이기게 됩니다. (요 5:17)예수님은 아버지가 일하고 계신다고 말씀하셨습니다. (고후 6:1)사도 바울은 하나님과 함께 일하는 자였음을 보게 됩니다.

② 예배도 거룩한 결단이 필요합니다.

축복받고 응답받는 것은 거룩한 결단입니다. 미국의 현대 역사를 바꾸어 놓은 마틴 루터 킹(Martin Luther King) 목사는 어려운 환경에서 계속적으로 인권운동을 했는데, 그 결과 암살당하였지만 미국의 잠자는 인권을 깨어나게 했습니다. 신앙적 결단입니다. (출 32:32, 왕상 18:22)하나님과 우상 사이에서 결단이 중요합니다. 분명한 것은 거룩한 결단에서 하나님의 놀라운 역사가 나타나게 되었다는 것입니다.

2. 죽으면 죽으리라는 거룩한 결단은 승리의 축복을 가져왔습니다.

"나는 나의 시녀와 어렵게 결심한 후에 규례를 어기고 왕에게 나아가리니 죽으면 죽으리이다"라는 거룩한 결단이요 고백입니다.

1) 하나님의 섭리 속에 왕비가 된 에스더는 유대인입니다.

이는 하만 앞에서 큰 문제가 되었습니다. 하만의 모략은 유대인을 모두 죽여버리려는 것이었습니다.

① 이때 에스더의 결단은 거룩한 것이며 축복이었습니다.

그런 결단을 하지 않으면 잠시 편하게 지낼 수 있었을지 모릅니다. 그러나 에스더는 결단을 내렸습니다. 신앙적 결단입니다. (잠 3:1)"내 아들아 나의 법을 잊어버리지 말고 내 마음으로 나의 명령을 지키라. 그리하면 그것이 내가 장수하여 많은 은혜를 누리게 하며 평강을 더하게 하리라" 하였는데 거룩한 결단이 필요합니다.

② 에스더의 이 거룩한 결단은 생을 포기한 결단이었습니다.

왕비로서 행복하게 좀 더 살기보다는 유대인으로서 민족을 위하는 결단을 내린 것입니다. 대한민국 역사에는 일본 침략 때 안중근을 비롯해서 유관순 열사의 거룩한 결단도 생을 포기한 결단이었습니다. 대한민국이 여기까지 오는 동안에 순국선열들이 있었음을 잊지 말아야 합니다. 그리스도인들은 더더욱 예수 그리스도를 위해서라면 죽을 수도 있는 결단이 필요하고, 신앙의 선열들이 그리했음을 잊지 말아야 할 것입니다. 거룩한 결심입니다.

2) 사람은 무엇인가를 위해서 살다가 때가 되면 죽게 되어 있습니다.

사도 바울도 육신의 장막집이 무너지면 새로운 집이 있음을 밝히면서 차라리 그 나라에 빨리 가기를 원한다고 하였는데(고후 6:8), 죽을 각오로 복음을 전하였습니다(행 20:24).

① 의를 위하여 죽을 것도 각오하는 결심이었습니다.

이는 복음 전하다가 죽어도 좋다는 사생결단의 결심입니다. 바울이나 예수라고 해서 생명이 둘이 있는 것은 아니었지만 그런 결심으로 목숨까지도 내놓게 되었습니다.

② 거룩한 결단으로 희생하면 열매와 축복이 풍성해지게 됩니다.

에스더는 그 거룩한 결심으로 민족을 말살하려는 하만의 손에서 민족을 건지게 되었고, 그때부터 유대 민족의 '부림절'이 생기게 되었습니다. 사도 바울은 로마에서 순교하였지만, 그 순교의 터전 위에 313년 로마제국은 기독교를 공인하게 되었습니다. 로마가 복음을 받음으로써 온 세계에 급속히 복음 전파가 된 것은 사도 바울의 복음을 향한 희생적 결단과 실행의 결실이라고 생각합니다.

3. 사명이 부를 때에 따르는 거룩한 결단입니다.

예언자나 앞서간 성도들이 그렇게 하였지만, 오늘날 우리는 그리스도의 복음적 신앙에서 사명자로 살아야 합니다. 에스더는 이 사명에 응하였고 사명을 다하게 되었습니다. "내가 이 자리에 있는 것이 이때를 위함인지 누가 아느냐"는 삼촌 모르드개의 입에서 나오는 말을 하나님의 부르심으로 보아야 합니다. 지금도 여러 가지로 우리를 부르십니다.

1) 때때로 그리스도인에게는 이 부름이 올 때가 있습니다.

우리가 처해있고 활동하는 곳에서 부르심을 들을 수 있어야 합니다.

① 하나님은 사명 속에 부르시게 됩니다.

그 소리에 귀를 열어야 합니다. (사 6:8)웃시야 왕이 죽은 해에 성전에 올라가 기도하던 이사야가 하나님의 역사하심을 보았고 음성을 듣게 되었습니다. "내가 주의 목소리를 들은즉 이르시되 내가 누구를 보내며 누가 우리를 위해 갈꼬 그때에 내가 이르되 내가 여기 있사오니 나를 보내소서" 하였고, 그때부터 이사야는 주의 사명을 다했습니다.

② 하나님은 은혜를 주시고 은혜받은 사람을 사용하셨습니다.

에스더는 왕궁에서 쓰임 받게 되었고, 사도 바울은 복음 전도자로서 쓰임 받다가 순교하였으며, 수많은 일꾼이 주의 부르심을 받고 은혜 속에 쓰임 받게 되었습니다. (롬 6:13)이제는 불의의 병기가 아니라 의의 병기가 되었습니다.

2) 하나님은 지금도 일꾼을 쓰시기 위해 부르십니다.

(마 20:1-)천국 일꾼으로 쓰시기 위해서 아침부터 저녁까지 우리를 부르십니다. 일찍부터 부르심을 받았든지 늦게 부르심을 받았든지 주님께서 뜻대로 쓰십니다.

① 이른 아침부터 오후 파장 시간까지 부르시고 일꾼이 되게 하셨습니다.

부르셔서 구원해 주시고 일감을 주셔서 일하게 하심으로써 일꾼이 되게 하십니다. 에스더는 자기 민족을 구원해 내는 데 쓰임 받게 되었습니다. 문제는 이 거룩한 결심이 서 있느냐 여부에 따라서 달라지게 됩니다.

② 이 결심 앞에 하나님은 역사하셨습니다.

하만의 손에 그냥 두지 아니하시고 그 손에서 건져내는 축복을 주셨습니다. 완전히 판이 역전되게 만드셨습니다. (에 9:26)유대에 부림절이 생겨서 대대로 지키고 기념되게 하셨습니다. 이방인들마저 유대인 되려는 사람이 많았습니다. 우리는 그리스도의 거룩한 일에 거룩한 결심으로 쓰임 받게 되시기를 예수님의 이름으로 축원합니다.

결론 : 거룩한 결심 가운데 일하시기 바랍니다.

⟨믿음⟩

굴 밖으로 나와야 합니다

왕상 19:9-14

무슨 일이 잘 풀리지 않을 때 집에 콕 틀어 앉아서 고민했던 적이 누구나 한 번쯤은 있을 것입니다. 지나고 나면 사실은 별로 큰일이 아닌데 왜 그때 방에 들어박혀서 꼼짝하지 않았는지 뒤늦게 생각해 보면 우스운 일입니다. 마치 사춘기를 지나는 청소년 같은 태도라고 할 것입니다. 하나님이 없는 불신 세계에서는 그렇다 하더라도 믿는 성도는 전능하신 하나님께서 역사하고 계시기 때문에 그럴 필요가 없는 것입니다. 우리는 성경에서 수많은 능력과 기적의 현장들을 보게 됩니다. (삼상 17:45)골리앗 앞에서도 당당하게 싸워 이겼던 다윗의 역사라든지, (단 6:10)사자 굴에 들어가지만 살아계신 하나님의 손길을 체험한 다니엘의 기도를 비롯해서 수없이 많은 역사를 보게 되는데, 이것이 우리 믿는 성도의 믿음이요 신앙의 역사입니다. 그래서 성경은 (마 9:29, 15:28, 14:31, 수 1:4)우리에게 강조하여 주시는 것이 믿음입니다.

우리는 때때로 믿음이 있다가도 약해지는 때가 있는데, 본문 엘리야의 경우에서 보게 됩니다. 아합과 이세벨이 주동이 된 아세라와 바알 선지자들 앞에서 당당히 불로 응답받고 850명의 바알 선지자들을 그릿 시냇가에서 죽였던 엘리야가 낙망하여 로뎀나무 밑에서 죽기를 구하고 있습니다. 하나님께서 호렙산 굴에 숨어 있던 엘리야에게 천사를 통해서 아침과 저녁으로 떡과 고기를 날라다 주셨습니다. 그러시면서 어찌하여 여기에 있느냐고 하십니다. 하나님께서는 엘리야에게 아람나라 왕을 세우고, 이스라엘 왕을 세우라는 막중한 사명을 주시며 굴 밖으로 나오라고 하십니다.

1. 천사가 엘리야에게 이르는 말이 "일어나 먹으라"였습니다.

굴 밖에 나가서 싸워야 하고 사명을 감당하기 위해서는 일어나 먹어야 합니다. 먹지 않으면 힘을 쓸 수 없기 때문입니다.

1) 로뎀나무 아래에서 지쳐서 죽기를 간구하는 엘리야였습니다.

(왕상 19:4-5)아직도 할 일이 많은데 자기 뜻대로 이렇게 하는 것은 하나님의 뜻이 절대로 아님을 깨달아야 합니다.

① 천사를 통하여 주시는 하나님의 말씀입니다.

"일어나 먹으라"입니다. (5절)"천사가 어루만지며 이르되 일어나 먹으라"입니다. (6절)"머리맡에 숯불에 구운 떡과 한 병 물이 있더라 이에 먹고 마시고 일어나 다시 누웠더니" 했습니다. (7절)"다시 어루만지며 이르시되 일어나 먹으라 네가 네 길을 이기지 못할까 하노라" 하였는데 하나님의 부드러운 손길이었습니다. (마 6:28-33)우리는 먹고 마시는 것보다 먼저 하나님의 나라를 구해야 합니다. (신 8:3)광야 생활에서 먹고 마시는 것에 문제가 없었고 옷도 헤어지지 아니했습니다. 지금도 나의 등 뒤에서 도우시는 하나님의 손길을 믿고 일어나서 사명을 잘 감당해야 하겠습니다.

② 주변에는 아무것도 없어 보입니다.

그러나 거기에서도 하나님은 함께 계셨습니다, 태풍처럼 강한 바람이나 바위가 갈라지는 역사에서가 아니라 세미한 음성 속에 하나님은 말씀하셨습니다. 엘리야는 아합에 의해서 모두 죽고 본인만 남았다고 생각하였습니다. 그러나 바울 사도가 인용했듯이 (롬 11:3)바알에게 무릎 꿇지 않은 자 칠천을 남겨 두신 것입니다. 아무도 없어 보이지만, '모래 위의 발자국'(foot printed on the sand)이라는 시에도 있듯이, 하나님은 우리를 안고 가신다는 사실입니다. (신 1:31)품에 안고 광야 길을 가셨습니다.

2) 새 생명을 위해서 우선 먹고 기운을 차려야 합니다,

지쳐 있고 쓰러진 상태에서는 절대로 어떤 일도 할 수 없습니다. 금식하면서는 묵상기도밖에 할 일이 없게 됩니다.

① 사명이 중대할수록 잘 먹고 힘을 내야 합니다.

때때로 고기도 먹는 것은 기운을 내기 위해서요, 기운을 내는 목적은 주어진 사명을 감당하기 위해서입니다. (고전 10:31)먹든지 마시든지 무엇을 하든

지 다 하나님의 영광을 위해서 해야 합니다. 아프리카 선교사였던 리빙스톤(Livingstone)은 사명이 있는 한 죽지 않는다고 확신하며 풍토병을 이기고 선교하였습니다.

② 성도가 먹고 마시는 것은 불신자들과는 다릅니다.

예수 그리스도가 없는 불신자들은 육신의 쾌락과 한순간의 자기 영광을 위해서 먹고 마시지만 성도는 그렇지 않습니다. 지금까지도 큰일을 했다고 해도 앞으로 해야 할 일이 크고 막중하기 때문에 그 일을 위해서 힘을 내야 합니다. 엘리야에게 막중한 세 가지 일이 남아 있었습니다. 은평교회 성도들도 남은 사명을 위해서 힘내시기를 축원합니다.

2. 기운을 차렸으면 굴에서 나와야 합니다.

기운을 차리고 정신을 차렸으면 갇혀 있는 굴에서 나와야 합니다. 갇혀 있는 상태로는 일을 할 수 없습니다. 빠르게 나와서 사명을 찾아야 합니다.

1) 굴에서 빨리 나와서 일해야 합니다.

왜 엘리야만이겠습니까. 우리 역시 낙심되고 시험에 빠져서 꼼짝하지 못하는 굴과 같은 자기 생각 속에서 헤치고 나와야 합니다. 나를 묶어 놓은 끈을 끊고 나와야 합니다.

① 부정적인 생각에서 벗어나야 할 때입니다.

예컨대 이런 생각들입니다. 내가 어떻게 일했는데 한다든지, 하나님도 무심하시지 한다든지, 이제는 그만해야 하겠다, 하는 식의 부정된 자기 사고에서 벗어나야 합니다. 나만 남았는데 나까지 죽이려 한다는 것은 엘리야의 개인 생각이지 하나님의 뜻은 절대로 아니었습니다. 그릇된 틀(Frame)에 갇혀 있으면 빨리 그 틀을 부수고 나와야 합니다. 눈만 조금 크게 뜨면 보이는 하나님의 손길을 바라봐야 합니다. 자기 부정적 감정과 생각의 틀에서 벗어나지 못하면 지금까지 쌓아 올린 모든 것이 수포가 되기 때문입니다. 벗어나야 합니다.

② 굴속에 숨어 있지 마세요.

하나님께서 역사하심으로 인해서 불로 응답받은 사실은 어디로 가버렸나요? 850명의 바알 섬기는 자들을 죽이는 용기와 믿음은 어디로 가버렸나요? 굴속에 혼자 숨어서 죽기를 구하는 안타까운 모습입니다. 천사를 통하여 부르시는 하나님의 음성입니다. "엘리야야 네가 어찌하여 여기 있느냐"는 부르심입니다. 엘리야를 부르시는 하나님의 음성을 듣기를 원합니다. 로뎀나무 아래나 굴은 숨을 곳이 아닙니다. 엘리야가 숨을 곳은 참된 피난처가 되시는 하나님 말씀에 있습니다. 그릇된 부정적인 불신앙의 장소에서 나와서 맡겨 주신 사명을 감당해야 합니다. 은평교회 성도들은 하나같이 주님의 말씀 듣기를 축복합니다.

  2) 진정으로 피하고 숨을 곳은 하나님께 있음을 깨달아야 합니다.

로뎀나무 아래나 굴속은 잠시 쉬어가는 곳은 될지 몰라도 피난처가 아닙니다. 더위를 피하는 곳이 될지 몰라도 진정한 피난처는 될 수 없습니다. 오직 하나님을 바라보고 의지해야 합니다.

  ① 세상에서 누구를 의지하고 살아가십니까?

세상에는 잠시 내가 의지할 곳이 많은 것 같지만 헛것입니다. 영국의 철학자요 정치가였던 베이컨(Francis Bacon)은 사람에게는 네 개의 우상이 있다고 했습니다. 첫째는 종족의 우상이요, 둘째는 동굴의 우상이요, 셋째는 시장의 우상이요, 넷째는 극장의 우상이라는 것입니다. 동굴의 우상은 개인의 편견 때문에 거기에 갇혀서 벗어날 수 없고 사건과 일들을 모두 삐뚤어지게 판단한다는 것입니다. 엘리야가 그런 계통에 있습니다. 종족의 우상은 자기 종족에만 갇혀 있는 현상이요, 시장의 우상은 자본주의 시장에서 돈이 최고인 줄 착각하게 되는 현대문명을 보여 줍니다. 이런 우상에서 벗어나야 할 때입니다.

  ② 동굴 밖으로 나올 때 밝은 세상을 보게 됩니다.

모두 어둡고 침침한 곳에서 편견 속에 살아갑니다. 빨리 이런 불신앙에서 벗어나야 합니다. 이데아의 세계에서 벗어나면 유리 동굴 같은 자기밖에 모르는 세계에서 광활한 세계를 볼 수 있게 됩니다. 자기 생각밖에 모르는 극단적인 이기주의 시대에서 빨리 벗어나기를 축복합니다.

3. 갇혀 있는 곳에서 나올 때 하나님을 만나게 됩니다.

그릇된 곳에 갇혀 있듯이 굴에 갇혀 있다면 빨리 나와야 합니다. 어렵게 전도 받아서 예배당에까지 나아와 앉아 있어도 부정적인 이야기의 자기 틀(Frame)에 갇혀 있다면 절대로 은혜를 받을 수 없습니다. 그 생각을 버리고 그

굴에서 나와야 살게 되며 은혜를 받게 됩니다.

1) 굴 밖에 나올 때 하나님을 만나게 되었습니다.

굴 밖으로 나와서 하나님의 역사하심을 보아야 할 때입니다. (사 55:6)"너희는 여호와를 만날 만한 때에 찾으라 가까이 계실 때에 그를 부르라 악인은 그의 길을, 불의한 자는 그의 생각을 버리고 여호와께로 돌아오라 그리하면 그가 긍휼히 여기시리라 우리 하나님께로 돌아오라 그가 너그럽게 용서하시리라 이는 내 생각이 너희의 생각과 다르며 내 길은 너희의 길과 다름이니라 여호와의 말씀이니라 이는 하늘이 땅보다 높음같이 내 길은 너희의 길보다 높으며 내 생각은 너희의 생각보다 높음이니라"

① 굴 밖에 나와서 하나님의 세미한 음성 속에서 사명을 찾게 되었습니다.

그리고 자기밖에 없는 줄 알았는데 바알에게 무릎 꿇지 않는 자가 7,000명이나 된다는 소식도 듣게 되었습니다. 천천만만의 동질적인 후원자를 보게 된 것입니다. 낙심하지 않고 용기를 얻게 되었습니다. 우리가 때때로 내 생각을 버리면 새롭게 되는 길이 열림을 깨달아야 합니다.

② 굴 안에서는 사탄이 제일 좋아하는 어둠에 거하게 됩니다.

마귀는 우리가 부정적이고 어두움 속에 묶여 있을 때 제일 좋아함을 알아야 합니다. 하나님은 우리에게 힘과 용기를 주시는 분이십니다. 좌절에 빠져 있으면 평안이 사라지고 불안하게 만듭니다. 하나님은 그의 백성에게 평안을 주십니다. (요 14:27)이것은 세상이 주는 것과는 본질적으로 다른 평안입니다.

2) 부르시는 하나님의 음성을 들어야 합니다.

하나님의 부르심은 "엘리야야 네가 어찌하여 여기 있느냐"입니다. (왕상 19:9)"여호와의 말씀이 그에게 임하여 이르시되 엘리야 네가 어찌하여 여기 있느냐"(And the word of the LORD came to him: "What are you doing here, Elijah?").

① 그곳은 엘리야가 있어야 할 곳이 아니었습니다.

엘리야는 사명의 자리, 기도의 자리, 죄악과 싸우는 자리, 하나님의 선지자로서 있어야만 하는 자리에 있어야 했습니다. 낙심과 실망에서 어린아이가 생떼 부리듯이 이제 죽게 해 달라고 졸라대는 자리에서 벗어나야 합니다. 엘리야로서는 정신 차리고 사명의 자리를 다시 회복하라는 음성입니다. 지금 우리는 이 음성을 들어야 합니다. 엘리야가 사명의 자리로 돌아가야 하듯이 이 세대에 우리는 주의 음성을 듣고 순종해야 합니다.

② 지금 서 있는 자리가 우리가 영적으로 서 있어야 할 자리인가를 확인해야 합니다.

우리가 서 있어야 할 자리가 아니라 다른 불신앙적 자리에 서 있다면 정말로 곤란합니다. 실망, 좌절, 낙심에 서 있다면 참으로 곤란한 일입니다. 더 큰 사명을 위해서 일어나야 할 때입니다. 하나님은 부르셨습니다. "엘리야야 네가 왜 여기 있느냐"는 부르심입니다. 세미하게 부르시는 하나님의 음성을 듣고 깨달아 일어서서 다시 사명의 길로 가게 된 엘리야와 같이, 하나님 만나시기를 예수님의 이름으로 축원합니다.

결론 : 굴에서 나와 사명을 감당해야 합니다.

〈믿음의 사람〉

온 천하에 기념하신 사랑

막 14:3-9

　어떤 일이 어느 한구석에서 일어났다가 그냥 사라지는 일이 있는가 하면, 세계적으로 알려지고 대대로 유명해지는 일들도 있습니다. 가정사든 사회적인 일이든 간에 기념비적인 일들이 있게 되는데, 이 같은 일은 영적 세계에서도 마찬가지입니다. 십자가 복음으로 구원받은 사건은 어느 한구석에서 일어났지만 대대로 오늘까지 전해져 왔습니다. 천국의 보화 역시 확실한 약속(마 6:19)이기에 실행할 때 각 사람에게 천국의 상급이 있게 됩니다. 주석학자는 이 말씀을 해석하면서 "그때에는 현세의 모든 영광과 소유가 무(無)로 돌아가는 때이다."라고 하였습니다. (딤전 6:18)"선을 행하고 선한 사업을 많이 하고 나누어 주기를 좋아하며 너그러운 자가 되게 하라 이것이 장래에 자기를 위하여 좋은 터를 쌓아 참된 생명을 취하는 것이니라" 하였습니다. 신학자 에머슨(Emerson)은 "네가 땅을 소유하면 땅도 너를 소유할 것이다. 네가 하늘을 소유하면 하늘(하나님)도 우리를 소유할 것이다." 하였습니다. (눅 6:38)"주라 그리하면 너희에게 줄 것이니 곧 후히 되어 누르고 흔들어 넘치도록 하여 너희에게 안겨 주리라" 하였습니다. 우리는 가난한 자들을 돕고 희망을 주는 미국의 부자였던 록펠러의 이야기를 많이 듣게 됩니다.

　본문은 마리아가 예수님의 발에 향유를 부은 사건입니다. 예수님의 장례를 준비한 이 사건이 가룟 유다에게는 (요 12:4, 마 26:8)재물을 허비하는 것으로 보였지만, 예수님은 칭찬하시며 "이 여자가 행한 일은 복음이 전파되는 곳마다 말하여 기념될 것이다" 하였습니다.

1. 마리아는 가장 귀한 것으로 헌신했습니다.

주님을 사랑하는 사람은 헌신하게 되는데, 가장 좋은 것으로 헌신했습니다.

1) 주님께 헌신하는 것은 사랑 없이는 할 수 없습니다.

모든 헌신은 사랑에서 나와야 합니다.

① 은혜받고 구원받은 것에서 나오는 감사와 사랑입니다.

짐승들도 자기 새끼는 사랑합니다. 사랑하기 때문에 헌신하게 되는 원리요. 법칙입니다. (눅 10:38)마리아는 예수님의 발 앞에서 예수님의 말씀을 들었습니다. 그리고 예수님은 마리아에게 좋은 편을 택하였다고 칭찬하셨습니다. 성도 여러분, 좋은 편을 빼앗기지 마시기 바랍니다.

② 체험적인 신앙으로 헌신하시기 바랍니다.

기독교는 체험의 종교입니다. 말씀을 잘 듣고 행하게 될 때 역사가 나타나게 됩니다. (눅 5:5)말씀을 믿고 의지하여 그물을 내리는 순종함이 있어야 합니다. (요 2:1-)주님이 무슨 말씀을 하시든지 그대로 믿고 실행하게 될 때 맹물이 변하여 값진 포도주가 되었습니다. 순종함과 실행이 없이는 맹탕 신앙이 되기 쉽습니다. 성령께서는 우리의 마음에서 역사하십니다.

2) 마리아의 헌신은 비싼 헌신이었습니다.

싸구려 헌신이 아니요 정성이 미진한 헌신이 아니라 값비싼 헌신이라는 것입니다.

① 가난했지만 이런 헌신이 나왔습니다.

나사로, 마르다, 마리아, 삼 남매는 겨우겨우 살아가는 가정입니다. 1일 삯이 1데나리온인데 이 향유의 값은 300데나리온이므로 거의 노동자의 1년 치 품삯입니다. 그 값은 결혼 비용이며, 결혼할 때 혼수품이었을 것으로 판단되는 귀한 물품입니다.

② 값비싼 것으로 헌신하고 축복받은 사람이 있습니다.

(삼하 24:24, 대상 21:24)다윗은 아라우나 타작마당에서 모든 값을 치르고 제사를 드렸는데 그 후 나라는 재앙이 그치고 평화가 찾아왔습니다. 후대에는 솔로몬이 그곳에서 성전을 짓게 되는 놀라운 현장이 되었습니다(대하 3:1-). 따라서 우리는 싼값의 헌신이 아니라 값이 드는 헌신 생활을 해야 할 줄 믿습니다.

2. 마리아의 헌신은 이 세상에서 예수님을 최고로 여기는 사랑이었습니다.

전 재산과 같은 비싼 향유를 드린 것은 예수님을 최고로 여겼기 때문입니다. 이는 성령의 역사요 감동입니다.

1) 세상에서 무엇을 최고로 여기고 살아가십니까?

우리는 세상을 살아가는 동안 무엇인가 믿고, 누군가는 사랑하게 되어 있습니다.

① 마리아의 헌신은 그와 같은 이유에서 헌신하게 된 것입니다.

사람들은 세상을 살면서 제각기 각자의 삶의 방향에서 살아갑니다. 그런데 육신은 금방 늙고 낡아지게 됩니다. 그러나 믿음의 사람, 헌신의 사람은 입장이 다릅니다. (고후 4:16)"그러므로 우리가 낙심하지 아니하노니 우리의 겉사람은 낡아지나 우리의 속사람은 날로 새로워지도다 우리가 잠시 받는 환난의 경한 것이 지극히 크고 영원한 영광의 중한 것을 우리에게 이루게 함이니 우리가 주목하는 것은 보이는 것이 아니요 보이지 않는 것이니 보이는 것은 잠깐이요 보이지 않는 것은 영원함이라" 하였습니다.

② 마리아는 예수님을 최고로 여겼고 천국을 보았습니다.

천국을 귀하고 영원한 세계로 보았기 때문에 향유가 아무리 귀하다 해도 예수님보다 귀할 수 없고 천국보다 가치가 있을 리 없습니다. 오직 천국에 보화를 쌓아가는 행동입니다. 우리도 이 원리가 없으면 헌신할 수 없습니다. 천국의 보화를 늘 생각하며 헌신하시기 바랍니다. 이것이 바로 마리아가 예수님께 헌신하게 된 영적 원리입니다.

2) 마리아는 향유 옥합을 깨서 드렸지만, 실상 그 마음을 깨서 예수님께 드린 것입니다.

유리병이나 진흙 같은 그릇보다 귀한 옥합을 깨서 드렸지만, 마음 전체를 예수님께 헌신하였던 것입니다.

① 힘든 결심이었는지 모릅니다.

그런데 그 결심은 두고두고 영원히 천국까지 기념이 되는 헌신이 되었으니 잘한 것입니다. (창 22:1-)아브라함은 하나님이 시험(테스트)하실 때 독자까지 하나님께 드림으로써 두고두고 오늘날과 영원한 세계에 이르기까지 믿음의 조상으로 기념되고 남게 되었습니다. (창 22:12)"내가 이제야 네가 하나님을 경외하는 줄을 아노라"고 인정받게 되었습니다.
　② 헌신할 때 그 중심이 먼저 하나님께 올라가게 됩니다.
　그리고 축복과 은혜가 준비되는 것이 성경의 약속입니다. (단 9:23)다니엘은 기도 시작 즈음에 응답이 왔습니다. 아프리카 선교사 리빙스톤(Livingstone)은 어린아이 때에 헌금 바구니에 손을 넣고 일생을 헌신하기로 다짐하게 되는데, 후에 선교사가 되었습니다. 예수님을 최고로 여기는 헌신자의 자녀라고 믿습니다.

3. 마리아는 예수님께 최선을 다하여 섬기며 사랑하였습니다.
　그러기 때문에 마리아는 이 향유 옥합을 깰 수 있었습니다. 일부는 드리고 일부는 드리지 않은 아나니아와 삽비라(행 5:1)의 헌물이 아니라 전부를 드리게 되었습니다. 이것이 진정한 마리아의 헌신입니다.
　1) 남들이 보기에는 낭비나 허비처럼 보일 수도 있습니다.
　특히 제자 중에 가룟 유다가 이 헌신을 낭비나 허비로 보고 한마디 할 정도였기 때문에 이해가 쉽게 되는 부분입니다.
　① 주님을 사랑해서 헌신하게 될 때 이런 현상이 일어나게 됩니다.
　은혜받고 뜨겁게 되어서 감사하며 헌신하게 되는 현장에서 오늘날에도 흔히 볼 수 있는 영적 장면입니다. "나도 예수 믿는데 그렇게까지 해야 하느냐" 하는 등 수많은 일이 일어날 수 있습니다. 분명한 것은 헌신자 옆에서 무슨 비평 같은 소리를 하지 말아야 한다는 것입니다. 자칫 가룟 유다의 편에 설 수 있기 때문입니다.
　② 향유 옥합이 깨질 때는 이런 여러 가지 소리를 듣게 되어 있습니다.
　그러나 분명한 것은 그것이 절대로 헛되거나 그들이 말하는 것처럼 허비나 낭비가 아니라는 것입니다. 영원히 천국에 쌓아 올리는 일이기 때문입니다. 후에는 천국에서 받게 되는 것이 성경의 확실한 약속입니다. (전 11:1)"너는 네 떡을 물 위에 던져라 여러 날 후에 도로 찾으리라" 하였습니다. 말씀을 믿고 말씀 위에 행하면 여러 날 후에나 자손 대에 천국까지 상급으로 축복해 주실 줄 믿습니다. 이것이 신앙입니다.

2) 예수님은 우리 위해서 목숨까지 주셨고, 우리를 영원히 살게 해주셨습니다. "몸밖에 드릴 것 없어 이 몸 바칩니다."라고 찬송을 부르게 됩니다.

① 우리는 주님을 위해서 무엇을 드리고 있는지 생각해야 합니다.

무엇과도 바꿀 수 없는 영원한 생명을 주셨습니다. 마리아는 향유 옥합을 드렸지만 복음을 전하다가 순교 당하는 순교자들도 세상에는 많이 있다는 것입니다. 바울은 단두대에서, 베드로는 거꾸로 십자가에서 순교하였습니다. 이것이 우리 믿음의 선진들이 걸어갔던 믿음의 길이었습니다.

② 마리아는 그 향유로 주님의 장례를 준비하였습니다.

주님을 사랑하여 부은 바 된 그 향유가 예수님의 장례를 위한 것이 되었습니다. 예수님은 죽으시고 장례 절차를 따라 장례식을 할 겨를도 없이 아리마대 요셉에 의해서 무덤에 들어가게 되었기 때문입니다. 우리의 헌신은 천국에까지 계속될 것인데, 지금부터 천국까지 기념비적인 헌신이 되시기를 예수님의 이름으로 축원합니다.

결론 : 주님께 헌신하는 것은 천국에 쌓이게 됩니다.

〈믿음의 사람〉

하나님의 마음에 합한 사람들

행 13:13-23

　세상 살아가면서 누구의 마음에 꼭 맞게 살아간다는 것은 어려운 일 가운데에도 가장 난이도가 높은 일일 것입니다. 왜냐하면 각자의 인격과 살아가는 생각의 차이가 분명하기 때문입니다. 자기 생각에 맞으면 잠깐이나마 의기투합하는 경우는 있습니다. (눅 23:12)마치 헤롯과 빌라도가 원수였으나 예수님을 십자가에 못 박을 때에는 친구처럼 행동했던 것에서 볼 수 있습니다. 세상 국가와 국가 사이에는 영원한 우방도 적도 없는데, 그 이유는 때를 따라서 변하기 때문입니다.

　그러나 우리는 하나님과의 관계에서 하나님 마음에 꼭 맞는 신앙이 중요합니다. 부족하지만, 하나님께 합한 사람이 되도록 힘써야 합니다. 그렇게 되기 위해서는, (신 6:5)마음을 다하고 성품을 다하여 하나님을 사랑해야 합니다. "마음을 다하여"라는 말씀을 여러 번 강조하였습니다. (시 16:2)다윗이 고백하기를 주밖에는 나의 복이 없다고 하였고, (시 27:4)여호와를 앙모하며 사모하게 해 달라고 하였으며, (시 73:25)주님밖에는 없다고 하였습니다. 본문에서 다윗에 대한 말들이 전하여지는데, 사울을 왕위에서 폐하시고 이새의 아들 다윗을 만나니 하나님 마음에 합했다고 합니다. (눅 18:8)예수님의 지적과 같이 인자의 때에 믿음이 더욱 사라지고 없어지며 추락하는 때를 맞이해서 다시 한번 하나님의 말씀을 통하여 다윗과 같이 하나님 마음에 꼭 드는 사람이 되시기를 축복합니다.

1. 다윗은 하나님을 향한 믿음의 사람이었습니다.

하나님을 향한 믿음이 아니면 하나님을 기쁘시게 할 수 없기 때문입니다. (히 11:6)하나님 말씀에 믿고 아멘하며 순종하는 성도가 되어야 합니다.

1) 믿음의 사람입니다.

타락된 세상에서 믿음이 아니면 하나님을 기쁘시게 할 수 없습니다.

① 믿음으로 하나님과 동행하면 그의 마음에 들게 됩니다.

믿음이 아니면 할 수 없는데, 다윗은 철저하게 하나님을 믿는 믿음으로 하나님을 기쁘시게 해 드렸습니다. 믿음으로 하는 일들은 이기게 됩니다. (롬 1:20)창조의 세계에서 하나님을 보는 눈을 뜹니다. (골 1:15)예수님을 통해서 하나님을 보는 믿음입니다. (딤전 1:17)하나님은 볼 수 없지만 영광을 드리는 믿음입니다. (히 11:27)모세는 하나님을 뵐 수 없었지만, 바로의 학대 밑에서 구원하실 하나님을 믿었습니다. (마 17:20)믿음이 중요합니다.

② 믿음이 있을 때 하나님이 기뻐하십니다.

본문에서 보면, 다윗을 비롯해서 귀하게 역사했던 인물들은 모두 믿음의 사람이었음을 보게 됩니다. 사울은 끝까지 믿음을 유지하지 못하였고 결국 중간에 폐위되었으나 다윗은 어떤 일이 있든지 믿음으로 승리했습니다. (삼상 17:44)골리앗과 싸움에서 볼 수 있습니다. 전쟁은 여호와께 속한 것으로 믿고 믿음으로 나아가 승리했습니다.

2) 이런 믿음이 하나님 마음에 합하게 되었습니다.

오늘날은 다윗 시대와는 다른 때이지만, 세상을 살아가는 원리는 같다고 봅니다. 생활과 환경은 달라도 믿음의 원리는 동일합니다.

① 믿음으로 하나님을 기쁘게 해 드렸던 사람들에게서 배우게 됩니다.

이른바 믿음의 세계입니다. (창 5:21)하나님과 동행했던 에녹에게서 배웁니다. 이른바 믿음의 세계입니다.

② 말세일수록 에녹이 필요하고 노아가 요구됩니다.

아브라함과 같은 믿음을 찾고 계시는 하나님 앞에 우리가 서 있으려면 어떻게 해야 합니까? (마 24:37)"노아의 때에도 인자의 임함도 이와 같으리라" 하였습니다. 그러므로 말세인 이 세대에 우리는 하나님 마음에 합하는 믿음의 사람으로 살아가야 합니다. 다윗이 하나님의 마음에 합하게 되었듯이 우리도 인정받는 신앙이 되시기를 축복합니다.

2. 다윗은 말씀을 듣고 회개하는 사람이었습니다.

성경에 등장하는 인물이나 교회사에 때때로 등장하는 유명한 인사들의 이야기를 접하다 보면, 그들은 죄가 없는 천사와 같은 존재로 보이지만, 절대로 그렇지 않습니다. 그들 역시 죄가 있고 허물이 많았습니다(롬 3:10, 23, 요일 1:8-9).

1) 다윗은 죄와 허물이 많은 사람이었습니다.

죄도 크게 지은 죄인이었습니다. 오늘날 같으면 아주 매장당할 만한 6계명, 7계명의 죄를 모두 지었던 사람입니다.

① 다윗이 다른 사람과 다른 점이 있다면, 선지자가 하나님 말씀을 전할 때 잘 받아들였다는 것입니다.

(삼하 12:1)삼하 11장에서 밧세바를 범하고 우리아를 죽는 곳으로 몰아갔던 다윗의 죄를 선지자 나단이 전했을 때 다윗은 그 말씀을 흘려듣지 않고 가슴으로 들었습니다. 또 (삼하 24:1)인구조사와 같은 범죄한 일 때문에 선지자 갓이 가서 전할 때도 그 말씀을 새겨들었다는 것입니다. (마 13:9)귀 있는 자들은 들으라고 하였습니다. (롬 10:17)그리고 믿음은 들음에서 나게 됩니다.

② 그리고 다윗은 듣고 회개하였습니다.

밧세바와 우리아 사건 때문에 다윗은 울며 통회하는데, 그 내용이 시편 51편에 잘 나타나 있습니다. "하나님께서 구하시는 제사는 상한 심령이라 하나님이여 상하고 통회하는 마음을 주께서 멸시하지 아니하시리이다"(17절) 하였습니다. (삼하 24:24)다윗은 갓 선지자의 말을 듣고 아라우나 타작마당에 올라가서 제물과 땔감과 지역 땅을 매입하고서 값있는 제사, 회개의 제사를 드릴 때에 내리던 재앙이 끝나게 되었습니다. (대하 3:1-)솔로몬 때에 그 땅 위에다가 성전이 건축되는 영광과 축복이 임하였습니다. 허물과 죄가 많지만, 회개의 은혜는 다윗에서 끝나지 않고 우리의 것이 되어야 합니다.

2) 사람은 누구나 죄가 있은즉 완전한 사람은 없습니다.

(롬 3:1-)의인은 없나니 하나도 없다고 하였습니다. (롬 3:23)모든 사람이 죄를 범하였으매 하나님의 영광이 이르지 못한다고 하였습니다. (요일 1:8-)죄 없다고 하면 스스로 속이고 거짓말하는 자라 하였습니다. (롬 6:23)죄의 삯은 사망

이라고 분명하게 말씀해 주셨습니다.

① 다윗은 죄를 회개할 때 용서받게 되었고 하나님 마음에 합한 사람이 되었습니다.

다윗이 범죄하였으나 회개하는 장면이 시편 51편에 나오는데, 가슴 아프고 간곡한 회개 기도의 모습을 보게 됩니다. 우리는 하나님 말씀 앞에서 회개하며 자복해야 합니다. 회개와 통회 자복이 없으면 하나님과 통할 수 없습니다.

② 사울 왕이 폐위된 원인은 죄를 범하였으나 회개가 없었기 때문입니다.

하나님과의 관계에서 회개가 막히게 되면 모든 것이 막히게 됨을 보여 줍니다. (삼상 13:8)사무엘이 늦게 온다는 이유로 자신이 제사 드리는 월권을 행하는데 이때에도 회개는 없었습니다. (삼상 15:23)불순종하여 책망받게 되었는데 이때에도 회개가 보이지 않았습니다. 이 모든 것이 사울의 폐위된 원인입니다. 그러므로 우리는 하나님께 늘 죄를 인정하고 회개의 기도를 올려드려야 합니다.

3. 다윗은 자기를 죽이려는 사울을 용서했습니다.

다윗 때문에 사울의 왕권이 유지되었고, 골리앗을 쳐서 물리침으로써 이스라엘 나라가 반석에 서게 된 계기가 되었습니다. 그런데 그런 것이 계기가 되어서 사울은 다윗을 시기하며 미워하게 되었고, 급기야는 때만 되면 다윗을 죽이려고 음모했습니다.

1) 다윗은 사울이 죽이려 하는 목표(타깃)가 되었습니다.

때만 되면 기회를 보아서 다윗을 죽이려고 했습니다. 공적으로는 나라의 일등 공신이요 충신이 되며, 사적으로는 사울의 사위였는데도 권력 때문에 죽이려 했습니다.

① 사울이 다윗을 죽이려 한 것은 한두 번이 아니었습니다.

(삼상 19:9)사울 왕 앞에서 악기를 연주할 때 다윗을 죽이려고 창을 던졌지만 다윗은 다행히 피하게 되었습니다. (삼상 24:2)다윗을 죽이려고 3,000명의 군사를 이끌고 찾았지만, 하나님은 다윗을 피신시키고 보호해 주셔서 해를 당하지 아니했습니다. (삼상 24:14)다윗은 사울에게 외쳤습니다. 이스라엘 왕이 죽은 개나 벼룩을 쫓으시나이까 할 정도로 다윗은 언제나 위기였습니다.

② 반대로 다윗은 사울에게 원수 갚을 기회가 있었는데, 절대로 사울에 대하여 다른 마음을 품지 아니하였습니다.
오히려 다윗을 따르는 무리가 사울을 죽이자고 하였으나 다윗은 극구 반대하였음을 보게 됩니다.
2) 다윗은 하나님을 사랑하며 찬송으로 일관된 사람이었습니다.
(시 23:4)사망의 음침한 골짜기에서도 보호를 받았습니다. 오히려 사울 속에 역사하는 악귀가 다윗의 찬송하는 악기 소리에 사울에게서 떠나가 잠깐이지만 안정을 찾게 되었습니다. (삼상 16:14)사울에게서는 악귀가 가득하게 있음을 보게 됩니다.
① 사울은 하나님의 영이 떠나고 악령이 번뇌케 되었는데 불행입니다.
내 안에 누가 계신가를 살펴야 합니다. (요 13:2)가룟 유다의 마음에는 사탄이 들어가서 예수님을 팔려는 생각을 넣었다고 했습니다. (행 5:3)아나니아와 삽비라는 "사탄이 그 마음에 가득" 했다고 하였습니다. 그래서 성령을 속이고 땅 값을 감추게 되었고 불행이 찾아왔습니다.
② 다윗은 성령의 사람입니다.
그래서 범죄하고 회개기도 할 때에 (시 51:11)하나님의 영이 내게서 떠나지 않게 해달라고 간구했습니다. 하나님의 마음에 합한 사람 다윗의 모습에서 우리 자신의 영적인 모습을 비추어 보아야 하겠습니다. 우리는 성령을 모신 하나님의 성전이기 때문입니다. (고전 3:16)우리 구주 메시아 되시는 예수님 안에서 하나님 보실 때 합한 성도들이 모두 되시기를 예수님의 이름으로 축원합니다.

결론 : 하나님 마음에 합한 사람입니다.

〈믿음의 사람〉

여호수아의 신앙 인격

수 24:14-15

　성경에는 참으로 많은 이름이 기록되어 있습니다. 그러나 그 가운데 우리가 기억하는 사람들은 그리 많지 않습니다. 우리나라의 역사에서 세종대왕이나 이순신 장군 그리고 신사임당 정도의 소수 밖에는 잘 알지 못하는 것과 같은 수준일 것입니다. 그런데 성경 속의 인물을 알고 또한 그들에게서 배울 수 있는 영적인 영향력은 매우 중요할 것입니다. 문제는 아는 것도 중요하지만, 그들의 신앙을 본받아서 행하는 신앙인의 모습이 더 중요합니다. 실행하지 아니하면 죽은 것이기 때문입니다.

　(약 1:22, 26)성경을 읽고 배우는 것도 중요하지만, 행하는 믿음 가운데 서야 합니다. 신학자 알포드(Alford)는 "순종하는 생활이 축복으로 발전되고 지속하는 요소이다." 하였습니다. 신앙에도 인격이 있기 때문입니다. (살전 2:13)데살로니가 교회의 성도들은 칭찬받은 신앙이요 성숙하게 성장하는 신앙의 본질이 되었습니다. (히 4:12)하나님 말씀은 살아 있고 활력이 있기 때문입니다. 본문에서 모세의 후계자로 이스라엘의 지도자를 이어받아 가나안 땅을 점령한 여호수아의 믿음의 세계를 보게 되는데, 여호수아의 신앙 인격에서 은혜를 받으시기를 축복합니다.

1. 여호수아의 믿음은 용기와 담대함이었습니다.

　모세가 죽은 후에 누군가가 이스라엘을 이끌어야 하는데, 여호수아는 이스라엘 백성을 가나안 땅으로 이끌어 가는 지도자로서 충분하였습니다.

1) 모세의 후계자로서 여호수아의 믿음은 용기와 담대함이었습니다.

믿음이 아니면 할 수 없고 갈 수 없는 길이었습니다.

① 믿음에는 용기와 담대함이 반드시 따라야 합니다.

그래서 하나님께서 모세가 죽은 후에 여호수아를 세우시면서 강조하신 말씀을 우리가 보게 됩니다. (수 1:1-9)강하고 담대하라는 것입니다. 하나님께서 함께하심을 믿는 믿음으로 담대한 것입니다. 이것이 곧 성경적 신앙입니다. (삼상 17:45-)다윗은 이렇게 담대하였고 골리앗을 물리쳤습니다. (단 3:18-)사드락, 메삭, 아벳느고의 신앙이 그랬습니다.

② 여호수아는 믿음으로 용기가 충천했습니다.

우리의 믿음에는 용기와 담대함이 있어야 합니다. (출 17:8-9)아말렉과의 싸움에서 모세는 산에 올라가 기도의 손을 올렸지만, 여호수아는 전쟁터에 나아가 실전에 참여하여 싸워 이기게 된 사실에서도 보게 됩니다. 후대에도 이 믿음이 요구됩니다. (사 41:10)"두려워하지 말라 내가 너와 함께 함이라 놀라지 말라 나는 네 하나님이 됨이라 내가 너를 굳세게 하리라 참으로 너를 도와 주리라 참으로 나의 의로운 오른손으로 너를 붙들리라" 하였습니다.

2) 믿음의 용기와 담대함이 있었기 때문에 사명을 여호수아에게 맡기셨습니다.

생각해 보세요. 누가 감히 모세의 뒤를 이어서 가나안 땅을 점령해 나가겠습니까? 그런데 하나님께서는 여호수아에게 맡기셨고 이끌고 나가게 하셨습니다.

① 여호수아는 남다른 믿음으로 용감하였습니다.

흔히들 군대에서 지휘관 장성에게는 지, 인, 용이 있어야 한다고 말합니다. 장군으로서 부대를 이끌기 위해서 필요한 인격적 덕목입니다. (수 10:12-)여호수아는 전쟁 중에 태양과 달을 향하여 명령할 때 태양과 달이 멈추는 기적도 벌어지게 되었는데, 이것이 그의 용감한 영적 믿음입니다.

② 가나안 일곱 족속을 모두 무찌르고 점령하였습니다.

일곱 족속 가운데 어느 족속 하나 쉬운 상대는 없었습니다. 하나님께서 함께하시므로 어려운 상대였던 그들을 모두 무찌르고 정복하게 된 것입니다. 이것이 믿음입니다. (대하 14:8-)남쪽 유다 아사 왕 때에 구스 왕이 100만 명의 군사로 유다를 치러 왔지만, 아사 왕은 하나님께 기도하여 그들을 이기고 대승리를 거두어 더욱 부강하게 된 사건을 보는데, 이런 믿음이 있게 되기를 축복합니다.

2. 여호수아는 경건한 믿음의 사람이었습니다.

경건과 믿음은 뗄 수 없는 관계인데 성경에서 볼 때 이렇게 경건하고 믿음이 있는 사람은 하나님께서 크고 귀하게 사용하였음을 보게 됩니다.

1) 이 믿음은 경건한 믿음입니다.

죄를 멸하게 하고 죄와 타협하지 않는 경건한 믿음입니다. 말세 때에 우리가 소유해야 할 믿음입니다.

① 경건하게 살되 믿음의 사람들을 보고 배워야 하겠습니다.

(행 10:1-)가이사랴의 고넬료라 하는 사람에게서 보게 됩니다. 군인이요 백부장이었는데, 경건하여 온 가족이 하나님을 섬기며, 구제하고 기도하는 사람이었습니다. (2절)"그가 경건하여"라고 하였는데, 후에 베드로를 초청하여 은혜를 받게 되었고, 그것이 계기가 되어서 이방 세계에도 선교의 문이 열리고 구원의 길이 열리는 계기가 되었습니다. (행 2:5)세계 곳곳에서 왔던 경건한 유대인들이 성령 강림을 보고 은혜를 받게 되었습니다.

② 경건한 믿음이 있었기 때문에 무슨 일이든지 흔들리지 않았습니다.

하나님께 기도하기 때문입니다, 첫째 성 여리고 성을 점령한 한 후에 두 번째 성인 아이 성에서는 실패하게 되는데, (수 7:9)이때 여호수아는 먼저 하나님께 기도의 무릎을 꿇게 되었습니다. 실패의 원인을 찾기 위해서입니다. 경건한 사람은 기도의 무릎을 꿇게 됩니다. 이때 여호수아에게 실패 원인을 가르쳐 주셨고, 아간을 벌한 후에 아이 성을 점령하게 되었습니다. 경건한 사람은 문제 앞에서 방황하지 않고 꿇어 엎드려 기도합니다.

2) 믿음의 사람은 상황이 어려울 때 그 믿음이 드러나게 됩니다.

평상시에는 믿음의 수준이 잘 드러나지 않지만, 문제 앞에서는 드러나게 됩니다. 믿음의 수준은 문제가 있을 때 반드시 드러나도록 되어 있습니다.

① 정탐꾼의 사건에서 드러나게 되었고, 많은 증인 앞에서도 보여주었습니다.

1지파에서 1인씩 12명을 뽑아서 가나안 땅을 정탐하고 오도록 하였는데, 그들이 다녀와서 10명이 보고하는 내용은 결코 갈 수 없다는 부정적인 견해였습니다. 그 결과는 이스라엘을 힘들게 하고 결국 그들을 따르는 수많은 무리는 광야에서 모두 죽었습니다. 믿음의 보고를 하였던 여호수아와 갈렙은 그 믿음으로 가나안 땅의 주인공이 되었습니다.

② 하나님이 축복하고 사용하시는 사람은 믿음의 사람입니다.

자기가 똑똑해서가 아닙니다. 하나님 말씀을 믿고 신뢰하며 따르는 사람입니다. (행 13:22)사울을 불순종과 월권과 여러 가지 죄악으로 폐하시고 다윗을 불러서 이스라엘의 왕이 되게 하셨는데, 다윗은 하나님 마음에 합한 사람이었습니다. 불순종자는 폐하시고 믿고 신뢰하며 순종하는 사람을 세우셨습니다.

3. 여호수아는 철저하게 하나님 중심적 사람이었습니다.

여호수아는 마지막 가나안을 모두 정복하고 12지파에게 각 땅과 성읍을 분배하였습니다. 이제는 그의 나이가 110세(수 24:29)가 되었고, 하나님의 부르심에 응할 때가 되었습니다. 이때 여호수아는 유언이라도 하듯이 12지파 지도자들을 모아 놓고 당부했습니다.

1) 그 당부는 간곡한 어조였습니다.

(수 24장)그냥 지나는 말로 바람 휘날리듯 하는 말이 아니었고 간절했습니다.

① 간곡하게 지난 과거에서부터 현재까지 열거하며 당부했습니다.

(수 24:14)"그러므로 이제는 여호와를 경외하며 온전함과 진실함으로 그를 섬기라 너희의 조상들이 강 저쪽과 애굽에서 섬기던 신들을 치워 버리고 여호와만 섬기라 만일 여호와를 섬기는 것이 너희에게 좋지 않게 보이거든 너희 조상들이 강 저쪽에서 섬기던 신들이든지 또는 너희가 거주하는 땅에 있는 아모리 족속의 신들이든지 너희가 섬길 자를 오늘 택하라 오직 나와 내 집은 여호와를 섬기겠노라" 하였습니다.

② 오늘날에도 그런 당부와 유언적인 부탁이 반드시 가정 안에서 있어야 합니다.

후손들에게 쓸데없거나 별로 큰 문제가 아닌 것으로 하지 말고, 여호수아처럼 신앙에 관한 영적 유언과 같은 당부가 요구됩니다. (왕상 2:2-)다윗은 죽을 때에 솔로몬에게 필승의 길과 실패의 길이 어떤 것임을 간곡하게 전하여 주었습니다. 그리하면 어디로 가든지 형통하리라는 필승의 당부였습니다.

2) 하나님 중심적인 믿음은 언제나 하나님 중심적입니다.

사람이 살아가면서 어디에 삶의 중심축을 두느냐는 매우 중요한 일인바 우리는 삶의 중심축을 하나님께 두고 살아야 합니다. 어디에다 중심을 두고 살아가는지를 생각해야 합니다.

① 여호수아는 매사에 하나님이 그 중심에 있었습니다.

이스라엘의 지도자 모세의 밑에서 모세의 오른팔 역할을 할 그때에도 언제든지 하나님 중심적이었습니다. 우리는 천국에 입성할 때까지 천국을 목적으로 삼고 천국을 향해 힘쓰며, 예수 그리스의 복음을 위해서, 천국의 승리자들로 살아야 합니다. 여호수아가 가나안 땅의 정복자로 주인공이 된 것처럼 우리는 예수님을 믿는 믿음을 지킴으로 천국의 주인공으로 살아가야 하겠습니다.

② 여호수아의 중심은 변하지 않았습니다.

끝까지 변하지 않는 믿음의 사람이었습니다. 우리의 믿음도 변치 말아야 하겠습니다. 가나안 땅의 주인공인 여호수아처럼, 천국의 주인공인 우리도 믿음이 변하지 말아야 하겠습니다. (사 26:3)심지가 견고한 믿음이 되어야 합니다. (엡 6:24)주님을 변함없이 사랑해야겠습니다. (딤후 4:4-8)바울이 고백한 의의 면류관의 주인공으로 살아가야 하겠습니다. 무슨 일이 있든지 끝까지 믿음 지키시기를 예수님의 이름으로 축원합니다.

결론 : 여호수아의 믿음처럼입니다.

〈믿음의 사람〉

이 산지를 내게 주소서

수 14:6-15

축복받을 사람은 언제나 축복받을 만한 그릇이 되기 때문에 축복을 받게 되지만, 반대로 그릇이 되지 않는 사람은 이미 받은 복이나 물려받은 복도 없어져 버리는 경우를 많이 보게 됩니다. 호박이 넝쿨째 굴러와도 따먹지 못한다는 것입니다. 그래서 축복은 받을 수 있을 때 받아야 합니다. 놓치고서 뒤늦게 후회해도 소용이 없기 때문입니다.

에서의 경우에서 보게 됩니다. (창 25:33-34, 히 12:16)이를 "망령된 자"(βέβηλος, 베베로스)라 하였는데, 목회서신에 4번 나오는 낱말입니다(딤전 1:9, 4:7, 6:20, 딤후 2:16). 이는 '대문간'(βέλους, 베로스)에서 온 말로 거기서 짓밟히는 것을 뜻하고 하나님의 신성성이 짓밟히는 것을 가리킵니다. 에서는 망령된 행위에서 그렇게 한 것입니다. 벵겔(Bengel)은 "때때로 단 한 번의 행위가 선악 간에 최대의 결과를 가져오는 수가 있다."고 했습니다. 조상 적부터 내려오는 축복을 받지 못한 것인데 "버린 바 되어"라고 하였습니다. "버린 바 되어"(ἀποδοκιμασθε, 아포도키마데)는 시험해 본 결과에서 온 말로써 제외되었다는 뜻입니다. 그의 "부르짖음"에 대해서 데이빗슨(Davidson)은 "마치 올가미에 걸린 동물의 비명처럼 가장 불쌍한 부르짖음이었다."고 하였습니다. (엡 5:16)따라서 우리는 아껴야 할 것 중에 세월을 아끼고 기회를 만들어 가야 합니다.

오늘 본문에서 갈렙의 신앙을 볼 수 있습니다. 여호수아는 늙었고 점령해야 할 곳은 많은데(수 23:5), 갈렙이 여호수아에게 "이 산지를 내게 주소서"라고 요청합니다. 그들에게 철병거가 있다고 해도 점령할 수 있음을 강조하는데, 그

때 이후로 그 산지를 갈렙이 점령하였고, 대대로 갈렙 자손의 소유가 되었던 역사를 배우며 은혜를 받게 됩니다.

1. 갈렙은 하나님을 향한 영적인 믿음이 분명했습니다.

40년 전 (민 13-14장)정탐을 다녀와서 보고할 때나 지금 늙을 때나 변함없이 믿는 믿음의 사람이 되었습니다. 우리 자신의 신앙을 비추어 보아야 할 때입니다.

1) 하나님께 대한 변하지 않는 믿음입니다.

우리의 신앙이 변하지 않아야 합니다. 세월이 변하고 환경이 달라져도 변치 말아야 하는 것이 하나님께 대한 신앙입니다.

① 갈렙의 믿음입니다.

민수기 13-14장에서 보듯이, 12명의 정탐꾼의 한 사람으로서 모세의 명에 따라 정탐하고 와서 여호수아와 함께 긍정적인 신앙으로 보고했던 믿음의 사람입니다. 그때 영적인 믿음에 따라 보고했던 때나(민 13:30) 40년이 지난 지금도 변하지 않고 용기와 신앙이 더욱 투철한 사람으로 보입니다.

② 축복받을 기회가 남아 있어도 믿지 않고 불신하면 그것은 모두 수포가 되게 됩니다.

그것은 신약에 와서 다시 강조되며 전해지게 되었습니다. (히 3:15-4:3)히브리서 기자는 그때의 사건을 다시 열거하면서 경고합니다. 그들이 가나안 땅에 들어가지 못했듯이 안식이 준비되어 있어도 저 안식에 들어가지 못하는 것은 들은바 말씀이 마음과 화합하지 못하기 때문이라고 하였습니다. 믿음(πίστις, 피스티스)이 없이는 천국에 들어갈 수 없음을 사도 요한도 분명히 전하였습니다(요 3:36). (눅 18:18)인자의 때에 세상에서 믿음을 보겠느냐고 하신 말씀을 귀담아들어야 합니다.

2) 믿음이 없을 때 여기까지 온 희망(hope)이 산산조각이 나게 되었습니다.

정탐꾼들이 여리고 성을 정탐했을 때 여리고 성은 대단한 성이었고 그 위용에 기가 죽게 되었고, 아낙 자손의 장대한 덩치를 보고 놀랐습니다.

① 정탐꾼들은 가나안 땅을 점령하는 것이 불가능하다고 생각하였고 그렇게 보고했습니다.

12명의 정탐꾼 중에 10명이 강한 어조로 부인하며 보고하게 되었습니다. 이런 현상은 지금에도 교회 안에서 일어나는 현상임을 기억해야 합니다.

② 그들은 온갖 기적과 능력을 베푸셨고 여기까지 오게 하신 하나님을 생각지도 않았습니다.

출애굽 시키시던 하나님의 능력은 잊어버리고 이야기합니다. 10가지 재앙을 내리고 홍해를 건너게 하시며 구름 기둥과 불기둥으로 인도해 주시는 그 손길을 잊어버렸습니다. 그러다가 그들은 광야에서 모두 죽게 되었습니다. 갈렙은 여호수아와 함께 지금 가나안 땅을 점령해 나아가면서 자신은 비록 늙었지만, 그때의 믿음으로써 자신 있게 말하고 있습니다. 철병거가 있고 아낙 자손이 있는 저 헤브론 골짜기 산지를 내게 달라고 하는 갈렙의 강한 믿음을 보게 되는데, 이 믿음이 이 세대에 우리에게 있기를 축복합니다.

2. 우리는 영적으로 건강한 신앙이 되어야 합니다.

정신이 쇠퇴해 있지는 않은지, 영적으로 믿음이 빈약하지는 않은지, 하나님의 은혜를 잊어버리고 살지는 않는지 진단해야 합니다.

1) 갈렙은 건강했습니다.

10절에 "오늘 내가 팔십오 세로되" 하였고, 11절에는 "모세가 나를 보내던 날과 같이 오늘도 내가 여전히 강건하니 내 힘이 그때나 지금이나 같아서 싸움에나 출입에 감당할 수 있으니"라고 당당하게 말합니다. 이것이 믿는 자의 힘입니다.

① 우리에게는 언제나 건강이 필요합니다.

85세의 갈렙은 스테미나와 모든 힘이 40년 전과 다를 바 없이 전쟁에도 나가서 싸울 수 있는 능력이 있었습니다. 이것은 영적인 믿음의 힘이요 영적인 능력입니다. 우리는 믿음에도 언제나 강해야 하고 육신도 건강해서 병원 신세 지지 않고 건강하게 활동해야 합니다. 병들고 약하면 주의 일에 힘쓸 수 없기 때문입니다. 정신 역시 병들어서 약해지면 심약해서 무슨 일을 할 수 없습니다. 정신적인 쇠약 증세에 걸리지 않게 조심해야 합니다. 이것이 우리의 영적인 생활관입니다.

② 모든 건강은 하나님께서 주십니다.

(신 34:7)"모세가 죽을 때 나이 백이십 세였으나 그의 눈이 흐리지 아니하였고 기력이 쇠하지 아니하였더라" 했습니다. (삼상 17:44)골리앗 앞에 서 있던 다윗의 영적인 건강 상태는 골리앗을 압도하였고 마침내 승리하게 되었습니다. 다윗의 정신적 상태를 배우게 됩니다. (단 3:17)바벨론 왕 느부갓네살이 두라 평지에 금 신상을 만들어 놓고 바벨론판 신사참배를 강요할 때 사드락, 메삭, 아벳느고는 평소보다 7배나 더 뜨거운 풀무불 속에서도 살아남는 기적이 일어나게 되었는데, 이것이 영적 세계의 위대함이라고 믿습니다.

2) 말세 때에는 건강해야 합니다.

광야 길을 가던 이스라엘 백성이나 광야와 같은 세상을 걸어가는 마지막 시대의 교회 성도들이나 살아가는 생활원리는 같다고 믿습니다. 이 산지를 내게 주소서라는 85세의 갈렙의 믿음이 우리에게도 반드시 있어야 하겠습니다.

① 지금 우리는 예수님의 재림을 기다리며 소망하며 살아가는 중에 있습니다.

물론 예수님이 언제 오실지는 아무도 알 수 없지만 되어가는 시대의 일들을 볼 때 다급한 시대처럼 느껴지는 때입니다. 이런 때에 우리의 신앙이 주저하면 안 됩니다. (수 1:4-9)모세가 죽은 후에 여호수아에게 임하신 하나님의 말씀은 "강하고 담대하라"였습니다. 우리는 그 신앙을 이어서 강하고 담대한 믿음의 자세로써 그때를 대비하며 살아야 합니다.

② 하나님을 온전히 순종하며 따를 때 생기는 힘이요 능력입니다.

하나님을 온전히 순종하거나 따르지 않으면 이런 능력이 나올 수 없습니다. 14절을 보세요. "이는 그가 이스라엘의 하나님 여호와를 온전히 좇았음이라" 하였습니다. 건강한 신앙, 건강한 영적인 모습을 보여주는 대목입니다. 철저하게 하나님 말씀 따라서 매사에 건강한 이 모습이 우리에게 있게 되기를 축복합니다.

3. 갈렙은 용기로써 승리를 쟁취하였습니다.

물론 믿음의 용기요 하나님께서 주신 영적 용기라고 믿습니다. 싸움에서 중요한 부분이 용기입니다. 싸울 때 용기가 약하면 지게 됩니다. 1967년 중동 1차 전쟁 때에 나라가 망한 지 2,000년 만인 1948년에 독립한 신생국인 이스라엘이 중동의 막강한 오일달러의 영향으로 소련제 온갖 무기로 무장된 중동권과 전쟁한다는 것은 누가 봐도 무모하다고 생각했습니다. 이스라엘의 필패(必敗)로 보였습니다. 그러나 애꾸눈으로 유명한 모세 다이얀 장군이 이끄는 이스라엘 군대가 그 전쟁을 대승리로 이끌게 됩니다. 이 전쟁의 승패가 이스라엘 민족과 아랍인들의 정신적 자세에 달려있었음은 널리 알려진 바입니다.

 1) 할 수 없는 환경에도 그것을 극복하며 싸우는 용기입니다.

당시의 상황은 좋지 못했고 사람들의 생각은 부정적이었고, 모세도 죽었습니다. 그래서 부정적 추세로 나아가는 때였는데 갈렙은 그렇지 아니했습니다.

 ① 여호수아는 늙었어도 믿음은 늙지 아니하였고, 갈렙 역시 같은 대열에서 당당했습니다.

단호하게 믿음을 외치는 목소리를 내게 된 것입니다. 우리는 때때로 믿음의 목소리를 내야 합니다. (민 14:9-10) "다만 여호와를 거역하지는 말라 또 그 땅 백성을 두려워하지 말라 그들은 우리의 먹이라 그들의 보호자는 그들에게서 떠났고 여호와는 우리와 함께 하시느니라 그들을 두려워하지 말라 하나 온 회중이 그들을 돌로 치려 하는데 그 때에 여호와의 영광이 회막에서 이스라엘 모든 자손에게 나타나시니라" 하였는데 이것이 당시의 상황입니다.

 ② 갈렙은 40년 전과 후의 믿음이 변하지 않았습니다.

40년 전 그때나 가나안을 정복해 진군하는 본문에 이르기까지 변하지 않는 믿음이었습니다. 이것이 본문에서 중요하게 여기는 말씀입니다. 믿음이 끝까지 변하지 말아야 합니다. 그러기에 성경에서 믿음을 비유할 때 금으로(벧전 1:7) 말해 주는 이유라고 봅니다.

 2) 믿음의 결과는 승리가 보장되어 있습니다.

그 믿음대로, 믿은 바대로 갈렙은 지금 가나안을 정복해 가면서 아직 정복되지 않은 이 산지를 달라고 요구하는 것입니다. 그 믿음으로 외치는 소리가 '이 산지를 내게 주소서'였습니다.

 ① 믿음은 그대로 됩니다.

예수님께서도 세상에 계실 때 그 믿음을 계속 강조해 주셨습니다. (막 11:24) "그러므로 내가 너희에게 말하노니 무엇이든지 기도하고 구하는 것은 받은 줄로 믿으라 그리하면 너희에게 그대로 되리라" 하셨습니다. 비록 확신이 없을지라도 확실하게 믿음으로 기도하면 그 믿음대로 하나님의 권능 가운데 나타나게 됩니다. 이 세대에 우리에게 이 믿음이 절대로 필요한 영적인 요소입니다.

②갈렙은 믿음으로 승리하였습니다.

(15절)"헤브론의 옛 이름은 기럇 아르바라 아르바는 아낙 사람 가운데에서 가장 큰 사람이었더라 그리고 그 땅에 전쟁이 그쳤더라" 하였으니 갈렙은 믿음으로 승리하였고 마침내 평화가 온 것입니다. 믿음의 한 사람이 가정을 살리고 교회를 살리고 국가를 살리게 됩니다. (14절)"이는 그가 이스라엘의 하나님 여호와를 온전히 좇았음이라" 하였는데 이 믿음의 승리가 있기를 예수님의 이름으로 축원합니다.

결론 : 산지를 쟁취하는 믿음입니다.

〈부활〉

예수님의 무덤은 비어 있습니다

눅 24:1-12

사람이든 짐승이든 죽는다는 것은 그 마지막이기 때문에 슬픈 일이 됩니다. 오늘날에는 애완동물을 키우는 사람들이 늘어나 동물병원이 성행하고 심지어 죽었을 때 장례식까지 하고 따로 정해진 공동묘지도 만드는 시대가 되었습니다. 또한 인터넷(internet) 시대라서 나라의 다양한 문화들이 장벽이 없이 들어오는 때입니다. 문화(culture)라는 핑계로 모든 것이 거침없이 들어오는 위험한 시대가 되었습니다. 본문은 예수님 부활의 사건을 다루는 말씀입니다. 예수님만 죽이면 끝날 줄 알았던 사탄 마귀의 권세는 예수님의 부활을 부정하려는 일들을 저지르게 됩니다. 군사들을 동원하여 무덤을 지켰지만, 예수님의 부활을 막지는 못하였습니다. 예수님의 부활은 곧 우리의 부활입니다.

1. 예수 그리스도의 부활은 지난 역사가 말하여 주고 있습니다.

인간은 세상에 태어나서 살다가 죽으면 무덤에 묻히기 때문에 이 땅에는 무덤들이 많습니다. 그러나 예수님의 무덤은 빈 무덤입니다. 지금까지 영존하는 무덤이 없습니다. 생명의 부활을 하셨기 때문입니다.

1) 예수님은 부활하셨기 때문입니다.

할렐루야! (요 11:25-26) "예수께서 이르시되 나는 부활이요 생명이니 나를 믿는 자는 죽어도 살겠고 무릇 살아서 나를 믿는 자는 영원히 죽지 아니하리니 이것을 네가 믿느냐" 하셨습니다.

① 예수님은 무덤에서 부활하셨습니다.

어느 누가 부활을 부정해도 예수님은 분명히 무덤에서 부활하셨습니다. (롬 8:34) "누가 정죄하리요 죽으실 뿐 아니라 다시 살아나신 이는 그리스도 예수시니 그는 하나님 우편에 계신 자요 우리를 위하여 간구하시는 자시니라" 하였습니다.

② 만약 예수님이 부활하지 아니하셨다면 기독교 역사는 없을 뿐만 아니라 성경은 허위의 책이요 버려야 할 것밖에 다른 용도가 없을 것입니다.

믿는 성도들 가운데는 과거에도 현재에도 유명한 사람이 수없이 많습니다. 또한 성경을 부정하려고 애를 썼던 사람들이 많았습니다. 《벤허》를 쓴 루 월러스 역시 그랬지만, 성경을 부정해 보려고 써 내려갔던 붓을 꺾고 《벤허》를 쓰므로 예수님을 증거했습니다. 1778년에 무신론자였던 프랑스의 볼테르는 성경을 부정했으나 그가 죽은 후에 영국 성서 공회는 그의 인쇄소를 사서 성경을 계속 발행하였습니다. (고전 15:16-)만일 부활이 없다면 기독교도 없습니다.

2) 우리는 우리를 위해서 대속적 죽음을 죽으시고 부활하신 예수님을 분명하게 믿습니다.

불확실한 것이 아니라 확실하고 분명하게 신앙을 고백합니다.

① 예수님은 친히 죽으심으로 그 죽음을 정복하셨습니다.

부활하심으로 죽음을 정복해 보이셨습니다. (요 12:24)한 알의 밀이 땅에 떨어져 죽음으로 많은 열매를 맺음으로써 우리에게 부활 신앙을 보여주신 것입니다. 예수님은 부활의 첫 열매(first fruits)가 되셨습니다. 부활의 소망을 주신 것입니다.

② 부활은 반드시 죽음을 거쳐야 하는 과정입니다.

죽지 않고는 부활의 열매를 체험할 수 없습니다. (롬 6:11)"이와 같이 너희도 너희 자신을 죄에 대하여는 죽은 자요 그리스도 예수 안에서 하나님께 대하여는 살아 있는 자로 여길지어다" 하셨습니다. 죄에 대하여 죽은 우리는 예수 안에서 성령으로 말미암아 부활의 신앙을 증거해야 합니다.

2. 빈 무덤이 예수님의 부활을 말하여 주고 있습니다.

예수님은 말씀하셨습니다. "나는 부활이다"(I am the resurrection). 신학자 웨스트코트는 "부활이 먼저 언급된 것은 이 교훈이 죽음에서 출발하였기 때문이라"고 하였습니다. 나사로의 무덤에서 주셨던 교훈에서 배우게 됩니다. (요 11:25)기독교는 부활 신앙입니다.

1) 안식 후 첫날 찾아간 무덤은 비어 있는 무덤이었습니다.

온갖 공포와 무서움 속에서 예수님의 시체라도 보려고 달려간 때는 예수님이 부활하시고 무덤이 비어 있던 때였습니다.

① 부활하셨기 때문입니다.

예수님의 누셨던 머리맡에 수건과 베옷만 가지런히 개켜져 있었습니다. 그리고 천사가 말했습니다. "너희가 어찌하여 살아 있는 자를 죽은 자 가운데서 찾느냐 그가 여기 계시지 않고 살아나셨고 갈릴리로 가셨나니 그곳에서 만날 것이라"고 하였습니다. 예수님은 분명히 살아나셨고 부활의 첫 열매가 되셨습니다. 그런데도 지금까지 믿지 못하고 불신앙 가운데 있는 자가 있다면 이번 부활절에 부활하신 예수님을 확실하게 믿어야 합니다.

② 예수님의 부활은 장차 우리에게도 부활을 약속하신 것입니다.

우리가 죽게 되고 무덤에 내려간다 해도 예수님이 부활하셨듯이 부활의 날이 올 줄 믿는 믿음입니다. 예수님의 재림 때에 생명의 부활이 약속되어 있습니다. (살전 4:13-17)사도 바울은 데살로니가 교회에서 죽은 자를 슬퍼하는 모습을 보면서, 예수님이 십자가에서 죽으셨으나 3일 만에 부활하심과 같이 예수님 안에서 잠자는 자들도 예수님이 재림하실 때 부활할 것을 확실하게 전하였는데, 그대로 될 줄 믿습니다. 이것이 기독교 신앙입니다.

2) 예수님의 빈 무덤이 의미하는 뜻이 분명합니다.

예수님의 부활의 확실성을 증거해 주는 것입니다. (고전 15:2)이 말씀을 믿으면 구원입니다.

① 빈 무덤은 예수님이 평상시에 전하신 말씀이 진실임을 입증하는 것입니다.

예수님께서는 평상시에 죽었다가 다시 살아나서 갈릴리에서 만나자고 약속하셨기 때문입니다(마 26:32, 27:63, 28:6). 그 말씀하신 대로 살아나셨습니다. 예수님은 진리가 되시기 때문에 그 말씀은 변하지 않습니다. 지금까지 우리의 믿음은 예수님의 부활에서 입증되는 믿음을 지켜 온 것입니다.

② 빈 무덤은 예수님의 부활하심처럼 믿는 성도의 부활을 확신케 합니다.

예수님께서 부활하심과 같이 예수를 구주로 영접하고 신앙하는 모든 그리스도인에게도 약속된 부활의 축복입니다. (요 5:28)생명의 부활과 심판의 부활이 있는데, 믿는 자는 생명의 부활에 참여하게 됩니다. (계 20:5-)첫째 부활과 둘째 부활이 있는데, 믿는 자는 첫 번째 부활에 참여하여 예수님의 재림 때에 맞이하게 될 것이라는 확신이 우리의 믿음입니다. 그러므로 믿는 성도들은 부활의 소망 가운데서 주님의 재림을 기다리게 됩니다.

3. 예수님의 빈 무덤은 우리와 영원히 함께하는 증거입니다.

예수님이 아직도 무덤에 계신다면 기독교 신앙은 성립될 수 없을 것이요, 예수님이 부활하시지 아니하셨으면 지금까지 기독교인들은 가장 불쌍한 자들에 속할 것입니다.

1) 그러나 예수님은 부활하셨고 지금도 우리와 같이 계시고 역사하시는 것은 부활하셨기 때문입니다.

(마 28:20)"내가 너희에게 분부한 모든 것을 가르쳐 지키게 하라 볼지어다 내가 세상 끝날까지 너희와 항상 함께 있으리라 하시니라" 하셨습니다. 함께 하시는 축복입니다.

① 예수님은 부활하셨고 함께 하십니다.

(마 28:6)천사가 전했습니다. "그가 여기 계시지 않고 그가 말씀하시던 대로 살아나셨느니라 와서 그가 누우셨던 곳을 보라" 하였습니다. 천사가 증거한 것과 같이 예수님은 부활하셨고, 지금은 믿는 성도들과 함께 계십니다. 힘들다고요, 힘내세요. 부활하신 예수님이 함께 계십니다. (요 16:23)"세상에서는 너희가 환난을 당하나 담대하라 내가 세상을 이기었노라" 하셨습니다.

② 기도하는 사람에게 기도하는 곳에서 함께 하십니다.

예수님은 제자들과 그를 믿는 백성에게 언제나 기도할 것을 말씀해 주셨는데, (마 18:19-20)"진실로 다시 너희에게 이르노니 너희 중의 두 사람이 땅에서 합심하여 무엇이든지 구하면 하늘에 계신 내 아버지께서 그들을 위하여 이루게 하시리라 두세 사람이 내 이름으로 모인 곳에는 나도 그들 중에 있느니라." 늘 깨어서 부활하신 예수님의 이름으로 기도해야 합니다.

2) 부활하신 예수님은 부활의 영광을 바라보고 십자가를 지고 따라오라고 하셨습니다.

우리는 예수님의 제자들로서 십자가를 지고 예수님의 뒤를 따라가는 성도입니다.

① 십자가를 지고 따라오라는 것입니다.

예수님이 십자가의 모든 고통을 다 지고 죽으시고 3일 만에 부활하셨는데, 그를 믿고 따르는 제자 되는 성도가 가는 길은 십자가를 지고 따라가는 것입니다. (마 16:24)"누구든지 나를 따라오려거든 자기를 부인하고 자기 십자가를 지고 나를 따를 것이니라" 하셨습니다.

② 부활을 믿습니까? 성경을 믿습니까? 예수님의 빈 무덤은 예수님의 부활을 확증하는 증거입니다.

어렵고 힘들고 어려운 문제 앞에 있다 하더라도 힘내세요. 예수님이 부활로써 보여주셨기 때문입니다. (골 3:1-)"그러므로 너희가 그리스도와 함께 다시 살리심을 받았으면 위의 것을 찾으라 거기는 그리스도께서 하나님 우편에 앉아 계시느니라 위의 것을 생각하고 땅의 것을 생각하지 말라 이는 너희가 죽었고 너희 생명이 그리스도와 함께 하나님 안에 감추어졌음이라 우리 생명이신 그리스도께서 나타나실 그 때에 너희도 그와 함께 영광 중에 나타나리라" 하셨습니다. 부활의 신앙으로 세상을 이기시기를 예수님의 이름으로 축원합니다.

결론 : 예수님의 무덤은 비어 있습니다.

〈부활〉

부활하신 예수님을 만난 사람들

요 20:19-33

    이 세상을 살아가면서 수를 헤아릴 수 없이 많은 사람을 만나게 됩니다. 내 마음에 쏙 들어서 평생을 같이하는 사람도 있지만, 평생을 두고 그렇지 못한 사람도 만나게 됩니다. 평생을 두고두고 잊지 못할 사람과 사건들도 있습니다. 남성들이 셋만 모이면 군대 이야기로 꽃피우는 일들도 있습니다. 보지 못하고 말하지 못하고 듣지 못하는 삼중고의 장애인이었던 헬렌 켈러(Helen Adams Keller, 1880-1968)는 앤 설리번(Anne Sullivan) 선생님을 만나서 교육받게 되었고 유명인이 되었습니다. 최고의 지성을 지니었던 이어령 교수는 지식이 최고인 줄 알았으나 기독교 신앙에서 예수님을 만났습니다. 그리고 《지성에서 영성으로》라는 책에서 "목사님들이 강단에서 설교하는 것을 비과학적, 비이성적으로 알았으나 이제는 천국을 바라보게 되었는데, 어느 학생이 질문하기를 예수님을 만나면 가장 먼저 무슨 말씀을 하고 싶냐고 질문하자, 어린아이가 부모에게 응석 부리듯 엉엉 울 것 같다. 내가 예수님께 속 썩이게 한 것을 용서, 죄송하다고 해야 하는데 탕자가 돌아왔으니 받아달라고 해야 할 것이다."라고 했습니다. 스탠리 존스(E. Stanley Jones) 선교사가 인도에서 선교하고 있을 때 어떤 회교도가 말하기를 "우리에게는 마호메트 무덤이라도 있지만 당신들은 예수의 무덤이 없지 않느냐고 말할 때, 옳다. 우리에게는 예수님의 무덤이 없다. 부활하셨기 때문이다."라고 대답했다는 말은 유명합니다. 모든 종교는 신격화(神格化)시켜서 섬기고 있지만, 우리는 부활하신 예수 그리스도를 믿는 것입니다. 본문 말씀은 부활하신 후에 제자들에게 오셔서 주신 말씀입니다.

1. 제자들이 새벽에 시체라도 보려고 무덤에 가게 되었습니다.

예수님의 시체라도 보려고 갔는데, 있어야 할 자리에 시체가 없었습니다. 굳게 닫혔던 커다란 바위는 저 밑으로 굴러져 있었고, 예수님의 시체가 있어야 할 곳은 비어 있었습니다.

1) 시체라도 보려고 새벽에 간 것입니다.

예수님의 시체라도 보기를 원했지만, 시체가 있어야 할 자리에 없었습니다. 빈 무덤 앞에서 제자들은 깜짝 놀랄 수밖에 없었습니다. 굳게 닫혀 있어야 할 커다란 바위는 저 밑으로 굴러져 있었기 때문에 더욱 놀랄 수밖에 없었습니다.

① 황당한 그들은 다른 제자들에게 달려가게 되었습니다.

(2절)"제자들에게 달려가서" 그 사실을 알리게 되었습니다. (4절)"베드로와 다른 제자들이 같이 달음질하더니" 하였습니다. 베드로와 요한도 달려갔습니다. 베드로는 무덤 속에까지 들어가 보았으나 예수님은 보이지 아니했습니다(고전 9:24).

② 영적이고 신앙적으로 달려가는 경주에는 몇 가지 교훈이 있습니다.

무조건하고 달려간다고 되는 것이 아닙니다. 첫 번째는 빨리 달려야 합니다. 지금은 매사가 속도(speed)의 시대라고 합니다. 두 번째는 정해진 곳까지 끝까지 달려야 합니다. 우리의 신앙생활 역시 쉬지 말고 끝까지 잘 달려야 합니다. 세 번째는 정해진 범위에서 벗어나지 말아야 합니다. 신앙생활은 말씀 안에서 달려가야 합니다(고전 4:6). (계 1:14)주님은 불꽃같은 눈으로 모두 보고 계십니다.

2) 우리의 신앙생활이 현재까지 어떻게 달려왔는지를 생각해야 합니다.

혹시 후회스러운 달려옴은 아니었나를 생각해야 합니다. 잘 달려왔다면 예수님을 뵐 때까지 잘 달려야 합니다.

① 제자들이 달려간 그 길은 예수님을 뵙기 위해서였습니다.

우리는 예수님을 보기 위한 열망이 늘 있어서 영적으로 달려가는 일에 힘써야 합니다. 주를 위한 열망이 제자들에게 있었듯이 우리 역시 이 영적인 열정이 늘 있어야 합니다. (롬 12:11)부지런하여 게으르지 말고 열심을 품고 주를 섬기는 신앙생활이 되도록 힘써야 합니다.

② 신앙생활의 자세가 중요한데 끝까지 잘 가야 한다는 것입니다.

제자들이 예수님의 시체라도 보려고 나아갔듯이, 우리는 늘 예수님을 사모하는 마음으로 가득해야 합니다. 우리의 믿음 또한 변덕스러운 것이 아니라 믿음의 심지가 견고해야 합니다. (사 26:3)성경은 우리에게 분명하게 전했습니다. (딤후 4:7)달려갈 길을 마치고 믿음을 지켜야 합니다. 목표는 예수 그리스도이십니다. (히 12:2)믿음의 주요 또 온전하게 하시는 이인 예수님만 바라봐야 합니다.

2. 제자들은 부활하신 예수님을 새벽에 만났습니다.

성경에서 '새벽'은 매우 중요합니다. (출 14:24)홍해가 갈라집니다. (출 10:14)만나가 내렸습니다. (수 6:15)여리고 성이 무너졌습니다. (시 57:8)다윗도 새벽을 깨웠습니다. 예수님이 새벽에 부활하셨습니다.

1) 막달라 마리아를 비롯한 여인들이 새벽에 무덤으로 가게 되었습니다.

일곱 귀신에 붙잡혔으나 나은 막달라 마리아입니다. (막 16:9)무덤가에서 끝까지 울고 있었습니다. 그녀를 부활하신 예수님이 만나 주셨습니다.

① 무덤에까지 새벽에 찾아간 제자들이었습니다.

그 새벽에 무덤이 비어 있는 것을 보고 울고 있던 막달라 마리아를 만나 주셨습니다. 부활하신 예수님이십니다. (요 20:11)흰옷 입은 두 천사가 예수님이 부활하셨음을 알려 주었습니다. 그 가운데 막달라 마리아는 부활하신 예수님을 최초로 만나는 영광을 얻게 되었습니다.

② 부활하신 예수님이 곁에 계신 데도 제자들은 아직도 죽는 자 가운데서 예수님을 찾고 있었습니다.

예수님은 일찍이 부활하실 것을 예고해 주셨지만 믿지는 못하였습니다. 그리고 부활하신 예수님은 찾지 아니하고 죽은 자 가운데 계신 예수님만 찾아 헤매고 있습니다. (마 28:6)"그가 여기 계시지 않고 그가 말씀하시던 대로 살아나셨느니라 와서 그가 누우셨던 곳을 보라 또 빨리 가서 그의 제자들에게 이르되 그가 죽은 자 가운데서 살아나셨고 너희보다 먼저 갈릴리로 가시나니 거기서 너희가 뵈오리라 하라" 하였습니다. (눅 24:5)"어찌하여 살아 있는 자를 죽은 자 가운데서 찾느냐 여기 계시지 않고 살아나셨느니라 갈릴리에 계실 때에 너희에게 어떻게 말씀하셨는지를 기억하라" 하였으니 이제 우리가 이 세대에게 예수님의 부활을 확인하고 확증하고 전해야 할 사명이 분명합니다.

2) 부활하신 예수님은 오늘날에도 부활의 소망을 주십니다.

아담 안에서 죽었던 우리입니다. (엡 2:1)죄와 허물로 죽었던 우리입니다. (롬 4:25)"예수는 우리가 범죄한 것 때문에 내줌이 되고 또한 우리를 의롭다 하시기 위하여 살아나셨느니라"

① 그러므로 예수님의 십자가와 부활 사건은 우리(나)와 직접 관계가 깊습니다.

나를 위해서 십자가에 죽으시고 부활하신 예수님을 마음에 모시고 바른길로 달려가는 바른 신앙의 정도를 회복하는 이번 부활 주일이 되어야 합니다.

② 이 사실을 믿는 자에게 구원이 약속되었고, 이것이 확실한 우리의 믿음입니다.

(고전 15:1)"형제들아 내가 너희에게 전한 복음을 너희에게 알게 하노니 이는 너희가 받은 것이요 또 그 가운데 선 것이라 너희가 만일 내가 전한 그 말을 굳게 지키고 헛되이 믿지 아니하였으면 그로 말미암아 구원을 받으리라" 하였습니다. 그러므로 우리는 이 세대에 확실한 부활 신앙으로 승리하시기를 축복합니다.

3. 부활하신 예수님이 제자들에게 축복을 주셨습니다.

죽음을 이기고 사망 권세에서 승리하신 부활의 예수님께서 제자들이 모인 곳에 오셔서 주신 축복입니다.

1) 제자들을 만나신 예수님께서 두려워 떨고 있는 제자들에게 주셨습니다.

(19절)두려움 속에 떨면서 문을 닫고 있을 때 예수님께서 문도 열지 않았는데 들어오셨습니다. 시간과 공간을 초월하시는 예수님이십니다. 두려움과 공포에 떨고 있는 제자들에게 찾아오신 것입니다.

① 평강의 복을 주셨습니다.

"너희에게 평강이 있을지어다" 하셨습니다. 평화를 라틴어에서는 '팍스(pax)'라 하는데, 영어에서는 피스(peace)라고 합니다. 팍스라는 말의 근원은 '쟁취하는 평화'라는 것입니다. 그래서 국가도 위기에서 국민의 평화를 쟁취하기 위해서는 때때로 전쟁까지도 감수해야 한다는 것입니다. 히브리어에서는 '샬롬(shalom)'이라 하는데 '행복하다, 정답다, 번창하다'는 뜻입니다.

② 숨을 쉬시면서 성령을 받으라고 하셨습니다.

(창 2:7)그 코에 생기를 불어 넣으시니 생령이 되었습니다. (겔 37:9)죽은 지 오래된 그들에게 생기가 들어갈 때 극히 큰 군대가 되었습니다. (요 14:27)세상이 주는 평안이 아닙니다. (시 119:165)주의 계명을 지키는 자에게 큰 평안이 주어집니다.

2) 기독교 복음의 역사는 십자가와 부활을 전하는 성령의 역사하심입니다.

성령 받아서 성령의 역사로 사도행전을 남기게 되었습니다. 사도행전은 28장으로 끝났지만, 성령의 역사하심은 계속해서 진행 중입니다.

① 예수님의 십자가 대속적 죽으심과 부활을 전하는 복음입니다.

기독교는 십자가와 부활을 제외하면 아무것도 남지 않습니다. 그것은 이미 기독교가 아닙니다. 구약의 모든 중심이 십자가와 부활입니다. 신약의 중심이 십자가와 부활의 복음입니다. 따라서 예수님의 십자가와 부활은 현재까지 성경의 핵심이요 복음의 핵심입니다.

② 처음도 마지막도 십자가와 부활입니다.

이것을 제외하면 이미 교회가 될 수 없고 기독교도 아닙니다. (고전 15:20)예수님은 부활의 첫 열매가 되셨습니다. (살전 4:6)주 안에서 잠자는 자들이 모두 일어나게 되는 부활의 날이 올 것입니다. (요 11:25)예수님은 부활이요 생명이 되십니다. 그러므로 우리 모두 이 부활 신앙으로 세상을 이기며 승리하시기를 예수님의 이름으로 축원합니다.

결론 : 기독교는 십자가와 부활의 신앙입니다.

〈성탄〉

예수 성탄의 축복

눅 2:1-14

　아담 이후에 수많은 사람이 태어나서 살다 죽었습니다. 이 시간에도 세계 곳곳에서 새롭게 태어나기도 하고 죽기도 합니다. 그러나 예수님이 세상에 태어나심은 다른 사람과 분명하게 다르다는 사실입니다. 모든 인간은 부정모혈(父情母血)로 태어나지만, 예수님은 성령으로 잉태되어 탄생하셨습니다. 공생애 3년간 천국 복음을 전하다가 우리의 죄를 위해서 십자가에서 대속적 죽음을 당하셨으며, 3일 만에 부활하시어 40일 동안 제자들과 함께 계시다가 승천하셨습니다. 이제 하나님 보좌 우편에 앉아 계시다가 다시 땅에 재림하실 구세주이십니다. 이 주님의 출발점이 우리가 지키고 있는 성탄절입니다. 세계 2차 대전 때에는 전투하다가도 성탄절 찬송을 부르며 휴전했다는 이야기도 있습니다. 옛날 1950, 60년대에 어려운 시절에 주일학교 다니면서 성탄절이면 교회에 주는 과자 먹는 재미로 교회에 나오는 때도 있었습니다. 영국 대영백과사전은 세계 4대 성현을 설명한 페이지보다 예수 그리스도 한 분을 소개한 페이지 수가 더 많이 할애했음도 보게 됩니다. (마 1:21)"아들을 낳으리니 이름을 예수라 하라 이는 그가 자기 백성을 그들의 죄에서 구원할 자이심이라" 하였습니다. 이를 두고 신학자 라이트훗(Lightfoot)은 "예수 그리스도는 메시야이심을 나타내 보이신 이름이다."라고 하였습니다.

　본문 말씀은 예수님께서 태어나실 때 여러 가지 사건 가운데 밤에 양 떼를 지키던 목자들에게 천사들이 나타나서 예수님이 세상에 오신 것을 알리는 내용입니다. "하나님께 영광이요 땅에서는 하나님이 기뻐하신 사람들 중에 평화로다"라고 외친 말씀인바, 여기에서 은혜를 받으면서 성탄절을 통하여 영광을 돌리시기를 바랍니다.

1. 예수님의 탄생은 우리에게 구원받은 축복이 되었습니다.

그래서 성탄절은 우리에게 큰 축복이요 영원한 생명의 길이 열리게 된 날입니다. 당대에도 그랬지만 지금까지 동일합니다.

1) 예수님은 우리의 영원한 구원이요 축복입니다.

세속적인 사람들이 쾌락 중에 떠드는 성탄절이 아니라는 것입니다. (롬 7:24)"오호라 나는 곤고한 사람이로다 이 사망의 몸에서 누가 나를 건져내랴" 하는 것이 타락된 인간의 모습이요 본질인데 여기에서 우리를 건지러 오신 것입니다.

① 예수 그리스도만이 우리를 죄에서 해방하며 구원할 자가 되심을 믿습니다.

그래서 예수님은 십자가에서 죽으셨고 우리를 죄와 사망의 법에서 해방해 주셨습니다.(요 8:32, 롬 8:1-, 갈 5:1). 들에서 양을 지키던 목자들에게 천사들이 나타나서 외친 소리입니다. 그리고 목자들은 베들레헴으로 달려가서 아기 예수님께 경배하게 되었습니다. 이 경배가 이 시간에 우리에게 있기를 소원합니다.

② 마귀는 아담 안에서 인간에게 죄를 짓게 하였고, 죄 가운데 묶인 신세가 되게 하였습니다.

(창 3:1-, 계 12:9)뱀이 간교한 사탄의 모습으로 나타나게 되는데, 여기에 아담이 넘어가게 된 것입니다. (창 3:15, 요 19:30)예수님은 그 마귀를 멸하시며 우리를 구원해 주셨습니다. (요 1:12, 빌 3:20)이제 믿는 사람은 하나님의 자녀, 천국의 시민권자가 되었습니다. (요 19:20)주님이 십자가에서 우리의 죄를 해결하셨기 때문입니다.

2) 성탄절을 통하여 우리가 믿는 축복은 구원의 축복입니다.

시대가 타락하다 보니 술집을 비롯한 유흥점에서 성탄의 노래들이 먼저 들리게 되는데, 우리는 다시 한번 우리 마음에 주님을 영접하고 찬송해야 하겠습니다.

① 우리를 구원하시러 오셨습니다.

(롬 6:23)"죄의 삯은 사망이요 하나님의 은사는 그리스도 예수 우리 주 안에 있는 영생이니라" 하였는데, "삯"(ὀψώνια, 호푸니아)은 찐 고기에서 나온 말로서, 노예들이 당하는 고통을 말하고 있습니다. 죗값으로 모두가 당하는 고통의 현실을 이야기하는 것입니다.

② 이제 성탄절은 우리에게 구원받은 기쁨을 누리게 하는 시작이 되었습니다. 그래서 성탄절은 기쁜 날입니다. 하나님은 잃어버린 백성을 찾는 기회이기 때문에 영광이 됩니다. (행 2:28)"주께서 생명의 길로 내게 보이셨으니 주 앞에서 내게 기쁨이 충만하게 하시리로다"하였습니다. 초대교회는 성령 충만하여 이런 기쁨으로 충만하였는데, 이번 성탄절에 오직 예수님을 내 마음에 모심으로 언제나 영적인 기쁨과 평화가 충만하시기를 축원합니다.

2. 예수님의 성탄절은 우리에게 평화와 안식의 축복입니다.

메리 크리스마스(Merry Christmas)라고 그냥 습관적으로 하는 인사가 아닙니다. 예수님께서 오셔서 십자가의 대속적 죽으심과 부활하심으로 우리에게 구원이 되시는 예수님이시기 때문에 기쁜 성탄이요 축복의 날입니다.

1) 예수님의 탄생은 우리에게 평화와 안식의 축복이 되셨습니다.

이는 우리에게 영원토록 축복하시는 은혜입니다. 성탄절뿐만 아니라 세상을 살아가면서 언제나 간직해야 하는 축복이 되는 것이 예수님 안에서 누리는 영적 축복과 은혜입니다.

① 하나님과 우리 사이에 막힌 죄의 담이 무너졌습니다.

예수님을 구세주로 믿는 믿음의 사람들에게는 죄의 담이 무너지게 되었고, 축복의 자녀가 된 것입니다. (엡 2:14)사도 바울은 구원의 측면에서 외치면서 전했습니다. "그는 우리의 화평이신지라 둘로 하나를 만드사 원수 된 것 곧 중간에 막힌 담을 자기 육체로 허시고 법조문으로 된 계명의 율법을 폐하셨으니 이는 이 둘로 자기 안에서 한 새 사람을 지어 화평하게 하시고 또 십자가로 이 둘을 한 몸으로 하나님과 화목하게 하려 하심이라 원수 된 것을 십자가로 소멸하시고 또 오셔서 먼 데 있는 너희에게 평안을 전하시고 가까운 데 있는 자들에게 평안을 전하셨으니" 하였습니다.

② 그런데 이 평안은 세상이 주는 것과 다릅니다.

세상에서 잠시 동안 누리다가 없어지는 것이 아니라는 것입니다. (요 14:27)
예수님께서 이 평화에 대해서 분명하게 말씀해 주셨습니다. "평안을 너희에게 끼치노니 곧 나의 평안을 너희에게 주노라 내가 너희에게 주는 것은 세상이 주는 것과 같지 아니하니라 너희는 마음에 근심하지도 말고 두려워하지도 말라" 하셨습니다. (롬 1:1-)사도 바울이 전한 서신서의 서두에는 반드시 은혜와 평안을 강조하였음을 보게 됩니다. 성탄이 우리에게 주는 축복입니다.

2) 예수님의 탄생은 우리에게 영원한 안식의 축복이 되었습니다.

죄에서 시달리다가 죽게 된 인생입니다. 마귀를 따라가다 마귀와 함께 지옥에 가게 되었습니다(마 25:41). (눅 16:24)부자가 최후에 가게 된 지옥은 무서운 곳입니다. 그러나 예수님의 탄생은 우리에게 지옥을 막으시고 천국의 소망으로 살게 해 주셨습니다. 영원히 누릴 천국 소망의 축복입니다.

① 예수님은 우리에게 영원한 안식을 주시기 위해서 이 땅에 오신 것입니다.

지옥 형벌에서 고생할 영혼을 위해서 구원해 주시고 영원한 안식을 주셨는 바 천국의 안식입니다. (눅 16:23)믿음의 조상 아브라함의 품에 있는 나사로와 불구덩이 지옥에 있는 한 부자에 대한 내용에서 비교되는 현장을 보게 됩니다. 예수님의 탄생은 우리의 영원한 구원의 축복이기 때문에 기뻐합니다.

② 예수님을 믿으면 안식이 약속되었습니다.

문제는 오신 예수님을 내 마음에 영접하고 모셨느냐는 것입니다. (히 4:3-)안식에 들어가는 약속이 있을지라도 믿지 못하고 예수님을 영접하지 아니하면 천국과는 거리가 멀게 된다는 사실을 알고, 예수님을 믿고 영접해야 합니다.

3. 예수 그리스도의 탄생은 우리와 함께하심의 축복입니다.

죄로 말미암아(창 3:1-) 하나님과 거리가 멀어졌고 하나님과의 관계가 단절되었습니다. (엡 2:3-5)"본질상 진노의 자녀이었더니 긍휼이 풍성하신 하나님이 우리를 사랑하신 그 큰 사랑을 인하여 허물로 죽은 우리를 그리스도와 함께 살리셨고 (너희는 은혜로 구원을 받은 것이라)" 하였습니다. 예수님의 탄생은 우리와 함께하심입니다.

1) 이제는 예수님 안에서 하나님과 가까이하게 하셨습니다.

이제는 원수도 아니요 멀리 있는 관계도 아니며, 하나님께서 우리에게 가까이하시기 위해서 육신을 입고 탄생하셨습니다. 성육신(成肉身, incarnation)입니다.
 ① 이른바 임마누엘(Immanuel) 되시는 예수 그리스도이십니다.
 하나님께서 우리와 함께 계신다는 뜻입니다. (마 1:23)"보라 처녀가 잉태하여 아들을 낳을 것이요 그의 이름은 임마누엘이라 하셨으니 이를 번역한즉 하나님이 우리와 함께 계시다 함이라" 하였으니, (마 28:20)예수님은 세상 끝날까지 항상 함께 계시겠다고 약속하셨습니다.
 ② 성탄절에 우리는 함께 하시는 하나님을 확인해야 합니다.
 함께 하심을 믿을 때 찬송이 나오며 기쁨이 마음에서 자리 잡게 됩니다. 성탄절의 기쁨과 축복을 누리시기를 소망합니다.
 2) 함께 하시는 예수님은 지금도 성령으로 우리에게 역사하십니다.
 분명히 함께하시는 하나님의 인도를 믿고 의심이 없어야 할 이유입니다. 그 성탄절이 우리가 지키고 있는 메리 크리스마스입니다. 그리고 예수님을 마음에 늘 모시고 살아야 합니다. (고전 3:16)우리는 마음에 성령님을 모신 성전입니다.

 ① 주어진 성경 말씀을 통해서 만나야 합니다.
 예수님은 말씀이 육신을 입으시고 오셨다고 하였습니다. (요 1:14)이 말씀이 태초에 계셨으며 이 말씀이 천지를 창조하신 말씀입니다. 본문에서 목자들은 천사들의 소식을 듣고 베들레헴에 가서 아기 예수님께 경배하였습니다. 우리는 들려지는 말씀을 잘 듣고 하나님께 경배해야 합니다. (계 1:3)말씀을 읽는 자, 듣는 자, 행하는 자가 복이 있다고 하였습니다.
 ② 기도 가운데서 만나야 합니다.
 (눅 2:36)안나는 100세가 넘은 나이에도 성전을 떠나지 않고 기도하더니 오신 예수님을 맞이하며 기뻐하였습니다. 기도하는 성도, 기도하는 교회가 되어야 합니다.
 ③ 자기 사명에 충실하면서 만나야 합니다.
 본문에서 목자들은 모두 잠든 밤중에도 양떼를 지키는 사명에 충실했습니다. 우리는 우리에게 주어진 사명에 충실해야 합니다. 이제 머지않아서 다시 재림하실 예수님을 우리가 영원히 모시게 될 텐데, 이번 성탄절에 예수님 안

에서 함께 하심을 체험하게 되기를 예수님의 이름으로 축원합니다.

결론 : 성탄의 축복을 누리시기를 바랍니다.

〈승리〉

손들고 승리한 르비딤 전쟁

출 17:8-16

　이 세상의 역사는 전쟁으로 얼룩진 전쟁 역사라고 부릅니다. 사람이 살아온 역사의 배경 속에는 언제든지 전쟁이 있었는데, 그 전쟁을 통하여 문명을 발전시켜왔습니다. 현대에 와서는 과학적 발달로 말미암아 가공할만한 무서운 무기가 발달 되어서 전쟁이 일어나면 모두가 파괴되는 형국입니다. 러시아의 푸틴 대통령은 지구촌에서 제일 큰 땅을 다스리면서도 욕심 때문에 우크라이나를 침략해서 세계를 어렵게 하고 있습니다. (약 1:15)욕심이 잉태하면 죄를 낳고 죄가 장성하면 사망을 가져옴을 깨달아야 합니다. 유대 격언에 "욕심이 처음에는 거미줄처럼 왔다가 후에는 밧줄처럼 묶는다" 하였습니다. 영국 격언에는 "너는 욕심을 제어하라. 그렇지 않으면 욕심이 너를 제어할 것이다." 하였습니다. 결국 수많은 사람이 전쟁에 죽습니다. 이솝우화에 어떤 개 한 마리가 잔칫집에서 고기 하나를 물고 달아나다가 개천을 만나 나무로 엮은 다리를 건너다가 다리 밑을 보니 어떤 개가 고기를 입에 물고 있는 것이 비쳐서 반응하다가 결국 입에 물고 있던 고기가 개울에 떨어져 떠내려갔다는 이야기가 있습니다. 욕심 때문에 벌어진 일이라고 교훈해 주는 우화일 것입니다.

　본문 말씀은 이스라엘 백성이 출애굽하여 가나안에 가는 여정 중에 광야에서 일어났던 사건입니다. 아말렉이 일어나서 이스라엘이 가는 길을 막게 되자 전쟁이 벌어지게 됩니다. 그때 여호수아는 나가서 전쟁에 임하고, 모세는 산에 올라가 손을 들고 기도하게 됩니다. 모세가 손들고 있을 때 이스라엘이 이기고 손을 내리면 이스라엘이 지는 것을 알고는 아론과 훌이 모세의 손이 내려오지 않도록 고정시켜줌으로써 해가 지도록 여호수아의 칼날이 아말렉을 쳐서 대승리를 가져오는 역사적 사건이 일어납니다. 여기서 은혜를 받게 됩니다.

1. 하나님 앞에 손을 들어야 합니다.

손을 들었다는 것은 항복이지만 영적으로는 하나님께 맡기고 기도하는 자세를 뜻합니다. (시 24:8)"전쟁에 능하신 여호와시로다" 했습니다.

1) 모든 전쟁에는 이기는 쪽이 있으면 지는 쪽도 있습니다.

이기는 쪽은 하나님 편에 있습니다. (삼상 17:44)다윗은 골리앗에게 "전쟁은 여호와께 속한 것이라" 하면서 싸워 이겼습니다.

① 우리는 하나님께 손을 드는 자세를 취해야 합니다.

기도하는 것은 하나님께 모든 것을 내려놓고 맡기며 항복하는 것입니다. 모든 역사는 하나님께 있기 때문입니다. (시 37:5-6)다윗은 "네 길을 여호와께 맡기라 그를 의지하면 그가 이루시고 네 의를 빛같이 나타내시며"라고 하였습니다. 다윗은 사울과의 관계에서도 끝까지 이런 자세로 임해서 결국 이겼습니다. 아말렉 족속은 창 36:12에 보면, 에서의 후손들로서 이스라엘에게 걸림돌이 되었는데, 모세는 결국 손들고 이겼습니다. 성도들의 영적 싸움은 손을 들 때 이기게 됩니다.

② 칼을 믿고는 살 수 없음을 깨닫는 전쟁입니다.

세상의 칼은 물질적 힘, 권력의 힘, 세속적 힘이 있는데 그것들이 이기게 하는 것이 아닙니다. (창 27:39)야곱과 에서의 일대기는 이미 이삭의 축복 기도에서 판가름이 났습니다. (삼상 17:45)골리앗은 칼만 믿고 왔으나 패했습니다. (대하 14:8)구스 왕은 100만의 군대로 왔으나 패했습니다.

2) 모세는 산꼭대기에 올라갔습니다.

어떻게 보면 전쟁인데 어찌 산에 올라가느냐고 하겠으나 여기에는 큰 뜻이 있습니다.

① 산에 올라가는 것은 성경에서 대체적으로 하나님과의 만남이요 관계가 있음을 보게 됩니다.

예배와 기도의 산이요 하나님과의 만남의 산입니다(창 8:4, 22:2, 출 3:1, 19:11, 왕상 18:42, 마 5:1, 17:1, 26:39, 계4:1, 14:9). 여기에 소개하는 산은 모두 영적으로 우리의 신앙생활과 관계가 깊은 산입니다.

② 산은 영적으로 성도가 서 있어야 할 곳이요 응답이 있는 곳입니다.

한때 한국에도 유명한 산마다 기도원으로 가득했습니다. 삼각산기도원, 한얼산기도원, 오산리기도원 등 사람들이 빼곡히 앉아 기도하는 기도원이었습니다. 모세의 손은 지금 산에 올라가 기도의 손을 들게 되었고, 그 기도의 손이 내려오지 않는 한 전쟁에서 이기게 되었습니다.

2. 능력의 지팡이를 손에 들고 올라가게 되었습니다.

하나님께서 들어 주시고 능력을 보여주셨던 지팡이를 들고 올라가게 되었습니다. 함께하심의 상징이요, 10가지 재앙을 내릴 때 사용했던 지팡이요, 이드로의 양을 칠 때 쓰였던 지팡이입니다. 이른바 하나님께서 함께하심의 지팡이입니다.

1) 마른 지팡이가 여느 지팡이와 같지만, 분명히 다른 지팡이입니다.

나무 지팡이로 이드로의 양을 돌볼 때 짚고 다닌 지팡이입니다. 지팡이 자체가 능력이 있는 것은 결코 아니지만 분명하게 다른 지팡이요 여기에 뜻이 있습니다. 우리는 여기에서 은혜를 받게 되고 큰 교훈을 얻게 됩니다.

① 하나님께서 모세를 보내실 때 보여주셨던 능력의 지팡이입니다.

우리는 분명하게 깨달아야 하겠습니다. 우리 인간이 다른 세상 사람과 다른 것이 아무것도 없다는 것이 우리 모습의 정체성입니다. 오히려 못하는 것이나 부족한 것이 더 많을 수도 있습니다. 그러나 모세의 손에 들려진 지팡이가 다르듯이, 우리는 하나님의 손에 들려진 성도요 하나님의 일꾼입니다. 하나님이 함께하시는 지팡이가 되었듯이 우리는 하나님께서 함께하시는 심령들이 되어야 합니다. 전에는 바로의 신하였으나 이제는 하나님의 종으로서 쓰이는 모세이듯이, 우리가 하나님 앞에 그와 같습니다.

② 이제는 다른 것입니다.

양을 칠 때 쓰였던 지팡이는 땅을 짚고 맹수를 쫓아내는 용도였으나 이제는 능력의 지팡이가 되었습니다. 10가지 재앙이 내려질 때에, 홍해가 갈라질 때에, 반석에서 물이 나올 때에도 쓰였던 지팡이가 되었습니다. 우리 자신을 보아야 합니다. 평범하고 아니면 평범 이하의 존재일지라도 우리는 하나님의 손에 붙잡히게 되면 모세의 지팡이와 같이 쓰임 받는 존재가 됨을 잊지 말고 믿어야 합니다. 내가 능력이 있는 것이 아니라 나를 쓰시는 주님의 능력입니다.

2) 하나님의 사람이 되면 역사가 달라지게 됩니다.

같은 지팡이일지라도 누구의 손에 있느냐에 따라서 달라지듯이, 개인마다 누가 붙들고 사용하느냐에 따라서 달라지게 됩니다.

① 이제 우리는 믿음의 성도로서 우리의 소유권이 하나님께 있습니다.

(요 1:12)하나님의 자녀입니다. (롬 8:15)하나님을 아버지라 부르게 되는데, 성령님께서 우리 영으로 더불어서 증거해 주십니다. (빌 3:20)우리의 시민권은 하나님 나라에 있습니다. 그 신분을 가지고 교회에 나와서 예배드리고 주의 일을 하며 세상에 나가서도 살아가야 합니다.

② 모세는 어디를 가든지 이 지팡이를 들고 다녔습니다.

무슨 뜻입니까? 우리는 언제나 하나님 곁에 있어서 생활해야 한다는 것입니다. (시 23:4)"내가 비록 사망의 음침한 골짜기로 다닐지라도 해를 두려워하지 않은 것은 주께서 나와 함께 하심이라 주의 지팡이와 막대기가 나를 안위하시나이다" 하였습니다. 왜 다윗의 간증문이겠습니까? 예수 그리스도 안에 살아가는 모든 성도는 여기에 속하였음을 믿고, 주님 손에 붙잡혀 사용되는 주의 백성이 되어야 할 줄 믿습니다.

3. 지팡이를 든 손이 올라갈 때 승리하였습니다.

손을 들면 이기게 되었다는 이유가 분명합니다.

1) 하나님께서 모세의 손을 붙잡고 계시기 때문입니다.

모세가 손을 들 때 인간이므로 내려올 수밖에 없습니다. 모세의 손이 내려올 때는 이스라엘이 지는 것을 모두 보았습니다. 교회에서 기도의 손은 언제나 올라가 있어야 합니다.

① 하나님께서는 아론과 훌을 모세 옆에 붙여 주셨습니다.

하나님께서 모세만 그냥 두지 아니하였습니다. 사람을 붙여 주셨는데 아론과 훌이었습니다. 미국의 유명한 무디 목사님(D. L. Moody)은 생키라는 유명한 음악가가 따라다니면서 은혜를 끼쳤습니다. (시 121:1-2)다윗은 하나님이 나의 도움이시라고 하였습니다. 모세의 손이 피곤할 때 내려오지 않도록 옆에서 도움을 주었던 아론과 훌이 지금 우리에게 필요할 때입니다. 사람도 물질도 일감도 하나님께서 붙여 주시고 축복해 주십시다.

② 내가 손드는 것은 하나님께 항복이요 하나님의 도우심을 전적으로 앙망하는 표시입니다.

그래서 하나님을 의지하고 나아가는 전쟁입니다. 우리는 철저하게 하나님 앞에 손들고 항복해야 합니다. 하나님 앞에 꼿꼿하게 고개를 쳐들고 교만하면 큰일이 난다는 것을 깨달아야 합니다. 그리고 하나님의 도우심을 요청해야 합니다. 모세의 손이 내려오지 않을 때 여호수아의 군대가 아말렉을 쳐서 이기게 되었습니다.

2) 모세는 이스라엘 군대가 승리하는 모습을 보고 체험했습니다.

우리가 살아가는 과정에도 아말렉과 같은 일이 있는데, 싸워 이겨야 합니다. 이기는 비결을 배우게 됩니다. 이기는 비결을 다른 데서 찾아서 헤매고 시간과 정력을 다른 데서 쏟게 되면 곤란합니다.

① 늦지 않도록 빨리빨리 긴급하게 조치해야 합니다.

언제까지 협상하고 이야기하는 시간이 없습니다. 의사들에 의하면 심장마비(heart attact)와 뇌성마비(brain attact)는 머리와 심장이 마비되는 현상인데, 이를 긴급하게 조치하면 살지만 긴급한 시간을 잃어버리면 죽거나 평생 불구자로 살게 된다는 것입니다. 1년이면 수십만(약 50만)이 여기에 노출된다는 통계입니다. 시력약화, 반신불수, 언어장애, 두통 등 후유증으로 고생하게 됩니다. 따라서 긴급하게 조치해야 하듯이 영적인 일도 마찬가지입니다.

② 빨리빨리 대책을 세우고 이겨야 합니다.

싸우지 않고 손들지 아니하면 문제가 심각하게 됩니다. 지금은 아말렉과 같은 불신앙의 세력이 영적으로 날뛰는 때입니다. 참 교회와 성도들은 손들고 이겨서 '여호와 닛시'의 개선가를 울려야 하겠습니다. 은평교회 성도들이 하나님께 손들고 기도함으로 '여호와 닛시'의 승리가 있기를 예수님의 이름으로 축원합니다.

결론 : 르비딤 전쟁에서 이겨야 합니다.

〈신앙생활〉

즐겁고 행복하십니까?

시 16:1-5

    TV에 집에서 키우는 강아지나 다른 애완동물들에 관해서 주인이 꼭 껴안아주니까 눈을 지그시 감고 마냥 좋은 시늉을 하는 모습을 본 적이 있습니다. 말이 통하지 않기 때문에 물어볼 수는 없겠지만 아마 그 동물은 행복한 순간이므로 그런 표정을 했을 것으로 짐작이 갑니다. 비록 미물인 짐승도 자기가 어떤 때에 행복하며, 행복을 느끼는지를 아는 것 같습니다. 반대로 주인의 사랑을 받지 못하고 유기된 짐승의 처량하고 안타까운 모습도 볼 수 있었는데 가관이었습니다. 인간 세계에서도 생활은 같다고 생각합니다. 성경은 이렇게 전했습니다. (신 10:12)하나님께서 요구하시는 것은 하나님을 경외하는 것이었습니다. 그리하면 거기에 행복이 따르게 된다고 하였습니다.

    세상에서 재물, 학력, 사회적 지위 등 외형적인 조건이 화려할지라도 그와 같은 것들이 행복의 조건은 아니라는 결론입니다. (잠 23:4-5, 27:24)재물은 독수리의 날개를 내어 하늘로 날아 가버릴 때가 있기 때문에 영구적인 면류관이 될 수 없습니다. 오늘 본문에서 다윗은 고백했습니다. "주는 나의 주시오니 주 밖에는 나의 복이 없나이다" 하였고, (시 73:28)"하나님께 가까이 함이 내게 복이라" 하였습니다. 다윗은 언제나 외부적 조건이 아니라 하나님을 믿고 신뢰하는 데서 복이 되었고 행복을 찾았습니다. 오늘날 과학과 학문이 발전하고 경제가 좋아진다고 해서 이것이 행복을 가져다주지는 않습니다. 오늘 우리는 하나님 말씀에서 행복을 찾고 누려야 하겠습니다.

1. 진정한 행복은 하나님 말씀을 가까이하고 죄를 멀리하는 데 있습니다.

무엇이 행복이냐는 것입니다. 사람들은 외부적인 조건을 이야기하지만 그것은 진정한 행복의 조건이 될 수 없습니다.

1) 하나님 말씀은 변하지 않습니다.

세상적 상황은 모두 변하지만 하나님 말씀은 변하지 않습니다. 말씀에서 행복을 찾아야 합니다.

① 성경도 분명히 말씀합니다.

하나님 말씀 속에 복이 있고 행복이 약속되어 있습니다. (시 128:1-)"여호와를 경외하며 그의 길을 걷는 자마다 복이 있도다" 하였습니다. (마 4:4-)예수님은 마귀 시험을 이기는 자리에서 "사람이 떡으로만 살 것이 아니요 하나님의 입으로 나오는 모든 말씀으로 살 것이라" 하였습니다. 여기 "모든 말씀"은 주석가들은 단순한 말씀(로고스)이 아니라 규격 있는 말씀(saying), 말해지는 말씀이요(speech, 스피치), 설교가 되는 말씀이요, 선언되고 선포한 말씀이라고 해석하였습니다. (계 1:3, 신 28:1-)말씀에 복이 약속되었습니다.

② 하나님 말씀을 가까이하면 죄와는 멀어지게 됩니다.

인간이 불행하게 된 이유가 죄이기 때문입니다. 죄를 헬라어로 '하말티아'라고 하는데 목표에서 벗어난 화살을 뜻합니다. 인간은 죄 때문에 하나님의 형상(창 1:26)을 잃어버렸고, (창 1:28)주신 복도 모두 잃어버렸습니다. (창 3:17)축복이 아니라 저주가 왔습니다. 죄 아래에서는 행복할 수 없습니다.

2) 하나님의 말씀은 성경에서가 아니라 실제 생활에서 이루어지는 말씀입니다.

성경이 어느 한구석이나 한 시대적인 말씀이 아닙니다. 구약이나 신약 시대나 교회 시대나 지금에 이르기까지 역사하는 말씀입니다.

① 언제나 중요한 말씀입니다.

어떤 이들은 의심하면서 불신앙적 이야기를 합니다. 성경은 하나님의 말씀이 아니라는 등 성경 속에 나타난 일들을 부정합니다. 그러나 분명하게 알아야 하는 것은 성경은 정확한 하나님 말씀으로 역사한다는 것입니다. (마 5:18)천지는 없어져도 하나님의 말씀은 영원토록 역사하게 됩니다. 말씀을 믿고 말씀을 따라가는 곳에 행복이 있습니다.

② 정확하게 역사하시는 유효한 말씀을 선포하게 될 때 행복과 축복이 약속되어 있습니다.

하나님의 말씀이기 때문입니다. (시 19:10-)꿀과 송이 꿀보다 더 달고 금보다 더 사모해야 하는 말씀입니다. 이 축복을 받으시기를 바랍니다.

2. 하나님 말씀을 따라가면 마음이 거룩해지며 아름답게 변하기 때문에 행복이 옵니다.

행복의 원천이 더 큰 데 있지 아니합니다. 하나님 말씀에 행복이 있습니다. 말씀 따라 가면 거룩해지고 행복이 약속되어 있습니다. 어거스틴(St. Augustine)이 말했듯이 우리 마음의 한 장소(Hall)에는 하나님만이 채우시는 곳이 있습니다. 하나님께 돌아올 때만 그 마음이 채워집니다.

1) 하나님 말씀으로 무장해 보세요.

스마트폰에 중독되어도 행복한 것이 없습니다. 오히려 생명 말씀에 충만해야 합니다.

① 하나님 말씀은 우리 마음을 아름답게 하고 하나님을 향해 거룩한 길을 걷게 인도합니다.

(시 1:1-3)"복 있는 사람은 악인들의 꾀를 따르지 아니하며 죄인들의 길에 서지 아니하며 오만한 자들의 자리에 앉지 아니하고 오직 여호와의 율법을 즐거워하여 그의 율법을 주야로 묵상하는도다 그는 시냇가에 심은 나무가 철을 따라 열매를 맺으며 그 잎사귀가 마르지 아니함 같으니 그가 하는 모든 일이 다 형통하리로다" 했습니다.

② 예레미야도 전하고 외쳤습니다.

(렘 17:5-8)하나님이 없고, 하나님의 말씀 없이 지내는 인간의 모습은 마치 사막에 심기운 떨기나무로 비유했습니다. (7절)"그러나 무릇 여호와를 의지하며 여호와를 의뢰하는 그 사람은 복을 받을 것이라 그는 물가에 심어진 나무가 그 뿌리를 강변에 뻗치고 더위가 올지라도 두려워하지 아니하며 그 잎이 청청하며 가무는 해에도 걱정이 없고 결실이 그치지 아니함 같으리라" 하였습니다. 궁극적으로 볼 때 인간의 행복이 여기 있음을 알아야 합니다. 말씀을 따라

서 살아갈 때 행복과 축복이 약속되어 있습니다.

2) 영적 삶에도 영적 거룩과 아름다움 속에 나아가게 됩니다.

사람이 무엇을 가지고 거룩해지고 아름다워지겠습니까? 하나님의 거룩하신 말씀에서만 가능한 축복입니다.

① 영적 거룩은 깨끗함과 함께 아름답습니다.

그래서 본문에서도 "오직 주님밖에는 나의 복이 없나이다" 하였습니다. (시 119:9)청년이 깨끗하게 되는 것도 하나님의 말씀으로 됩니다. (창 39:9-)요셉의 경우에서 예로 보는데, 하나님을 두려워하는 요셉의 신앙이 그를 범죄케 아니하고 거룩의 길을 지켰습니다. 죄 많은 세상에서 우리가 유념해야 할 모습입니다.

② 영적 보호가 중요합니다.

본문에도 "하나님이여 나를 보호소서 내가 주께 피하나이다" 하였는데, 이는 다윗의 신앙고백이기도 합니다. 지금은 죄악이 가득한 세상이요, 죄악으로 심판을 재촉하는 시대입니다. 마치 노아의 때와 같이 심판을 재촉하는 시대인데, (마 24:37)사람들은 깨닫지를 못하고 살아갑니다. 성경으로 돌아가서 진정한 행복의 말씀 안에 행복해지고 축복받기를 기도합니다.

3. 성경은 믿는 자에게 하나님의 선하신 뜻을 행하게 합니다.

성경은 성령의 감동으로 기록된 책(딤후 3:16)이기 때문에 우리의 구원과 의로 교육해 가는 진실된 말씀입니다. 그 결과 마침내 영원한 천국에 이르게 하는 말씀이 성경입니다.

1) 하나님 말씀을 따라 가게 될 때 주어지는 칭찬과 복입니다.

(마 25:31)양들에게 주시는 말씀입니다. "내 아버지께 복 받을 자들이여 나아와 창세로부터 너희를 위하여 예비된 나라를 상속받으라" 했습니다.

① 하나님의 선하신 뜻을 행하는 자에게 주시는 축복의 약속입니다.

그것은 바로 말씀을 행하는 자에게 주시는 축복의 약속입니다. 힐티(Hilty)라는 사람은 이렇게 말하였습니다. "인간의 참 행복은 하나님께 가까이 있는 것과 힘들여 일하는 것으로 성립된다." 하였습니다. 하나님께 가까이 그리고 힘들여 일할 때 행복하다는 것입니다.

② 인간은 언제나 하나님 안에 있을 때 행복하며 하나님의 뜻을 선하게 행하게 됩니다.

하나님의 뜻을 알고 깨닫게 하기 위해서 성령님이 역사하십니다. (롬 8:16)"성령이 우리 영으로 더불어서"라고 하였습니다. 성령이 우리 영으로 더불어서 우리가 하나님의 자녀인 것을 증언하시고 확증을 해 주시는 축복입니다. 여기에 분명한 행복과 축복이 약속되었습니다.

2) 그래서 이 땅에 있는 성도는 존귀한 자에 속해 있습니다.

성령께서 이미 우리 안에 계시고 역사하기 때문입니다. (시 16:3)"땅에 있는 성도들은 존귀한 자들이니 나의 모든 즐거움이 그들에게 있도다"라고 했습니다.

① 타락한 인간이 아니라 성령으로 구속받아 확실한 상태에서 존귀한 것입니다.

이제 성도는 타락된 상태의 멸망하는 인생이 절대로 아닙니다. 예수님의 보혈로써 죄 씻음 받고 구속의 은혜 속에서 살아가는 성도이기 때문에 참 행복입니다. 소속이 분명하기 때문에 행복한 존재임을 확인해야 합니다.

② 세상살이에서 행복하십니까?

어디에서 행복을 찾을 수 있나요? 세상적이고 가시적인 것은 금방 사라지게 됩니다. 영원하지 않습니다. 그러나 (요 14:27)예수님이 성령 안에서 주시는 행복과 평안은 영원하기 때문에 세상이 주는 것과 다르다고 했습니다. 그러므로 어려운 시대에 있지만 모든 성도에게 진정한 행복이 마음과 가정과 삶의 현장에 강수 같이 흐르기를 예수님의 이름으로 축원합니다.

결론 : 행복을 어디에서 찾습니까?

〈신앙생활〉

벧엘로 올라가는 신앙

창 35:1-5

　모든 살아 있는 생명체들은 움직이는데, 특히 식물은 위쪽을 향하여 올라가게 됩니다. 우리 말 가운데 '갈등'(葛藤)이라는 말이 있는데, 칡과 등나무는 반대로 새끼처럼 꽈서 올라가기 때문에 좀처럼 풀리지 않는다는 뜻이기도 합니다. 담쟁이넝쿨은 담을 타고 올라가는데 태풍이 불어도 떨어지지 않는 구조로 달라붙어 있습니다. 우리의 신앙생활은 예수 그리스도를 향해서 날마다 말씀에 붙어서 올라가는 신앙생활이 되어야 함을 깨닫게 됩니다. 말씀 중심으로 성장하는 신앙입니다. 성경은 우리에게 하나님의 말씀을 중심으로 해서 올라가는 신앙을 강조하고 있습니다(수 1:7, 신 5:32, 28:14, 대하 14:8). 마치 넝쿨 식물이 감고 올라가듯 우리는 말씀 중심으로 해서 올라가야 합니다.

　오늘 본문은 야곱의 가족 일행이 숙곳에서 다시 발행하여 벧엘로 올라가기 전에 있었던 사건의 내용입니다. 숙곳에서 이제 형 에서의 칼날을 피하여 나올 때 꿈속에 만나 주셨던 하나님과의 약속을 지키기 위해서 벧엘(Bethel)로 올라가게 되는데, 여기에서 영적인 은혜를 받게 됩니다.

1. 올라가는 것은 벧엘(Bethel)을 회복하는 신앙입니다.

　우리는 야곱처럼 벧엘을 회복해야 합니다. 루스(Luz, 황당하다)가 아니라 벧엘(Bethel, 하나님의 집)로 올라가야 합니다.

　1) 벧엘을 잊지 말아야 합니다.

　하나님께서 만나 주시던 곳입니다. 하나님을 만나는 곳입니다. 20여 년 전

어려운 때에 가는 길을 인도하시며 축복하시던 하나님이십니다.

① 많은 사람이 주신 은혜와 축복을 생각지 않고 벧엘을 잃어버리고 살아가는 현실에서, 다시 벧엘로 올라가는 회복이 있어야 합니다.

야곱은 그동안 엄청난 축복을 받아서 거부가 되었고(창 31:1), 열두 아들을 낳아서 12지파의 근간을 이루게 되었으며, 많은 종을 거느리고 있었습니다. 이제 야곱은 다시 벧엘로 올라가는 신앙을 회복하는 시간이 되었음을 본문에서 고백하게 됩니다.

② 벧엘이 어떤 곳인지 생각해야 합니다.

벧엘은 육적인 곳이 아니라 영적인 곳이며 신령한 곳의 상징적인 장소입니다. 에서의 칼을 피하여 도망쳐 나올 때, 어렵고 힘든 그때 야곱을 도와주시고 인도해 주셨던 하나님을 만난 곳입니다. 다시 돌아오게 해주신다면 이곳(벧엘)에 와서 예배하며 십일조를 드리겠다고 약속하며 서원했던 곳입니다(창 28:20). 이와 같은 벧엘을 잊으면 큰일입니다. (시 50:22)하나님께 서원한 것은 실행해야 하는 것이 마땅한 신앙입니다.

2) 벧엘로 즉시 올라갔어야 했는데 차일피일 미루게 되자 문제가 생겼습니다.

문제가 있을 때 생각해야 합니다. (전 7:13)형통한 때에는 기뻐하지만 문제가 있을 때는 생각해야 합니다.

① 숙곳 지역의 족장 아들이 야곱의 딸 디나를 범하게 되었고, 이로 인해 큰일이 나게 되었습니다.

(창 34:1-)야곱의 아들들과 그곳 지역의 사람들 사이에 큰 문제가 발생하게 되었습니다.

② 자칫 전쟁이 발생할 뻔한 위기였습니다.

야곱의 아들들이 디나와의 결혼 조건으로 그곳 남자들에게 할례를 하게 하였고 그 틈을 타서 그들을 죽이게 되었는데, 그들은 강한 족속으로 이름이 난 브리스 족속이었습니다. (창 35:31)아들들이 말합니다, "그들이 우리 누이를 창녀같이 대우함이 옳으니이까?" 하였는데 어찌 되었든 간에 큰 위기의 순간이 오게 되었습니다. 야곱은 이런 일이 발생하기 전에 벧엘로 올라갔어야 했습니다. 늦었지만 깨닫고 올라가게 되었으니 다행한 일입니다. 우리의 신앙은 늦기 전에 벧엘로 올라가는 신앙이어야 합니다.

2. 벧엘로 올라가는 신앙은 버릴 것을 버려야 합니다.

우리가 벧엘로 올라가는 신앙이 되기 위해서는 버려야 할 것을 과감하게 버릴 줄도 알아야 합니다.

1) 과감하고 결단성 있게 버려야 합니다.

야곱과 그 집 아들들과 종들까지도 끊을 것은 끊고 이제는 다시 결단해야 합니다. 이것이 올라가는 신앙입니다.

① 이방 지역에서 살다 보니 이방인의 것이 따라오게 된 것이고 섞이게 되었는데, 찾아서 과감하게 버려야 합니다.

우리가 세상에 살다 보면 본인도 모르는 사이에 세상적이고 세속적인 것이 따라오게 되고, 불신앙적으로 비쳐지게 됩니다. 그래서 "우상을 버리고"라고 하였습니다. (창 31:30)아버지 라반이 애지중지하던 '드라빔'을 가져와서 감추고 있는 라헬의 모습을 보게 됩니다. 라반이 "어찌 내 신을 도적질하였느냐?" 할 때도 라헬은 아버지를 속이고 드라빔을 가지고 있었습니다.

② 이방 우상을 버려야 합니다.

"너희 중의 이방 신상을 버리고"라고 강조했습니다. 교회 생활을 하면서도 이방인의 것대로 따라가는 것이 있다면 그것은 우상입니다. 버릴 것은 버려야 합니다. 술, 담배는 은혜를 받으면 떠나가게 됩니다. 세속적인 것이 떠나게 해야 합니다. (골 3:5)탐심은 우상숭배로 분류해 주셨습니다. 우리 마음은 성전입니다(고전 3:16). 우리는 성전이 되었음을 잊지 말아야 합니다. (합 2:20)"오직 여호와는 그 성전에 계시니 온 천하는 그 앞에서 잠잠할지어다" 하였습니다. 우리는 숙곳이 아니라 벧엘로 올라가는 신앙이 되시기 바랍니다.

2) 벧엘은 하나님께 예배드리는 곳입니다.

그래서 그 이름의 뜻이 '하나님의 집'이라는 의미를 부여한 것입니다. 벧엘은 하나님께 예배드리기 위한 하나님의 집이라는 사실입니다.

① 성전은 거룩한 곳입니다.

하나님께서 임재하신 임재의 곳입니다. 구약에는 보이는 가시적 건물이나 장소였으나 신약에 와서는 예수님을 모신 곳이 마음의 성전입니다(고전 3:16). 마음에 예수님 외에 다른 것들이 있다면 곤란합니다. 성전은 헬라어로 '나오스'(ναὸς)라고 하는데, 신학자 벵겔(Bengel)은 "그것은 모든 건물 중에 가장 숭고한 곳이다." 하였습니다. 마음의 성전이 주님을 모신 숭고한 곳이 되게 해야 합니다.

② 성전에는 예배가 살아 있어야 합니다.

교회는 예배가 살아 있어야 합니다. 마음에는 늘 예배가 살아 있는 마음으로 유지되어야 합니다. 우리 마음의 성전이 늘 벧엘이 되어서 하나님께 영과 진리로 예배하는(요 4:23-24) 마음이 되기를 힘써야 하겠습니다. 이제 우리는 그 벧엘로 올라가야 합니다.

3. 벧엘로 올라가는 것은 서원을 이행하는 신앙입니다.

(3절) "우리가 일어나 벧엘로 올라가자 내 환난 날에 내게 응답하시며 내가 가는 길에서 나와 함께 하신 하나님께 내가 거기서 제단을 쌓으려 하노라 하매" 하였습니다. 옛 추억 삼아서 그냥 올라가는 것이 아니라 분명한 목적이 있어야 합니다.

1) 벧엘로 올라가는 이유가 분명하였습니다.

이유가 분명해야 합니다.

① 제단을 쌓기 위해서입니다.

하나님께 예배의 제단을 쌓기 위해서요, 이는 하나님과의 약속의 제단입니다. (창 22:9)아브라함도 모리아산에서 이삭을 제물로 드리게 됩니다. (창 26:25)이삭 역시 이방 땅에서 어려움을 당하였지만 그곳에서 제단을 쌓게 될 때 문제가 해결되는 축복을 받게 되었습니다. 축복의 사람들은 예배의 제단이 언제나 살아 있었습니다.

② 성도는 예배에 합당하게 살아야 합니다.

생활에서 축복을 받기 위한 예배가 아닙니다. 예배가 생활의 중심이 되게 해야 합니다. (시 50:1-5)예배드리기 위해서 하나님은 사방에서 모으셨습니다. 예배로 약속된 백성입니다. 야곱은 지금 그 예배의 약속을 위해서 벧엘로 올라가듯이 우리 또한 날마다 벧엘로 올라가야 합니다.

2) 온 가족이 더불어 올라갔습니다.

야곱이 혼자서 올라갔다든지 누구는 제외시킨 것이 아닙니다. 온 가족이 올라갔습니다. 가족 복음화는 그래서 중요합니다. 온 가족이 예배하러 다 함께 올라가야 합니다(출 8:28, 10:11). (행 10:1-)백부장과 고넬료의 가정처럼 되기 위해서 기도해야 합니다. 마귀의 상징인 바로는 예배 신앙에 바르지 못한 조건을 세우는데 여기에 속지 말아야 합니다.

① 야곱의 결심하는 신앙이 완성되기를 축복합니다.

(창 28:22)야곱은 그 서원을 지키며 살기 위해서 지금 벧엘로 올라가는 것입니다. 거기는 예배가 살아 있습니다. 거기는 십일조가 살아 있는 현장이 되었습니다. 거기는 하나님과의 약속이 살아 있는 현장입니다. 우리의 신앙이 약속을 지키는 신앙으로 축복받게 되기를 바랍니다. 넝쿨 식물이 올라가듯 말씀을 붙들고 올라가야 합니다.

② 지금도 벧엘의 신앙은 계속됩니다.

시대가 다르고 입장이 제각기 다르지만 성경이 우리에게 말하는 벧엘로 올라가야 합니다. 세속적으로 내려가지 말아야 합니다. (눅 10:30)예배가 있는 예루살렘을 떠나서 여리고로 내려가던 중에 강도를 만나게 됩니다. 영적 마귀 강도를 만나면 영원히 죽게 됩니다. 은평교회 모든 성도는 이 어려운 시대에 벧엘로 올라가는 신앙을 회복하게 되시기를 예수님의 이름으로 축원합니다.

결론 : 벧엘로 올라가는 신앙입니다.

〈신앙생활〉

농부에게서 배우는 신앙생활

약 5:7-11

　세상을 살아가면서 누구에게든지 어느 분야에서든 모두에게서 배울 것이 많습니다. 그래서 세 사람이 있으면 그중에 한 사람은 나에게 스승이 될 수 있다는 말도 있습니다. 분야별로 볼 때 배울 것이 많이 있습니다. 배우기는 많이 배웠는데 적게 사용하는 사람이 있고 배우기는 적게 배웠는데 많이 사용하는 사람도 있습니다. 문제는 지금과 같이 지식 정보가 빨리 발달하는 시대에는 배우는 것도 한계가 있다는 것입니다. 그래서 지혜의 왕 솔로몬 왕도 (전 1:8-)배우는 일들을 피곤함으로 말하였습니다. 지금은 한글을 늦게나마 깨우치는 수준에서 시작하여 첨단과학적 지식에 이르기까지 모두가 지식이 넘치는 시대입니다. (전 12:11-)여러 책을 짓는 것은 더욱 피곤한 시대입니다. 그러나 우리는 더욱 하나님의 말씀에 귀를 기울이며 천국 복음에 긴장하며 살아야 합니다.

　본문 말씀에서 야고보를 통해서 전해주는 복음은 우리의 신앙생활이 마치 농부의 농사짓는 것에 비유해서 가르쳐주고 있습니다. 실제적으로 땅을 파고 농사짓는 농부도 그리하지만, 주의 성도들 역시 영적 원리를 농부에게서 배우라는 것입니다. 영적 농사를 짓는 농부로서 어떻게 해야 하는지 본문을 통해 은혜를 나누고자 합니다.

1. 영적 농부는 자연 섭리에 순응하는 농부와 같이 하나님의 말씀을 따라서 살아야 합니다.

농사짓는데 자연 섭리는 누구라도 어찌할 수 없습니다. 우리의 신앙생활에서 내 마음대로 하는 것이 아니라 전적으로 하나님 말씀을 따라서 해야 합니다.

1) 농사는 자연 순리에 따르듯이 신앙생활은 하나님 말씀을 따라가는 것이 순리요, 하나님의 백성의 이치입니다.

(막 4:28)"땅이 스스로 열매를 맺되 처음에는 싹이요 다음에는 이삭이요 그다음에는 이삭에 충실한 곡식이라 열매가 익으면 곧 낫을 대나니 이는 추수 때가 이르렀음이라" 하였습니다.

① 농부들은 자연과 더불어 자연 속에 살면서 농사를 짓습니다.

물론 요즈음에는 옛날 재래식 시대와 달리 특별히 짓는 특수 농법들이 개발되어서 겨울에도 농사하는 때가 되었지만 그것은 특수한 경우이고, 여기서는 자연적 계절에 따른 농사를 말하는 것입니다. 하나님께서는 기업이 있으신데 이스라엘 백성이 그 기업이라고 하심과 같이(신 32:8), 우리는 하나님 앞에서 열매가 풍성한 영적 농사꾼들이 되어야 합니다.

② 지금은 기름지고 아름답게 농사짓는 땅이 죄로 말미암아 망가졌습니다.

사막화되어가고 산성화가 급속히 진행됨으로써 기름진 땅이 사라지듯이, 자연뿐만 아니라 세상의 죄악으로 인해 이제는 영적 세계가 더욱 망가져 가는 시대에 살아가고 있습니다(창 3:17-, 사 51:6). 이때 우리는 죄를 버리고 바른 신앙 가운데 서게 되기 위해서 힘써야 합니다.

2) 저주받은 땅이 아니라 축복받은 땅으로 바뀌게 해야 합니다.

마치 산성화된 논을 황토를 깔아서 알칼리성으로 바뀌게 하는 객토 작업과 같은 일을 영적인 땅에서도 실시해야 합니다.

① 우리의 믿음 밭이 알칼리성 땅으로 바뀌게 해야 합니다.

이는 성령과 말씀의 역사로만 가능합니다. 저주받은 믿음 밭이 축복받은 믿음 밭이 되게 해야 하는 작업입니다. (사 24:19-20)저주 같은 땅의 상징성입니다. (마 13:3-)네 가지 밭 가운데 옥토에서 30배, 60배, 100배로 결실하게 됩니다.

② 땅이 축복의 땅으로 바뀌게 해야 합니다.

이는 모두 성령과 말씀으로만 풀어나가는 영적 문제입니다. (시 72:19)그 이름이 영화롭게 해야 합니다. (렘 9:24)진정으로 자랑할 것은 영적 문제가 잘 되는 일입니다. 영적인 농사가 잘 되어서 가을의 풍년가와 같은 찬송과 감사가 넘치는 우리의 영적인 모습들이 되어야 하겠습니다.

2. 농사의 원리는 심은 대로 거두는 것입니다.

농토에는 결실이 풍성해야 하듯이 영적 생활에는 열매로 가득해야 합니다. 그 농사의 원리는 심는 대로 거두게 된다는 것입니다. 어떤 종자(seed)를 심었느냐에 따라서 열매가 달라지는 것과 얼마나 심었느냐에 따라서 분량이 달라지는 수확량의 조절입니다. (갈 6:7)"스스로 속이지 말라 하나님은 업신여김을 받지 아니하시나니 사람이 무엇으로 심든지 그대로 거두리라" 하였습니다.

1) 땅은 정직하기 때문에 심은 씨대로 납니다.

영적으로 똑같은 원리를 가지게 됩니다.

① 심은 것에 따라서 거두며, 심은 분량만큼 수확이 나타나게 됩니다.

이것이 성경이 우리에게 말씀하는 영적 원리요 교훈입니다. (고후 9:6)-"이것이 곧 적게 심는 자는 적게 거두고 많이 심는 자는 많이 거둔다 하는 말이로다 각각 그 마음에 정한 대로 할 것이요 인색함으로나 억지로 하지 말지니 하나님은 즐겨 내는 자를 사랑하시느니라." 땅이 열매를 내듯이 하나님의 보상 법칙도 같은 원리를 배우게 됩니다. 영국 격언에 "땅은 속이지 않는다."라는 말이 있습니다. (롬 2:6, 고후 5:10, 잠 22:8)행한 대로 거두시는 하나님의 법칙을 보게 됩니다.

② 농사의 원리는 영적 원리의 축소판으로 생각하면 됩니다.

농사짓는 것과 같이 우리 역시 영적으로 농사를 짓는 농부에게 비유됩니다. 1년 농사로써 살아가듯이 일회성밖에 안 되는 단회적인 인생 농사에서 영적으로 잘 지어야 합니다. 농사가 잘되면 풍년가를 울리게 되지만 흉년이면 울상을 짓듯이, 예수님 안에서 영적으로 바르게 살면 축복이 영원토록 영광스럽게 되겠지만, 믿지 못하는 불신앙 가운데서 살면 영원히 불행의 그늘 속에서 울게 될 것입니다. 이것이 성경에서 말하는 영원한 세계의 진리입니다.

2) 평생에 한 번 짓는 농사이기 때문에 일회성이지만 축복받아야 합니다.

내가 평생 어떤 신앙생활을 하였느냐에 따라서 마지막 행한 대로 갚으시는 주님의 말씀을 보아야 합니다(마 16:27, 계 22:12). 행한 대로 열매를 거두게 됩니다.

① 수확이 풍성한 마음 밭이 되도록 힘써야 합니다.

마 13:23에서 예수님은 네 가지 밭의 비유를 통해서 천국은 마치 그와 같다고 말씀해 주셨습니다, 농사를 경작할 때에 어려움이 있어도 수확의 기쁨을 소망하면서 참고 견디고 인내함으로써 힘써야 합니다. 욥의 인내로써 교훈해 주셨습니다. 목표가 분명하기 때문에 우리의 목표는 영원한 천국의 영광입니다. (시 126:5-6)울며 씨를 뿌리러 나가는 자는 반드시 기쁨으로 거두게 됩니다.

② 씨가 땅에 뿌려질 때 열매를 거두는 원리입니다.

씨가 땅에 떨어져 죽을 때에 그곳에서 싹이 나고 자라서 열매를 맺게 됩니다. (요 12:24)한 알의 밀알로써 우리에게 복음의 비유를 해주셨습니다. 미국의 부흥 역사를 보면 각 분야마다 희생자들이 많은데, 이어즈 여사는 화학 박사로서 혼자 살면서 캘리포니아주를 중심으로 해서 학교에서 학생들을 성경 공부와 기도와 경건 운동을 통해서 가르친 결과, 그 속에서 빌리그래함, 빌브라잇 목사님 등과 같은 유명 인사들을 배출하게 되었습니다. 희생의 대가는 이렇게 멋지게 열매를 맺게 됩니다. 이와 같은 영적 풍성함이 있어야 하겠습니다.

3. 농부는 농사짓는 자세로 일해야 합니다.

농부는 농부의 자세가 있습니다. 옷 입는 것 하나까지도 농부는 농부의 옷을 입고 일을 해야 합니다. 그리하듯이 성도는 성도의 자세가 있습니다.

1) 농부의 자세 가운데 으뜸은 참고 기다리며 인내하는 것입니다.

(7-8절)"그러므로 형제들아 주의 강림하시기까지 길이 참으라 보라 농부가 땅에서 나는 귀한 열매를 바라고 길이 참아 이른 비와 늦은 비를 기다리나니 너희도 길이 참고 마음을 굳게 하라 주의 강림이 가까우니라" 하였습니다.

① 농사는 기다림의 연속입니다.

비가 오지 않아도 기다려야 합니다. 비가 너무 많이 내려서 홍수가 나도 참고 기다려야 합니다. 비바람 폭풍이 몰아쳐도 그 현실 앞에서 농부는 기다려야 합니다. (행 1:4)예수님은 승천하시기 전에 교훈하시기를 보혜사 성령님이 오실 때까지 기다리라고 하셨는데, 기다리다 그들에게 성령이 임하셨습니다. 신앙생활에서 중요한 것은 기다리고 인내하는 것입니다.

② 고난도 참으며 기다리게 됩니다.

농부는 늘 고생하며 농사를 짓게 됩니다. 신앙생활에는 늘 고난이 따르게 되는데, 기다리며 이겨야 합니다. (롬 8:17)우리는 하나님 나라의 상속자이기 때문에 고난도 함께 받게 됩니다. "참으라"(μακροθυμήσατε, 마크로마사테)는 '인내'(μακροθυμία, 마크로두미아)를 말할 때 사용되는 용어입니다. 농부도 신앙생활도 참고 견디는 자세입니다.

2) 신앙생활은 열매가 목표이지만 그 과정 역시 중요합니다.

농사의 결과는 이삭이요 곡식이지, 껍데기나 지푸라기가 아닌 것과 같습니다.

① 그 목표는 추수 때에 달성하게 됩니다.

추수 때는 세상 끝의 때입니다. (마 13:29)그때에는 알곡도 가라지도 모두 베게 되는데, 알곡은 창고에 들이지만 가라지는 불에 살라 버리게 됩니다. 우리는 마지막 주님 재림하실 때에 천국 창고에 입성해야 할 알곡 성도가 다 되어야 합니다.

② 참고 견디며 인내하다 보면 좋은 일이 있게 됩니다.

(단 3:13-)다니엘의 세 친구의 신앙처럼 현실을 이기는 신앙입니다. 주의 강림이 가깝다(οὖν, 운)는 것은 반드시 온다는 뜻입니다. 우리는 주님 오실 때까지 끝까지 승리하는 영적 농부가 다 되시기를 축원합니다.

결론 : 신실한 농부가 되어야 합니다.

〈신앙생활〉

하나님께서 주신 기회를 사용하라

엡 5:5-21

　살아가면서 성공할 수 있는 기회가 일반적으로 세 번은 온다는 말이 속설처럼 되었습니다. 누구에게나 성공할 수 있는 기회가 평범하게 주어진다는 뜻이 되겠지만, 우리 예수 안에 있는 믿음의 성도들은 그와 같은 속설을 믿고 살아가지 않습니다. 실제적으로 하나님께서 기회를 주셔야 성공한다는 믿음과 확신으로 살아갑니다. 그러므로 기회를 주실 때에 그 기회를 잘 사용해야 하고 확실하게 붙들어야 합니다. 그래서 "시간이 금이다(Time is gold)"라는 말까지 생겼다고 생각됩니다.

　(잠 10:4)"손을 게으르게 놀리는 자는 가난하게 되고 손이 부지런한 자는 부하게 되느니라" 하였고, (잠 6:6)"게으른 자여 개미에게로 가서 그 하는 일을 보고 지혜를 배우라"고 하였습니다. 영적인 일에서도 성경은 우리에게 분명히 말씀하고 있습니다. (롬 12:11)"부지런하여 게으르지 말고 열심을 품고 주를 섬기라" 하였는데, "열심을 품고"(τῷ πνεύματι ζέοντες, 토 푸뉴마티 제온테스)는 우리의 영(spirit)이 성령(the Spirit)으로 인하여 뜨거워지는 것을 뜻합니다. 그러니까 성령으로 충만하여 뜨겁게 일하는 영적인 모습입니다. 교부 크리소스톰(Chrysostom)은 "성령과 사랑이 양편에서 너를 뜨겁게 하는 동안에는 모든 일이 쉬어질 것이다."라고 하였습니다. (고후 6:1)하나님의 은혜를 헛되이 받지 않는 생활입니다. 오늘 본문에서 매사에 기회를 놓치지 말고 잘 사용해야 함을 강조해 주셨는데, 기회 있을 때 뜨겁게 주의 일을 잘 감당하시므로 영적 성공을 누리시기를 축복합니다.

1. 하나님께서 주시는 기회를 잘 사용해야 합니다.

평생을 살아가면서 하나님께서 주시는 기회들이 있는데, 그 기회를 잘 사용해야 합니다.

1) 하나님께서 주실 때 받은 기회를 놓치지 말아야 합니다.

영적인 일이든 육적인 생활이든 매사에 기회를 사용하는 것이 성공의 길입니다.

① 영적으로 은혜도 받을 때 받아야 합니다.

오늘 본문은 에베소 교회에 주신 교회론적 차원에서 우리에게 권고하시는 말씀입니다. 영적이고 신령한 일에 주시는 은혜를 헛되이 받지 말라는 말씀입니다. 은혜받는 것도 반드시 기회가 있을 때 그 기회를 잘 사용해서 은혜를 받아야 합니다. (시 107:9)사모하는 마음이 중요합니다. (창 27:27)야곱이 축복받기를 사모하듯 해야 합니다. (창 25:33)에서는 오히려 빼앗겼습니다. "세월을 아끼라"(ἐξαγοραζοω, 엑사그라조)는 '기회를 사라'는 뜻입니다.

② 산다는 것은 하나님께 기도한다는 뜻이 있습니다.

세월을 아끼면서 시간을 내어서 하나님께 간곡히 기도하는 모습을 보여 주고 있습니다. 마치 (창 32:32)얍복강에서 씨름하는 야곱과 같은 모습입니다. (왕상 18:42)갈멜산에서 기도하는 엘리야의 모습입니다. 기도 없이 은혜받을 수 없습니다.

2) 기회를 잘 활용하지 못하면 두고두고 후회하게 됩니다.

지나고 나면 다시 그런 기회가 올 수 없기 때문입니다. 그래서 기회가 있을 때 잘 활용하는 것이 지혜요 용기입니다.

① 기회를 놓치고 후회해도 소용없고, 그 기회는 다시 돌아오지 않습니다.

살아가면서 그렇게 후회하는 일들이 세상에는 많이 있음을 보게 됩니다. (히 12:16)에서의 경우를 말씀해 주면서 "망령된 자"라 하였습니다. 여기 '망령되다'는 헬라어 βεβηλος(베베로스)라는 말로 'βελος'(베로스, '대문간')에서 나왔는데 '짓밟는다'는 의미입니다. 하나님의 신성을 무시하는 죄를 암시해 주는 말이기도 합니다. 벵겔(Bengel)은 "때때로 단 한 번의 행위가 선악간의 최대의 결과를 가져오는 수가 있다."고 하였습니다.

② 기회는 왔을 때 내 것으로 만들어야 합니다.

세상 모든 일이 그러하듯이 영적이고 신령한 일에도 그 기회를 사용해서 붙잡아야 합니다. 청년들의 결혼문제 역시 기회를 놓치고 후회하는 일들이 종종 있는데, 지혜로운 판단 가운데 기회를 잡아야 합니다.

2. 하나님의 일도 주시는 기회를 잘 잡아야 합니다.

세상의 일에도 기회가 있지만 하나님의 일 역시 기회가 있을 때 해야 합니다. 기회를 놓치면 다음은 보장할 수 없기 때문입니다.

1) 예수님이 십자가에서 몸 버려 죽으신 것은 우리를 구원하시기 위해서였습니다.

예수님은 십자가의 기회를 놓지 않고 죽으심으로써 구원해 주셨습니다. 죽으심과 부활하심으로써 교회가 이 땅에 태어나게 되었습니다.

① 기회 속에는 갈등도 생기게 됩니다.

우리는 아직 세상에 있기 때문입니다. (마 26:39)예수님은 쓴잔을 마다하지 않으시고 십자가를 지시고 죽으시고 부활하심으로 이 땅에 세워진 것이 신약 교회입니다. (행 20:28)예수님의 피 값으로 세우신 교회가 되었습니다. 구원받은 우리는 주의 일에 힘쓰는 기회를 잘 활용해야 합니다.

② 잠시 동안의 갈등은 축복과 은혜의 성공으로 바뀌게 됩니다.

그래서 기회를 잘 활용해야 합니다. "오직 성령의 충만함을 받으라"고 하였습니다. 이 말은 헬라어에서 현재 수동 명령형으로 늘 받는 상태가 되어야 한다는 것입니다. 한번 받고 마는 것이 아니라 늘 성령 충만한 생활을 하도록 힘써야 합니다. 성령님의 은혜 가운데 주어지는 성령님의 도우심입니다.

2) 주는 생활은 끝이 아닙니다.

예수님의 3년 공생애도 전적으로 주시는 생활이었습니다.

① 매사에 모든 것을 베풀어 주셨습니다.

사랑을 주셨고, 온갖 기적과 능력을 베풀어 주셨습니다. (마 14:16)주라고 강조하시면서 주게 되면 후하게 더 축복해 주신다고 하셨습니다(눅 6:38). 예수님은 십자가에 몸 버려 죽으심으로 우리의 죄 문제가 해결되었습니다(롬 4:25). (빌 2:11)"모든 입으로 예수 그리스도를 주라 시인하여 하나님 아버지께 영광을 돌리게 하셨느니라" 하였습니다.

② 믿음의 선진들은 헌신의 기회를 놓치지 않았습니다.

알버트 슈바이처 박사(Albert Schweitzer)는 박사학위가 몇 개나 있었지만 아프리카 선교사로 헌신하게 되었습니다. (딤후 4:6)사도 바울은 인생을 전제처럼 주께 부어졌습니다. 그리고 의의 면류관의 주인공이 되었습니다. 우리에게 이런 헌신이 필요한데, 기회를 잘 활용해야 합니다.

3. 천국 상급을 쌓는 기회를 사용해야 합니다.

우리는 세상적인 개념의 성공도 필요하지만 천국의 상급 쌓는 것을 영원히 중요한 일로 생각해야 합니다.

1) 구원은 예수 믿는 믿음으로 받게 됩니다.

죄악 세상에서 구원받은 은혜는 오직 예수님이 나의 구세주이심을 믿는 믿음으로 받습니다. 예수 그리스도를 구세주로 믿는 믿음이 곧 구원이요 영원한 생명입니다.

① 예수 믿는 믿음 외에 다른 어떤 것으로도 구원받을 수 없습니다.

내 죄를 위하여 십자가에 대속적 죽으심과 생명의 부활을 믿는 믿음에서 받는 구원입니다(고전 15:1-). 마음으로 믿고 입으로 시인하게 되는 믿음입니다(롬 10:9). 하나님의 아들이신 예수 그리스도를 마음에 영접한 믿음입니다(요 1:12, 요일 5:11-). 이런 구원의 기회는 절대로 놓치지 말아야 합니다. 영원한 구원이기 때문입니다.

② 예수 이름 외에 다른 길은 절대 없습니다.

(요 14:6, 행 4:12)여기서 예수 믿는 믿음의 고백과 그 기회를 절대로 놓치면 안 됩니다. 이 믿음이 없으면 구원도 있을 수 없습니다.

2) 믿음으로 구원받는 사람이 헌신하여 봉사한 것에 대하여 주시는 주님의 보상이요 축복입니다.

믿음으로 구원받은 확신이 없는데 천국에 쌓는 것도 문제이지만, 천국에 대한 구원의 확신이 있지만 쌓지 않는 것도 문제입니다.

① 천국에 쌓는 것은 구원받은 사람이 행하는 것입니다.

구원받은 확신이 없으면서 행하는 것도 문제이지만, 구원받은 확신은 있지만 헌신이 따르지 않고 천국에 쌓지 않는 것도 큰 문제입니다. 기회를 선용해야 합니다(마 16:27, 계 22:12, 고전 15:58, 갈 6:9). 예수님은 천국에 보물을 쌓으라고 분명하게 말씀해 주셨습니다(마 6:19).

② 천국이 확실하고 구원을 확신한다면 그곳에 무엇을 가지고 가겠습니까?
믿음으로 가는 나라가 하늘나라인데, 행한 것만이 천국에 고스란히 쌓이게 될 것입니다. 교회론 적인 입장에서 주시는 오늘 말씀을 마음에 단단히 담고 새겨서 기회를 잘 선용해야 합니다. 그리고 천국에서도 이름이 영원히 빛나게 되시기를 예수님의 이름으로 축원합니다.

결론 : 기회를 선용해야 합니다.

〈신앙생활〉

복음에 합당한 생활을 하는 사람들

빌 1:12-30

우리가 세상을 살아가면서 자주 사용하지만 언제 들어도 마음에 닿고 설레고 뛰게 하는 말들이 있습니다. 예를 들면 예수님, 십자가, 죄 사함, 회개, 구원, 천국 등과 같은 용어입니다. 세계화 시대요 글로벌 시대라고 해도 믿음의 성도들에게는 언제나 이 말들만큼 중요한 것은 별로 없을 것입니다. (시 137:1-)마치 유대인들이 바벨론에 포로 가운데 있더라도 그들의 노래를 잊을 수 없었던 것과 같을 것입니다. 하나님의 선택 받은 백성이므로 언제나 영적이고 구속의 은혜가 마음에 각인되어 있기 때문입니다. 그래서 기독교를 복음 종교라고 부르게 됩니다. (롬 7:12)구약의 선민들은 율법을 잘 지켜 행하여야 했듯이, 예수님의 십자가 복음으로 구원받은 백성은 복음에 합당한 생활이 중요합니다.

본문은 사도 바울이 복음을 전하다가 옥에 갇혀 있으면서도 그 일이 진보가 되었다고 했습니다. "진보"(προκοπὴν, 프로코페)는 군대 용어로서 칼빈(Calvin)이 말했듯이, 그런 사실은 이용하여 반대하였던 사람들에게 오히려 능력이 된 계기가 되었습니다. 지금과 같이 어려운 시대에 우리는 복음에 합당한 생활을 해야 합니다.

1. 예수 그리스도의 십자가 복음으로 생활하는 것입니다.

우리가 억만 죄악에서 구원받은 것은 그냥 받은 것이 아니라 예수 그리스도의 십자가 희생을 통해서 받은 은혜입니다.

1) 구원받은 성도의 생활은 어디에서나 희생이 동반됩니다.

십자가의 죽으심과 희생 없이는 구원이 있을 수 없습니다.

① 예수 믿는 사람은 어디에서나 희생을 각오해야 합니다.

그런 측면에서 예수님은 우리에게 세상의 빛이 되고 소금이 될 것을 강조하여 교훈을 주셨습니다(마 5:13-). 신학자 플루머(Plummer)는 "축복도 크지만 책임도 크다." 하였습니다. 벵겔(Bengel)은 말하기를 "소금과 빛은 자연물이고 본질적이고 가장 넓게 사용되는 것이다." 하였습니다. 오히려 감옥에 갇힌 것이 복음의 진보가 된 것입니다.

② 예수님의 십자가 희생은 결과적으로 그 수를 헤아릴 수 없는 영혼을 구원하였습니다.

예수님의 희생으로써 구원받은 그 수를 셀 사람은 없습니다. (계 7:9)아무도 능히 셀 수 없는 큰 무리라고 하였습니다. (요 12:24)한 알의 밀알이 죽음으로 얻게 되는 열매도 셀 수 없게 많습니다. (롬 4:25)예수님은 우리가 범죄한 것 때문에 십자가에 내줌이 되고 우리를 의롭다 하시기 위해 살아나셨습니다.

2) 성도의 희생적 생활은 구원받은 감격에서 하는 것입니다.

영원히 멸망할 자가 구원받아서 살게 된 감격에서 희생도 따르게 됩니다.

① 구원받은 감격입니다.

교회 출석해도 구원의 감격이 없다면 생활이 따를 수 없습니다. 그래서 기독교를 체험의 종교라고 일컫습니다. 확실한 하나님을 만나는 체험이요. 죄 사함의 체험이요 구원받은 체험입니다. (출 15:1-)홍해를 건너가며 찬송이 나오듯이, 구원받은 은혜 속에서 복음에 합당한 생활이 나옵니다,

② 기쁨에서 나옵니다.

바울은 비록 옥에 갇혀 있지만 기쁨을 강조하였고 찬송하였습니다. (빌 4:4)기쁨을 강조하였습니다. (행 16:25)옥 중에서도 찬송하며 기도하였습니다. (갈 5:23)성령의 9가지 열매 가운데 하나가 기쁨(χάρα, 카라)입니다. 영국의 문인 오스카 와일드는 "비애는 마귀의 공장이다." 하였고, 성 어거스틴은 "성난 얼굴은 마귀의 얼굴이요 웃는 얼굴은 천사의 얼굴이다." 하였습니다.

2. 복음의 합당한 생활은 복음에 순종하는 생활입니다.

복음을 믿는다고 하면서 복음에 순종하지 않고 멀리하는 생활은 복음에 합당한 생활이 아닙니다.

1) 복음의 순종자가 되어야 합니다.

내가 구원받은 복음이요, 내가 순종하고 복 받는 복음입니다.

① 복음의 순종자는 예배 생활에 언제나 충실하게 됩니다.

이는 구원받은 성도의 생활 가운데 첫째가 예배이기 때문입니다. (롬 12:1-)하나님이 기뻐하시는 산 제사를 드리는 것입니다. (시 50:1-5)전능하신 하나님께서 사방에서 부르시고 모으신 이유가 예배이기 때문입니다. 따라서 경건한 예배가 늘 있어야 합니다. (출 8:27)출애굽의 이유도 예배였습니다. (레 10:1-)다른 불로 드리면 교만합니다. 오직 성령의 역사로 드리는 예배가 되어야 합니다. 예배는 순종자의 첫째 생활입니다.

② 신앙생활은 말씀 따라서 해야 합니다.

여기에 겁 없이 신앙생활을 하게 됩니다. (빌 1:14)"겁 없이 하나님 말씀을 더욱 말하게 되었느니라" 하였습니다. (행 4:19)겁 없이 전도하며 일하게 되는 이유는 성령의 역사로 된 것입니다. 주의 몸 된 일 역시 겁 없이 합니다. 이는 결심으로나 마음가짐으로 된 것이 아니라 성령의 역사입니다, 나타나는 현상들입니다, 말씀 따라서 일하는 것입니다.

2) 복음의 순종자에게 나타나는 영적 현상이 뚜렷하게 있습니다.

복음을 믿고 따르고 전하는 믿음의 사람에게 따르는 것입니다. 그냥 우연히 나타나는 것이 아니라 확실한 성령의 역사입니다.

① 이 모든 것은 주님을 사랑하기 때문에 나타나는 현상입니다,

사도 바울은 주님을 사랑하였기에 그 사랑의 행동들이 나타났습니다. (8절)매임을 오히려 기뻐하였습니다. 주님을 사랑하기 때문입니다. (요 21:15-, 엡 6:24, 요 13:34)주님은 오늘도 우리에게 질문하십니다. 네가 나를 사랑하느냐고 질문하시는데, 그 답변으로 일해야 합니다.

② 여기에는 헌신과 충성이 나오게 됩니다.

구원의 감격에 따라서 행하는 역사입니다. 복음에 의해 구원받았기 때문에 나타나는 영적 역사입니다. (고전 4:1-)맡은 자에게 요구되는 것은 충성입니다.

(시 101:6)하나님은 지금도 찾고 계십니다. (잠 25:13)이런 사람들이 하나님 마음을 시원하게 해 드리는 것입니다. 따라서 우리는 복음에 적극적으로 순종해야 합니다.

3. 복음에 합당하게 생활하는 것은 복음을 증거하는 것입니다.

이 복음을 통해서 우리가 구원받은 것처럼 이 복음을 전해서 또 다른 사람들을 구원받도록 하는 것이 우리의 중요한 사명입니다.

1) 예수 그리스도 십자가 복음 외에는 다른 길이 없기 때문입니다.

우리 인간을 구원하는 길은 다른 길이 전혀 없습니다(요 14:6, 행 4:12). 따라서 내가 구원받은 이 복음으로써 또 다른 사람들을 그리스도 앞으로 인도해 내는 것이 우리의 사명임을 잊지 말아야 합니다.

① 복음에 합당하게 생활하는 것은 이 복음을 전하는 것입니다.

성경은 우리에게 분명히 전해주고 있습니다. (마 28:18-)이를 일컬어서 위대한 명령(The Great commandment)이라고 합니다, "너희는 온 천하에 다니면서 만민에게 복음을 전하라" 하였습니다. 오늘 본문에도 (26절)"예수 그리스도 안에서 너희 자랑이 나를 인하여 풍성하게 하려 함이라" 하였습니다. 우리 모두는 그리스도 복음을 전하는 증인이 되어야 합니다.

② 복음에 채무자들입니다.

바울이 옥중에서도 이렇게 복음 전하는 것은 채무자이기 때문입니다. (롬 1:14)"헬라인이나 야만인이나 지혜 있는 자나 어리석은 자에게 다 내가 빚진 자라 그러므로 나는 할 수 있는 대로 로마에 있는 너희에게도 복음 전하기를 원하노라" 하였습니다. 고뎃(Godet)은 "바울은 그의 받은 은혜와 직분으로 인하여 모든 사람에게 그의 생명과 인격으로 빚졌던 것이라." 하였습니다.

2) 복음에 합당하게 생활하는 사람들은 세상 끝까지 전도합니다.

살아 있을 동안에 갚는 전도 생활입니다.

① 살든지 죽든지 내 몸에서 그리스도가 존귀히 되게 합니다.

(20절)내게 사는 것이 그리스도니 죽는 것도 유익하기 때문입니다. "부끄러워하지 아니하고"는 수동태로서 남들에게 이 복음 때문에 부끄러워하지 않는다는 것입니다. 바울 사도의 사생관(死生觀)이 여기에 있습니다.

② 복음 때문에 구원받아 영원한 천국을 얻게 되었으므로 복음을 위한 삶이 되어야 합니다.

(고전 10:31)먹든지 마시든지 모두 하나님의 영광이 되게 살아가는 것입니다. 은평교회와 우리의 삶의 목적이 복음을 위한 길이 되시기를 예수님의 이름으로 축원합니다.

결론 : 우리는 복음 안에서 살아가야 합니다.

〈신앙인의 모습〉

불이 꺼지지 않게 하라

레 6:8-13

　이 세상에는 불로 말미암아 모든 에너지가 산출되고 움직여지게 됩니다. 그래서 이 불이 어디에서나 존재하고 사용됩니다. 거대한 공장이나 기계들도 불이 꺼지면 모두 멈추게 되고 생산이 불가능하게 합니다. 지구의 지표 아래 땅속에도 거대한 불이 끓고 있는데, 마그마라는 이 불이 타고 있기에 지구의 생명체들도 살아가게 됩니다. 태양 역시 불로 구성되어 있어서 지구의 생명체에게 에너지를 공급합니다. 이와 같은 물리적 불(火)도 중요하지만, 신앙적이며 영적 측면에서 성령의 불은 필수적입니다.

　(눅 12:48)예수님은 이 땅에 불을 던지러 오셨다고 했습니다. 신학자 중에 벵겔(Bengel)이나 빈센트(Vincent)는 이 불을 성령의 불이라고 하였습니다. 영적인 이 불이 꺼지거나 약화 되면 (눅 18:8)믿음을 찾아볼 수 없습니다. (마 24:12)불법이 판을 치고 사랑도 식어집니다. (엡 6:23-24)변함 없이 사랑하는 사랑도 약화 됩니다. 예수님의 재림의 징조가 확실할수록 성령 충만과 성령의 불이 뜨겁게 역사하는 교회(행 2:2)가 되어야 합니다. 본문에서 보면 광야 생활에서 하나님께서 본래 주신 그 불을 꺼지지 않게 주의하라고 하셨습니다. 이 불로써 제사법전에서 행해지는 모든 영적 생활이 진행되었듯이, 오늘날 예배를 비롯해서 모든 신앙생활이 성령의 역사로 이루어져야 합니다.

1. 번제를 드릴 때 그 불로 드려야 합니다.

　양이나 송아지, 염소, 비둘기를 잡아서 번제단에서 태워 드릴 때도 이 불로 드렸고, 가루를 통해서 드려지는 소제에도 이 불로써 익혀서 드렸습니다.

1) 번제단까지 오는 동안에 순서가 있습니다.

이 순서는 제물이 되기 위한 순서입니다.

① 끌고 온 짐승의 머리에 안수했습니다.

제사 드릴 사람이 죽는 대신에 그 짐승이 죽기 위한 죄의 전가적인 행위입니다. (레 1:4)그 짐승에게 죄를 전가하고 죽게 하였는데 이것이 제물입니다.

② 잡는 곳에 가서 죽이고 잡게 되는데, 이때 피를 흘리게 됩니다.

(출 12:9)태울 것은 태우게 됩니다. 이때에도 불로써 집행됩니다.

③ 회막에 피를 뿌렸습니다.

(레 1:5)유월절에 문과 문설주에 피를 바르듯이(출 12:22, 히 9:22), 이것은 예수님의 피 흘림의 역사를 보여줍니다(요 1:29, 롬 4:25).

④ 그 짐승의 가죽으로 옷을 만들어 아담과 하와에게 입혀 주셨습니다.

(창 3:21)그 피의 공로와 의가 입혀지게 됩니다.

⑤ 전부를 불태우게 됩니다.

(레 1:9)"불살라 번제로 삼을지니 이는 화제라" 하였습니다.

2) 이 번제단은 예수 그리스도를 상징적으로 보여줍니다.

십자가에서 피 흘린 예수 그리스도이십니다.

① 이제는 피 흘림이 필요 없습니다.

(히 10:18)예수님께서 완전히 이룩하셨기 때문입니다. 이를 증거하는데 성령의 불로써만 가능한 일입니다. 그래서 교회는 불이 꺼지지 말아야 합니다.

② 구약의 모든 제도는 본체이신 예수 그리스도가 오셔서 완성하실 때까지 맡겨주신 것입니다.

(히 9:12)이제는 예수님이 완성하셨습니다. 이 복음 전파에 필수로 역사하심이 성령의 뜨거운 불의 역사입니다. 예수 그리스도는 나무에 달려 죽으심으로 저주를 한 몸에 지셨으나(신 21:23), 부활하심으로 그를 믿는 모든 성도에게 죄 용서와 하나님의 자녀가 되는 특권을 주셨고(요 1:11-12), 이를 믿게 하고 확신을 주시는 분이 성령이십니다. 그 성령님은 뜨거운 불과 같이 초대교회에 강림하신바(행 2:1) 그 불이 꺼지지 않게 해야 하는 것이 중요합니다. 그래서 모든 제사법전에서 이 불이 꺼지지 않게 하라고 하셨습니다.

2. 역사적으로 불의 능력들을 보시기 바랍니다.

불로 역사하셨던 능력의 역사를 보아야 합니다. 이는 인위적인 불이 아닌 하나님의 역사로 진행되는 성령의 불의 현장입니다. 인위적인 불이 아니라 하나님의 불입니다.

1) 이 불은 최초에 하나님께서 주신 불입니다.

이 불이 아니라 다른 불을 드리게 되면 큰일이 납니다. (레 9:24, 10:1-)제물을 드릴 때 여호와의 불이 나와서 제물들을 태우게 되었고 백성은 소리 지르고 엎드렸습니다. 그러나 나답과 아비후가 하나님이 명하시지 않은 다른 불을 드리게 되는데 진짜 여호와의 불이 나와서 두 사람이 즉사하게 되었습니다.

① 모든 제물은 여호와께서 처음에 주신 불로만 드려야 합니다.

여호와께서 광야 생활을 하는 그의 백성에게 주신 불인데, 이 불이 꺼지면 안 됩니다. 오직 이불로만 제단에서 제물을 드릴 수 있었습니다. 광야에서 광야교회(행 7:38)가 이루어졌고 그 광야교회가 하나님께 드리는 예배 행위가 이 불로써 이루어지는 것이 제사법전의 중요한 부분이었습니다.

② 성령님께서 역사하심을 믿는 신약 교회의 모델입니다.

구약 교회가 불이 꺼지면 안 되듯이 신약 교회도 오순절 성령의 역사(행 2:1-)로 말미암아 역사하셨던 그 성령의 불이 꺼지지 않도록 해야 합니다. 요즈음 기도 제목 중의 하나가 시골교회에서 성장할 때에 마룻바닥 위에서 기도하던 그 불이 계속되게 해 달라는 것입니다. 한국교회가 초창기에 있었던 성령의 강하게 역사하심이 주의 백성에게 다시금 불붙듯 일어나도록 기도해야 하겠습니다.

2) 불이 꺼지지 않도록 잘 보관하고 관리해야 합니다.

화로에 담긴 불씨가 꺼지지 않도록 정성으로 관리하듯이 최초에 은혜받고 성령 체험할 때의 그 은혜가 간직되도록 힘쓰고 노력해야 합니다. 신앙생활은 정성이 반드시 필요합니다.

① 광야에서도 이 불씨를 가지고 있었습니다.

불씨를 화로에 담아서 이동하였고, 필요할 때 불씨를 사용해서 제사법전을 집행했습니다. (사 31:9-)이사야 선지자는 전하였습니다 "여호와의 불은 시온에 있고 여호와의 풀무는 예루살렘에 있느니라" 하였는데, 유대인들은 언제나 간직하였음을 보여주는 대목이기도 합니다. 그리하듯이 오늘날 하나님의 교회에 중요한 것은 성령 불이 언제나 충만해야 한다는 것입니다. 그리고 성도들은 교회에서 성령 충만을 받아야 합니다.

② 불이 꺼졌던 때가 역사상으로 있었습니다.

주전 586년 바벨론 느부갓네살 왕의 침공으로 백성이 모두 바벨론으로 포로되어 잡혀갔고, 성전이 무너지고 망했던 때였습니다(대하 36:21). 칠십 년 동안 모든 것이 무너지는 때였습니다. 모세 시대부터 약 600년 내려오는 불이 꺼지게 된 현장이었습니다. 불이 꺼지는 것은 교회가 망하는 때입니다. 따라서 말세 때를 지나면서 하나님의 교회는 더욱 성령으로 충만해야 합니다. 핍박과 일본 36년 그리고 6.25 때도 불이 꺼지지 아니했으나 코로나19로 인해서 교회에 문제가 생겼습니다.

3. 교회의 불이 꺼지지 않도록 주의해야 합니다.

구약 광야교회로부터 시작된(행 7:38) 그 불이 꺼지지 않도록 늘 힘쓰고 노력해야 합니다. 오순절 때부터 지금까지 교회사의 흐름 속에 타오르는 영적인 불이 꺼지지 않도록 힘써야 합니다.

1) 구약 시대의 불을 알아야 합니다.

이미 언급하듯이 영적이고 신앙적인 불입니다. 그 불이 신약 시대에는 무슨 뜻이며 어떤 불입니까? 전기 불, 가스 불, 석유 불과 같은 물리적이거나 화학적인 불이 아닙니다.

① 이 불은 성령의 역사하심으로 이루어진 불입니다.

(행 2:1-)초대교회 오순절 날에 성령의 역사가 불의 혀 같이 갈라지는 모습으로 임하셨습니다. 신학자 노울링(Knowling)은 "들리는 표적에 보이는 표적으로 나타났다." 하였습니다. 성령은 바람같이, 기름같이, 이슬같이, 비둘기같이, 인(印)같이 등의 많은 표현이 있는데, (살전 5:9)"성령을 소멸하지 말라"고 하였습니다.

② 기도의 불입니다.

성령님은 기도하는 곳에 임재하였으므로 이 불이 꺼지지 말게 해야 합니다. 기도의 불은 계속해서 붙여야 합니다. (살전 5:16)"쉬지 말고 기도하라"(pray continually) 하였습니다.

③ 경건 생활의 불입니다.

경건이 깨지면 경건의 불이 꺼지게 됩니다. 늘 기도하며 경건에 힘써야 할 때가 되었습니다. (딤전 4:7)"경건에 이르도록 네 자신을 연단하라 육체의 연단은 약간의 유익이 있으나 경건은 범사에 유익하니 금생과 내생에 약속이 있느니라" 하였는데, 이 불이 꺼지지 않게 해야 합니다. (마 25:1-)이 불이 꺼지면 주님이 오실 때에 곤란합니다. 빈 등만 가지고 있으면 곤란합니다.

2) 이 불이 꺼지지 않도록 유지해야 하는 이유를 알아야 합니다.

자유가 팽배해서 멋대로 신앙생활 하는 때일수록 불이 꺼지기 쉽습니다.

① 이 불은 말씀의 불이므로 타오를 때까지 지상교회의 사명인 전도하고 선교하는 일에 힘써야 합니다.

구약 시대에는 '여호와께서 이르시되'로 통하였지만 말세 때는 사람들의 마음이 강퍅해져서 그것으로 통하지 않는 시대가 되었습니다. (렘 23:29)이럴 때일수록 교회는 반석을 부수고 태우는 불과 같은 말씀의 불이 뜨겁게 역사해야 합니다.

② 끝까지 믿음을 유지하는 길은 불이 꺼지지 않도록 하는 것입니다.

말세 때는 믿음이 약한 시대이기 때문입니다. (눅 18:8)믿음이 없어지는 시대입니다. (요 1:12)구원은 믿음으로 받습니다. (히 11:6)믿음이 없으면 하나님을 기쁘시게 할 수 없습니다. (마 15:28)비록 이방인 여인이지만 믿음으로 큰 축복을 받았습니다. (요 21:15)사명 감당도 믿음이 있을 때 가능합니다. 레위기에서 주신 불이 마지막 때인 지금 은평교회 성도 모두에게 뜨겁게 타오르게 되기를 예수님의 이름으로 축원합니다.

결론 : 불이 꺼지지 않도록 해야 합니다.

〈신앙인의 모습〉

지혜로운 시간 관리자
엡 5:12-18

　시간은 무슨 일이 있든지 그대로 흘러가기 때문에 인위적으로 멈추게 할 수 없습니다. 차라리 흘러가는 물은 뚝을 쌓아서 멈추게 한다든지 댐을 만들어서 모아 둘 수 있어도 시간은 도무지 멈추게 하거나 가둘 수 없습니다.
　유행가 가사 가운데 고장 난 벽시계는 멈추어 있지만 시간은 멈추지도 않고 잘도 간다는 것이 있습니다. 그 노래 가사처럼 인생의 모든 것이 흘러가게 됩니다. 부귀영화도, 고난의 시간도 흘러서 과거를 지나가게 됩니다.
　부귀영화를 누렸던 사람 솔로몬은 (전 12:13-14)하나님을 경외하고 그를 섬기라고 전하면서 "하나님은 모든 선악 간에 심판하시리라" 하였습니다. 한번 가면 올 수 없는 세월 속에서 그리스도인들은 더욱 시간 관리를 바르게 해야 합니다.
　"세월"을 헬라어에서는 일반적으로 카이로스(Καιρός)라고 하는데 '적절한 시간'이라는 뜻으로 하나님께서 운행하시며 관리하는 시간을 뜻합니다. "아끼다"는 '엑싸고라죠'(ἐξαγοράζω)라고 하는데 '사들이다, 속량하다'는 뜻을 가지고 있습니다. 하나님께서 주신 시간을 어떻게 살아가느냐는 중대한 의미가 담겨 있습니다. (벧후 3:11-)어떻게 살 것인가를 분명히 제시해 주십니다. 자동적으로 소멸되는 시간이지만 잘 사용할 때 유용합니다. (딤후 4:6-)사도 바울은 달려갈 길을 잘 달려간 간증을 전했는데, 결과는 의의 면류관을 받게 되었다는 것입니다.

1. 시간 사용에도 분명한 목표가 있어야 합니다.

시간은 열심히 분주하게 일하는 사람에게나 일하지 않고 노는 사람에게나 다 지나갑니다.

1) 목표가 분명해서 그 목표에 의해서 시간이 흘러가게 해야 합니다.

그리스도인들에게는 무슨 일을 하든지 하나님의 영광(고전 10:31)을 목표로 세워야 합니다.

① 시간 사용에는 하나님께서 영광을 받으시게 해야 하는 당위성이 분명해야 합니다.

24시간의 하루, 365일의 1년은 톱니바퀴와 같이 자동적으로 운행되는 분명한 습성이 있습니다. "세월을 아끼라 때가 악하니라"를 영어성경(N.I.V)에는 "making the most of every opportunity, because the days are evil." 즉 '기회로 만들어라'(making) 하였습니다. (잠 6:6)게으르지 말아야 합니다.

② 그냥 흘러가는 세월 앞에 신세타령만 하고 있지 말아야 합니다.

무슨 타령, 무슨 탓하면서 앉아만 있으면 그 시간도 속절없이 그냥 지나갑니다. 꿈을 꾸고 미래에 비전(vision)이라도 가져야 합니다. (빌 2:13)우리 안에서 행하시는 분은 하나님이십니다. 소원을 가지고 나가야 합니다. 신학자 빈센트(Vincent)는 "소원과 행함, 이 두 가지는 하나님께서 주신 것이다."라고 하였습니다. 어거스틴(Augustine)은 "우리는 소원한다. 그 소원을 하나님께서 우리 안에서 일으키신다." 했습니다.

2) 시간 관리하는데 내일에 시간을 투자하고 있느냐는 것입니다.

똑같은 시간에 무엇을 하느냐에 따라서 시간의 가치가 달라집니다.

① 세상적이고 세속적인 일에만 투자하며 사는 사람들이 대부분입니다.

그 삶과 인생 속에 하나님이 없이 맹탕으로 보내는 인생입니다. (빌 3:18-)사도 바울은 눈물로써 호소했는데, 그들의 시간의 끝은 멸망이요 그 종착역입니다. 그러나 우리는 시민권이 하늘에 있는 사람들입니다.

② 나의 영혼뿐만 아니라 타인의 영혼을 구원하는 목적을 가져야 합니다.

먼저 그리스도를 믿고 구원받은 성도의 모습입니다. 모래시계는 모래가 다 밑으로 떨어지면 끝이지만 인생의 여정의 끝은 이 세상이 아닙니다. 영원한 세계인 천국과 지옥이 분명합니다. 그래서 천국을 준비하며 살아가는 시간 관리가 중요합니다.

2. 시간 사용에는 지나가는 시간에 관심 가지기보다는 앞으로의 시간에 더 힘써야 합니다.

가치의 시간은 속절없이 지나가기 때문에 과거에 묶여 살지 말고 미래의 길을 목표 삼아 현실을 순간순간 충실하게 살아야 합니다.

1) 모든 것은 때가 있고 기한이 있으며 시작과 끝이 있습니다.

(전 3:1-)"범사에 기한이 있고 천하 만사가 다 때가 있나니 날 때가 있고 죽을 때가 있으며 심을 때가 있고 심은 것을 뽑을 때가 있으며" 하였는데 모든 것에는 시작과 끝이 있습니다.

① 바울의 생애를 보면 오직 예수 그리스도가 푯대였고 목표였습니다.

예수를 믿고 예수를 안 다음에는 모든 것을 배설물 같이 버리고 (빌 3:8)오직 예수 그리스도만을 푯대로 삼고 달려갈 길을 달려간 생애였습니다. "그러나 무엇이든지 내게 유익하던 것도 내가 그리스도를 위하여 해로 여김은 내주 그리스도 예수를 아는 지식이 가장 고상함을 인함이라 내가 그를 위하여 모든 것을 잃어버리고 배설물로 여김은 그리스도를 얻고 그 안에서 발견되려 함이라." 오직 예수가 삶의 전부였습니다.

② 쓴잔이든지 기쁨의 잔이든 간에 과거에 매이지 않고 미래를 잘 달려가야 합니다.

뒤를 계속 되돌아보는 것은 결코 유익하지 못합니다. 과거를 보면 누구에게나 좋은 일이든 나쁜 일이든 간에 각자의 사연이 있습니다. 가슴 아픈 사연이든지 기분 좋은 사연이든지 거기에 매여서 움직이지 못하면 그 사슬을 끊어야 합니다. 그리고 은혜 속에서 강건한 믿음을 가지고 힘써서 미래를 향하여 움직여야 합니다. 이것이 그리스도인들의 사는 방법입니다. (마 28:20)우리 주님은 언제든지 그의 백성과 함께 계십니다. (신 1:31-)광야 생활이지만 몸에 안고 가시듯이 주의 백성들과 함께 하시고 같이 가십니다.

2) 예수님 안에서 시간 관리를 잘하여 생산적으로 살아가는 방법을 알아야 합니다.

과거의 어려움이 또다시 없다고는 볼 수 없고, 과거의 화려함이 앞으로 계속

진행된다는 보장이 있는 것도 아닙니다.

① 기도하며 살아가야 합니다.

하나님의 거룩하신 말씀을 붙들고 기도 중에 나아가는 것입니다. (창 32:32-)야곱은 얍복 나루에서 기도 중에 밤새도록 천사와 씨름하여 이김으로 그 이름이 이스라엘로 바뀌었습니다. (렘 32:2)옥에 있는 예레미야에게 부르짖으라고 하였습니다. (행 16:26)바울과 실라는 옥중에서도 찬송하며 기도하였습니다. (단 6:10)다니엘은 사자 굴에 들어가는 위기에서도 기도를 쉬지 않았습니다. 이들은 모두 응답을 받게 되었고 결과가 좋게 되었습니다.

② 현재 시간을 감사 가운데 보내야 합니다.

감사하면서 현재를 보내게 될 때 열매를 맺히게 될 것입니다. (살전 5:16-)범사에 감사하는 일입니다. 교부 크리소스톰(Chrysostom)은 "환난 중에도 기뻐하는 방법은 쉬지 않고 기도하는 것이다." 하였습니다, 감사하며 살아야 합니다.

3. 내가 살아가는 의미를 깨닫고 시간을 사용해야 합니다.

내가 태어나서 살아가는 것은 세상 사람들이 말하듯이 그냥 우연히 자연 발생적으로 태어나서 살아가는 것이 절대로 아니라는 것입니다.

1) 우리는 태어나는 것 자체가 하나님의 시간 속에 있습니다.

우연히 태어나서 우연하게 살아가는 것이 절대로 아닙니다. 우리는 하나님의 예정과 계획과 섭리 중에서 태어나서 살아가는 존재입니다.

① 이것은 신학적으로 하나님의 예정과 섭리라고 합니다.

예정(Predestination)과 섭리(providence)라 합니다. (엡 1:3-)창세 전에 예정되었는데, 그리스도 예수 안에서 구원받게 되었습니다. 창세 전부터 영원한 세계에 이르기까지 모두 그 시간은 하나님께서 운영하고 계심을 잊지 말아야 합니다.

② 내가 오늘날 살아가는 의미를 믿음 안에서 생각해야 합니다.

우연히 살다가 없어지는 인생이 아닙니다. 모두가 하나님의 예정하심과 섭리하심의 시간 속에 있습니다. 내가 직분을 가지고 있는 것은 우연이 아니라 하나님께서 주신 시간 속에서 일하라고 주신 것입니다. 따라서 이런 사람은 시간 관리를 잘하는 사람이 됩니다.

2) "때가 악하니라" 하였습니다.

세상은 갈수록 좋아지는 것이 아니라 악해집니다. 세상이 악해진다고 해서 거기에 맞추어 살면 곤란합니다.

① 세상이 악해도 구별된 시간을 사용해야 합니다.

세월을 아끼라고 하였습니다. 피차 복종하라 하였는데, 엘리콧(Ellicot)은 "서로가 도덕적 의무를 다하는 생활이다." 하였습니다. 그렇지 않으면 교회 안에서 시끄럽게 변하기 때문입니다. 각자가 자기 입장만 이야기하는 것이 아니라 서로 섬기고 복종해야 합니다. 그 시간은 내 시간이 아니라 하나님이 주신 시간이기 때문입니다.

② 하나님이 주신 시간 속에서 풍성한 열매와 축복이 따라야 합니다.

내 인생 광주리에 무엇이 담겨있는가를 보아야 합니다. (갈 5:23-)성령의 아홉 가지 열매라든지 (마 25:19-)착하고 충성된 종이라는 칭찬의 열매가 담겨있어야 하겠습니다. 흘러가는 시간 속에서 시간 관리 잘해서 칭찬 듣는 성도들이 다 되시기를 예수님의 이름으로 축원합니다.

결론 : 시간 관리가 중요합니다.

〈신앙인의 모습〉

새로운 피조물입니다.

고후 5:11-19

예전에는 못쓰게 된 물품들을 무조건 버리는 게 상책이었으나 지금은 재활용이라는 용어가 인기가 있게 되었습니다. 플라스틱, 스티로폼, 철재류, 종이 박스에 이르기까지 재활용하게 됩니다. 재활용을 통한 산업이 인기가 있는 것을 보게 됩니다. 하나님께서는 인간을 창조하시는데 아담을 만드셨고 혼자 있는 것이 좋지 않게 보이므로 아담을 잠들게 하신 후에 아담의 갈비뼈를 취해서 하와를 지으셨습니다. (창 1:26-28)축복된 인간으로 살게 하셨지만, 금단의 열매인 선악과를 따 먹고 하나님 말씀에 불순종하는 결과로 인해서 (창 3:17-)저주의 길을 걷게 되었습니다. 결국 하나님께서 주신 본성도 지위도 영광도 모두 상실하게 되었고 망하게 되었습니다. 그러나 하나님은 독생자 예수 그리스도를 세상에 보내시어 십자가에서 인간의 모든 죄를 지게 하시므로 속죄하셨습니다. 이제 이를 믿는 자는 다시 새롭게 태어나서 새로운 피조물이 되었습니다. 오늘 본문에서 (17절)분명하게 말씀합니다. "그런즉 누구든지 그리스도 안에 있으면 새로운 피조물이라 이전 것은 지나갔으니 보라 새 것이 되었도다" 이제 우리는 예수 안에서 새로운 피조물과 하나님의 자녀(요 1:12)의 신분으로 살게 되었습니다.

1. 예수님을 믿고 새롭게 된 것은 새로운 심장(마음)을 가진 것입니다.
  예수님 안에서 새롭게 된 심장이 뛰고 있는 것입니다. 예수님 안에서 새로운 마음으로 살아가는 것을 말합니다.

1) 예수를 분명히 믿는 사람은 새롭게 태어난 존재입니다.

신학자들은(Alford, Bernard, Hodge) 말했습니다. "새롭게 태어난 사람은 새로운 피조물"이라는 것입니다. (겔 36:25-)성령으로 새롭게 되고 변화되었기 때문에 지옥 가는 쓰레기가 아니라 천국 시민권자(빌 3:20)가 된 것입니다.

① 예수님 안에서 새로운 심장을 가지게 된 것입니다.

옛말과 같이 타락된 아담 안에서 살다가 지옥 쓰레기통에 들어가는 존재가 절대로 아니라는 것입니다. (마 25:41)마귀 따라 지옥 갈 사람이 아닙니다. (빌 1:8, 2:5-)예수님의 마음을 가지고 살아가는 천국 백성입니다. 여기에서 "마음"(φρονεω, 프로네오)은 의지와 감정이 겸비된 심적인 감정을 뜻하는데, 예수님 마음으로 사는 것을 말합니다.

② 새로운 심장은 새로운 마음입니다.

그래서 새로운 피조물이라 하였습니다. 신학적으로는 우리 신학과 거리가 있지만 폴 틸리히(Paul Tillich)는 이를 두고 '새로운 존재'라고 해석하였습니다. 그리스도 안에서 변화 받은 마음으로 (요 3:4)물과 성령으로 거듭난 상태입니다. 니고데모는 '백성의 승리'[니고/νικη(니코), 데모/δημος(데모스)]라는 뜻의 이름이었지만 새롭게 나지 않으면 천국에 갈 수 없는 존재였습니다. (롬 6:1-, 골 3:3, 엡 4:22-23)새롭게 변화되어서 하나님 안에 있는 존재가 되어야 합니다.

2) 이제는 옛것은 지나고 새것이 되었습니다.

(찬 436)찬송가 가사와 같이 새롭게 되었습니다. 이것이 진짜 예수 믿는 것입니다.

① 예수 믿고 새롭게 거듭난 사람은 살아가는 모습이 다릅니다.

똑같이 살아가는 것 같이 보이지만 분명히 생활이 다릅니다. 살아가는 목적 방식 태도 등 타락 된 상태에서 예수를 알기 전과는 분명히 다르다는 것입니다. 완벽하지는 않지만 점진적인 성화의 길을 걷게 됩니다.

② 자연 상태에서 살다가 지옥으로 가는 죄 아래의 인간이 아니라는 것입니다.

아담 안에서는 죽게 되었지만, 이제는 예수 안에서 살게 된 존재입니다. (고전 15:22)아담 안에서 모든 사람이 죽은 것 같이 그리스도 안에서 모든 사람이 삶을 얻으리라 하였습니다. 가는 목적지가 천국이요 하나님 나라이기 때문에 생활권이 다르게 됩니다. 그러므로 우리는 예수 그리스도 안에서 변화된 참된 그리스도인으로서 새롭게 축복받는 대열에 있기를 축원합니다.

2. 새로운 피조물 된 사람은 달라진 것이 분명합니다.

우리는 날마다 생활이 예수 믿고 달라져야 합니다. 달라졌다는 것은 바뀐 상태를 말합니다.

1) 예수 안에서 옛것은 죽고 다시 태어났기 때문입니다.

(15절)"그가 모든 사람을 대신하여 죽으심은 살아 있는 자들로 하여금 다시는 그들 자신을 위하여 살지 않고 오직 그들을 대신하여 죽었다가 다시 살아나신 이를 위하여 살게 하려 하심이라" 하였습니다.

① 이제는 감정까지 새로워져야 합니다.

사람이 느끼는 감정 세계에서 희, 로, 애, 락, 애, 오, 욕 등의 감정들이 전에는 전적으로 자기 자신의 중심에서 발동되었지만, 이제는 예수 안에서 철저하게 초점이 맞추어져야 합니다. (롬 6:1-9)이제는 예수와 함께 십자가에 못 박혀 죽었고 새롭게 예수와 함께 다시 살게 되었기 때문입니다. 타락된 옛사람의 형태는 십자가에서 죽었습니다. 이제는 불의의 병기가 아닌 의의 병기로 살아야 합니다. (빌 4:4)바울은 옥중에서도 기뻐하라고 외치고 있습니다. (행 16:25)옥중에서도 찬송하는 모습입니다.

② 새로운 의지와 결단이 중요합니다.

전에는 나만을 위한 의지였으나 이제는 예수님 안에서의 의지가 중요합니다. 그래서 바울은 언제나 성령님께서 인도하는 순종자가 되어서 사명을 감당하였습니다. (행 16:8-)바울의 전도 여정에서 볼 때 교훈이 됩니다. 본래 계획은 아시아에서 전하려 하였으나 일정이 바뀌었는데, 성령님의 인도에 따라서 바뀌게 된 것입니다. 성령의 온전한 순종자입니다. (행 8:26-)빌립 집사의 전도일정에서 교훈을 얻게 됩니다. 성령의 인도에 따라서 광야로 가게 되었는데 에티오피아 여왕의 국고를 맡은 관리를 만나서 복음을 전함으로써 에티오피아가 이천 년간 기독교 국가로 세워지는 계기가 되었습니다. 성령의 순종자로서 이제는 예수님 안에서 살아야 합니다.

2) 성령님은 오셔서 우리에게 무슨 일을 할 수 있도록 도와주십니다.

인간은 다 똑같은데 무슨 일을 어떻게 할 수 있냐고 묻습니다. 물론 인간의 타락된 본 모습에서는 할 수 없는 것이 사실입니다.

① 그러나 성령께서 오셔서 도와주실 때는 달라지게 됩니다.

물과 성령으로 거듭난 심령이 되어서 내 마음을 성전 삼으시고(고전 3:16) 내 주해 계시기 때문에 달라지는 것입니다. (롬 8:26)성령님은 내주해 계시면서 우리의 연약함을 도와주십니다.

② 여기에서 오는 기쁨은 세상적인 기쁨이 아니라 성령님이 주시는 것입니다.

믿음으로 살았던 사람들이 다 그러합니다. (벧전 1:3-)사도 베드로는 핍박 때문에 흩어진 나그네들에게 "찬송하리로다"라고 하며 격려했습니다. 죽으심과 부활을 통하여 시들지 않고 쇠하지 않는 천국의 기업과 영원한 소망이 분명하기 때문에 기뻐하는 것입니다. 이것이 예수님 안에서 변화 받은 사람들의 모습입니다.

3. 옛사람은 죽고 새롭게 되어 살았던 사람들을 보시기 바랍니다.

죄악 세상에서 태어나 죄를 짓다가 마귀와 죄의 노예로 살다 이제는 예수님을 만나서 새롭게 태어나고 바뀌게 되었습니다. 세상적 인기와 부귀영화를 떠나서 철저하게 신앙적 입장이 되었습니다.

1) 예수님을 만나면 변화하게 됩니다.

십자가를 지시고 삼일 만에 부활하시며 40일간 제자들과 함께 계시다가 승천하시고 하나님 보좌 우편에 앉아 계시다가 멀지 않아 재림하실 예수 그리스도를 성경 말씀을 통해서 만나야 합니다.

① 성경에서 보겠습니다.

예수님을 만나서 변화받은 사람들입니다. 본문에서 바울 자신의 변화된 모습을 소개해주고 있습니다. 유대인이요 가말리엘의 수하에서 엄한 교육을 받았고, 예수를 핍박하는 데 앞장서 있던 사람입니다. (행 9:1-)다메섹으로 박해하기 위해 다메섹으로 원정 가던 길에 예수님을 만나게 되었고 180도 변화되었습니다(고전 15:8). (몬 1:11)무익하던 사람이 (골 4:9)사랑받고 신실한 오네시모가 되었습니다.

② 교회사에서 보겠습니다.

중세 때에 어거스틴(Augustine)은 탕자였으나 어머니 모니카(Monica)의 기도로 회개하고 돌아와서 신학자가 되었으며, 신약 27권이 확정될 때 주동적인 역할을 했던 인물이 되었습니다. 한국교회사에서도 세상에서 내놓았던 사람이 예수님을 만나고 변화되어 크게 쓰임받은 사람들이 수를 헤아릴 수 없게 많습니다. 예수님을 만나면 변화되고 쓸모없는 인생이 귀하게 쓰이게 됩니다.

2) 지금도 새롭게 되는 역사는 얼마든지 계속됩니다.

성경에나 특수한 시대에만 역사하심이 아니라 지금도 복음의 역사는 계속됩니다.

① 성령님의 역사하심은 끝나지 않았습니다.

예수께서 재림하시기 전까지는 계속해서 하나님의 역사하심이 진행될 것입니다. 성령님이 떠나시면 세상 역사도 끝이 날 것입니다. (18절)모든 것이 하나님께로서 났으니 예수 그리스도로 말미암아 우리를 자기와 화목하게 하시고 또 우리에게 화목하게 하는 직책을 주셨는데, 이것을 우리에게 부탁하셨습니다. 우리 안에 성령님이 계시기 때문에 가능한 일입니다.

② 새롭게 변화 받은 그리스도인들은 이제 사명이 분명합니다.

예수님이 하나님과 성도 사이를 화목하게 하심과 같이, 아직도 하나님께 돌아오지 못하고 방황하는 인생을 예수님께 데리고 와서 새롭게 변화받고 분명한 천국의 소망 가운데 살도록 이끌어 주는 역할을 해야 합니다. 이것이 구원받은 성도의 사명이요 지상교회가 마지막까지 해야 할 사명입니다. (고전 1:18)십자가의 도(말씀), (행 13:26)구원의 말씀, (빌 2:16)생명의 말씀, (엡 1:3)진리의 말씀을 사도 바울은 십자가에 못 박힌 예수만 알기로 작정하였다(Plummer)고 하였습니다. 은평교회 나오는 성도들이 새롭게 변화된 그리스도인으로 살기를 예수님의 이름으로 축원합니다.

결론 : 새롭게 된 피조물입니다.

〈신앙인의 모습〉

먼저 구해야 할 일

마 6:19-34

　세상 모든 일에는 우선순위가 있고 차선 순위가 있습니다. 먼저 해야 할 일이 있는가 하면 나중에 해야 할 일이 있습니다. 속담에도 바쁘다고 바늘을 허리에 매어서 쓸 수 없다는 말이라든지, 급할수록 돌아가라는 말도 모두 그러한 뜻이 있음을 보게 됩니다. 하나님께서 천지를 창조하실 때에는 모든 것을 사람이 살아갈 수 있도록 창조하신 후에 마지막으로 사람을 창조하셨습니다. 논과 밭에 곡식을 심더라도 순서에 따라서 곡식을 심고 거두듯이 신앙생활 역시 같은 원리입니다. 우리는 기도하기 전에 우리의 신앙을 되돌아보아야 합니다. (잠 28:9)기도든 제사든 간에 먼저 자신을 살펴보아야 합니다. 신학자 토이(Crawford Toy)는 "제사라는 말과 기도라는 말을 대조시켜서 먼저 해야 하는 일은 회개가 우선이다." 했습니다. 잠 28:9을 해석하면서 "귀를 돌려"라는 것은 반역의 심리를 가지고 순종하지 않음이니 그것은 일시적 실수가 아니고 고의적 병리라고 하였습니다. (삼상 15:22)그래서 하나님은 제사보다 순종을 우선시 하셨습니다. (렘 7:16)예레미야에게도 그런즉 더는 이 백성을 위해서 기도하지 말라고까지 하셨습니다. (렘 11:13-14)그들의 우상이 성읍 수보다 많았습니다. (사 1:14-)성전 문을 닫으라고까지 하셨습니다. (마 15:8, 사 29:13)입술은 가까운데 마음은 멀리 떨어져 있는 백성이기 때문입니다.

　본문에서 예수님은 산상보훈의 말씀을 하시면서 먹는 문제 입는 문제도 중요하지만, 먼저 그의 나라와 그의 의를 구하라고 하셨습니다(마 6:1-).

1. 그의 나라와 그의 의는 하나님 나라가 임하는 의입니다.

하나님 나라가 임하는 의에는 반드시 회개가 성립되어야 합니다. 타락된 인간의 의는 통할 수 없습니다.

1) 회개하면서 하나님 나라를 바라는 의입니다.

세상적인 의가 아니라 천국의 의가 이루어지기 위해서 구해야 합니다.

① 이 의는 예수님이 십자가에서 우리에게 주신 의입니다.

예수님이 십자가에서 대속적인 죽음을 당하시고 부활하심으로 믿는 자에게 입혀주시는 의입니다(롬 4:25, 고전 15:17). 신학자 알포드(Alford)는 "그것은 우리가 의롭게 되기 위함이었다." 하였습니다. (마 6:9, 요 14:1)여기에 그의 나라가 임하게 되는 축복이 약속되었습니다.

② 그의 나라는 예수님이 준비하신 나라요 예수님의 의로만 가는 나라입니다.

세상적인 자격증이 아니라 예수님의 이름으로 주어지는 천국 가는 자격증입니다. (창 3:21)가죽 옷을 지어 입히심으로 부끄럽지 않게 하셨습니다. (요 1:29) 예수님은 제물인 양이 되시기 위해 십자가에서 죽으셨습니다. (마 22:11-)의의 예복을 입은 사람만 가는 천국 잔치입니다. 이것이 의의 옷입니다. 세상에 의식주 문제보다 중요하게 구할 것이 그의 나라와 그의 의를 구하는 일임을 깨달아야 할 때라고 확실히 믿습니다.

2) 우리 심령 속에 언제나 그의 나라와 그의 의가 있어야 합니다.

먹고 마시는 문제보다 중요하고 시급한 일입니다.

① 천국이 확보되어 있어야 합니다.

그 천국은 예수님의 이름으로만 가고 의의 옷을 입고 살게 되어 있습니다. (마 5:3)심령이 가난한 자는 천국이 그들의 것이라고 하였습니다. 이 사람은 늘 천국이 확보되어 있거니와 천국이 늘 마음에 있습니다.

② 물과 성령으로 거듭나서 예수 그리스도의 의의 옷을 입을 때 천국이 확실하게 확보되어 살게 됩니다.

그렇게 해서 하나님 나라의 의를 구하게 되면 다른 것까지도 더해 주시는 축복을 받게 됩니다. (왕상 3:9)솔로몬은 하나님의 뜻에 맞게 지혜를 구하게 되었는데 구하지 아니한 것까지 주셔서 부귀영화가 넘쳐나게 되었음을 보게 됩니다. 그러므로 우리가 우선적으로 구할 것은 먹는 일 입는 일이 아니라 하나님 나라의 의를 구하여 살아가는 일입니다.

2. 그의 나라를 구하는 것은 그의 나라의 확장을 구하는 것입니다.

그의 나라 즉 천국의 확장이요. 천국이 부흥되는 일에 힘써야 합니다. 이 세상은 잠깐 있다가 없어지겠지만 천국은 영원무궁한 나라입니다. 그곳이 우리가 들어가서 살아야 하는 천국입니다.

1) 잠시 잠깐 있다가 없어지는 세상만 구하지 말고 영원한 천국을 위해 준비하는 생활입니다.

예수 믿고 구원받은 확실한 믿음이 있는 성도에게는 반드시 이것을 먼저 구하는 영적 생활임을 깨달아야 하겠습니다.

① 세상은 짧지만 천국은 영원하고, 세상은 변하지만 그의 나라는 변치 않습니다.

그런데 사람들은 그저 눈에 보이는 세상만을 위해서 살아가려고 온갖 힘을 쏟는 현상을 봅니다. 육신적인 일도 시간이 흘러가면서 점점 낡아지게 됩니다. 그래서 사도 바울은 고백했습니다. (고후 4:16-18) "그러므로 우리가 낙심하지 아니하노니 우리의 겉사람은 낡아지나 우리의 속사람은 날로 새로워지도다 우리가 잠시 받는 환난의 경한 것이 지극히 크고 영원한 영광의 중한 것을 우리에게 이르게 함이니 우리가 주목하는 보이는 것이 아니요 보이지 않는 것이니 보이는 것은 잠깐이요 보이지 않는 것은 영원함이라" 하였습니다.

② 그래서 사도 바울은 한평생 천국 확장을 위해 헌신했습니다.

믿음으로 구원받아 하나님의 백성이 된 성도들은 언제든지 힘써야 할 일이 있는데, 그것은 전도하는 것이요 선교하는 것입니다. 이를 위해서 늘 기도하며 기도 가운데 매사에 영혼 구원의 목적을 위해서 달려가야 합니다. (롬 1:14) 이 전도하는 일은 마치 채무자가 빚을 갚아야 하는 것으로 비유했습니다. 헬라인, 야만인, 지혜 있는 자, 어리석은 자 누구에게든지 마치 채무 관계처럼 전도하는 일에 최선을 다해야 하고 힘써야 합니다. 이는 천국 확장을 위해서 힘쓰는 일입니다.

2) 이 명령은 주님께서 우리에게 하신 지상 명령이라 합니다.

일컬어서 위대한 명령(The great Commission)이라고 합니다.

① 지상 교회가 제일 우선적으로 해야 하는 일이 전도요 선교인 것은, 이것이 지상교회의 최우선적 사명이기 때문입니다.

어떻게 하면 영혼 구원하는 일에 힘을 쓸 것인가 하는 것이 지상 교회의 최우선적인 사명이요 해야 하는 일이기 때문입니다. 예수 믿는 일이 아니면 천국 가는 길이 전혀 없음을 늘 잊지 말아야 합니다.

② 복음의 역사는 작게 시작하였으나 후에는 크게 되는 역사입니다.

그래서 예수님은 천국 비유를 마태복음 13장에서 말씀해 주셨습니다. (마 13:31-33)겨자씨 비유와 누룩을 예로 드시면서 복음이 확장해가는 면을 말씀하고 보여 주셨습니다. 작은 씨가 나무가 되어 새들이 깃들이게 되며, 작은 양의 누룩이 발효되어 온 덩이에 퍼지게 됩니다. 1885년 부활절 새벽에 첫발을 디디게 된 언더우드와 아펜젤러 선교사를 통한 복음의 역사가 한국 땅에 가득하게 되었습니다.

3. 그의 나라와 그의 의를 구하는 것은 그의 나라 영광을 구하는 것입니다.

세상의 권세와 영광과 부귀영화를 위해서 살아가는 것이 세상의 일들이요 사람들의 모습임을 보게 됩니다.

1) 천국의 영광에 목적을 두고 살아가는 것이 성도입니다.

그런 세상살이가 끝이 나면 그뿐인 줄 아는 것은 아주 어리석은 일이라 생각됩니다. 왜냐하면 끝이 아니라 영원한 나라가 시작되기 때문입니다.

① 믿음의 성도들은 천국 영광을 바라보며 살아야 합니다.

(요 6:26)예수님을 찾아 따르는 성도는 먹고 마시고 하는 일에 목적을 둘 수는 없습니다. 썩는 양식을 위해서 일하지 말고 썩지 않는 양식을 위해서 일하라고 하셨습니다. 예수님 당시에 예수님을 따르는 무리에게 교훈으로 주시는 말씀에서 보게 됩니다.

② 먼저 그의 나라와 그의 의를 구하는 것은 믿는 믿음으로 세상을 살아가는 보습입니다.

세상을 살아가면서 하는 모든 일이 지옥 가는 길이요 멸망의 길로 가는 어리석은 일입니다. 우리는 천국 가는 길이요 믿음으로 가는 길임을 잊지 말아야 합니다. 믿음이 있다 해도 잃어버리게 되면 다시 회복하기가 어렵기 때문에 믿음을 잃지 않도록 힘써야 합니다.

　2) 그의 나라와 그의 영광을 위해 살아가는 성도는 다릅니다.

　비록 세상에 살고 있지만 모든 생활의 초점이 천국에 연결되어 있습니다.

　① 생활을 구별합니다.

　지옥 가는 불신자와 같이 생활하지 않습니다. (롬 12:2)이 세상을 본받지 말라고 하였습니다. (빌 1:20)살든지 죽든지 내 몸에서 그리스도가 존귀히 되는 성도들이 되어야 하는데 이것이 그리스도인의 생활입니다. 하나님의 영광을 위한 생활입니다(고전 10:31).

　② 영광의 나라에서 해같이 빛나는 축복이 약속되어 있습니다.

　예수 믿는 믿음으로 산다는 것이 어렵지만 그의 나라와 그 의를 구하는 생활 후에는 천국의 영광이 기다리고 있습니다. (마 16:27)주님이 아버지의 영광으로 올 때 우리 행한 대로 갚아 주실 것입니다. (마 13:43)"그 때에 의인들은 자기 아버지의 나라에서 해와 같이 빛나리라 귀 있는 자는 들으라" 하셨습니다. 그 때에 은평교회 모든 성도의 이름이 빛나기를 예수님의 이름으로 축원합니다.

결론 : 먼저 그의 나라를 구하여야 합니다.

〈신앙인의 모습〉

옥중에서도 찬송하는 신앙

빌 4:4

 찬송은 어디에서나 혼자서도 할 수 있는 기독교인의 특별한 은혜요 영적 무기가 되기도 하는 신앙적 수단이라고 할 수 있습니다. 최신 정보에 의하면 지금도 북한에서는 기독교인을 잡아 평생 나올 수 없는 캄캄한 감옥에 가두고 죽을 때까지 고생만 시킨다고 합니다. 그런데 죽어가면서도 무슨 흥얼거리는 노래를 불러서 그것이 궁금했는데 북한을 탈출한 사람이 남한에 와서 교회에 가보니 교회에서 찬송을 부르는데 북한 감옥에서 듣던 노랫소리였다고 하는 간증을 들었습니다. 세상에는 별의별 종류의 노래들이 많이 있지만 우리가 부르는 찬송은 그들이 부르는 노래와는 차원이 다른 것입니다. 구원받은 백성이 부르는 찬송이기 때문입니다. (시 108:1-)유명한 다윗도 외쳤습니다. "하나님이여 내 마음은 정하였사오니 내가 노래하며 내 심령으로 찬송하리로다 비파야 수금아 깰지어다 내가 새벽을 깨우리로다" 하였습니다. 철학적으로 이 시대를 분석하기를 '외화내허병(外華內虛病)'에 걸린 시대라고 하는데, 겉은 화려하지만 속은 병들었다는 의미입니다. 그리스도인들은 이러한 시대를 살아가면서 어디에서 생활하든 그 공간에서 찬송이 따라야 하겠습니다.
 오늘 본문은 바울이 복음을 전하다가 옥에 갇혔는데 그 가운데에서도 찬송하였고(행 16:25), 옥에 있지만 밖에 있는 교회와 성도들에게 기뻐하라고 전하는 내용입니다. 옥중에서도 찬송하며 기뻐하는 신앙을 보면서 우리의 신앙이 바르게 회복되기를 바라며 은혜를 나누고자 합니다.

1. 우리의 찬송은 구원받은 기쁨에서 나오는 신앙 현상입니다.

우리의 찬송은 구원받은 기쁨과 체험에서 하나님께 드리는 영적 제사요 예배의 한 부분입니다. (히 13:15)"그러므로 우리는 예수로 말미암아 항상 찬송의 제사를 하나님께 드리자 이는 그 이름을 증언하는 입술의 열매라" 하였습니다.

1) 구원받은 성도라면 언제나 있어야 할 영적인 신앙 요소입니다.

예수 그리스도의 피 뿌리심으로 죄 사함받고 구원받은 성도가 되었기 때문입니다. (엡 1:13)성령으로 인치심을 받았습니다.

① 그래서 우리의 찬송은 어디에서나 부르며 하나님께 영광을 돌리게 되는 것입니다.

(행 16:25)바울과 실라가 성령의 인도에 순종해서 마케도니아 빌립보 지방에 가서 전도하다가 귀신들려 점하는 여종을 고쳐주는데, 그 일로 고발당하여 옥에 갇히게 됩니다. 하지만 옥중에서도 찬송하는 신앙의 모습을 보게 됩니다. 옥중 서신이라고 불리는 빌립보서에서 기뻐하라고 외치고 있는 현장입니다.

② 세상에서는 어떤 정신력을 동원해도 이런 기쁨의 찬송을 부를 수 없을 것입니다.

오늘 본문에서 빌립보 교회의 '순두게와 유오디아'의 이야기를 하다가 성도들에게 기뻐하라고 권면하고 있습니다. 조지 허버트(George Herbert)는 사도 바울이 이렇게 권면을 중복적으로 하는 이유는 "고난 중에도 어찌 기뻐하겠느냐는 사람들의 회의론을 제거하기 위함이었다."고 하였습니다. 찬송 370장 '내 주와 맺은 언약은 영 불변하시는 그 나라 가기까지는 늘 보호하시네'라고 했습니다.

2) 바울은 온갖 풍파를 다 겪으면서도 찬송하라고 권면하고 있습니다.

율법주의로 행했으면 이런 핍박도 없었겠지만 지금은 율법주의자들에 의해 핍박이 대단하게 몰려오던 때였습니다.

① 구원받은 기쁨은 마음속 깊이에서 나오는 것입니다.

(롬 7:24)오호라 나는 곤고한 사람이라고 했던 사람이, (롬 8:1-)해방의 찬송을 부르는 현장을 보게 됩니다. 정신적 신앙적 무력감에 눌려 있다가 풀려나서 고함치는 찬송입니다.

② 우리 믿는 성도들은 찬송이 언제나 입에서 나오기를 축복합니다.

세상에서 불쾌하고 짜증 나는 일이 있을지라도 날마다 구원받은 은혜에 대해서 생각하고 감사 찬송을 하나님께 드려야 합니다. 이것이 그리스도인이 예수 그리스도 안에서 살아가는 신앙의 현장이 되어야 합니다. 일제 36년 기간에 신앙을 지키다가 옥살이하고 순교했던 많은 분에게서 볼 수 있었던 모습이기도 합니다.

2. 믿음의 성도들은 예수님과 영적 교제가 있기 때문에 찬송이 저절로 나옵니다.

이른바 찬송은 예수 그리스도의 영적 교제(spiritual communication)라고 말할 수 있습니다. 예수님과의 영적 교제로서 가능한 것이 기도요 찬송입니다.

1) 참으로 사랑하시는 예수 그리스도이시기 때문입니다.

우리는 날마다 그 사랑 안에서 생활함으로 영과 육이 날마다 복을 받게 됩니다.

① 세상을 살아가기가 어렵지만 기도하며 찬송하며 말씀을 의지하는 데 힘써야 합니다.

이것이 영적으로 승리하는 생활로 나아가게 하는 길이 됩니다. 옥중에서 매를 맞고 묶여 있는 상태에서 찬송하고 기도하는 모습은 우리의 상상을 초월하는 대단한 신앙이라고 생각됩니다. 그렇게 힘들고 어려운 때에도 예수님과 영적 교제가 있기 때문에 그런 찬송이 나왔다는 것입니다.

② 우리의 기쁨은 예수님 때문에 오는 것입니다.

항상 주 안에서 기뻐하라고 하신 이유가 됩니다. 재산이 늘었다거나 좋은 대학을 졸업했거나 취직이 잘 되었거나 해서 기뻐하는 것이 아닙니다. 이것은 예수 믿지 않는 누구나 할 수 있는 것들입니다. 그러나 우리는 예수님을 믿고 예수님 안에서 누리는 영적인 기쁨입니다. (합 3:17-)"비록 무화과나무가 무성하지 못하며 포도나무에 열매가 없으며 감람나무에 소출이 없으며 밭에 먹을 것이 없으며 우리에 양이 없으며 외양간에 소가 없을지라도 나는 여호와로 말미암아 즐거워하며 나의 구원의 하나님으로 말미암아 기뻐하리로다 주 여호와는 나의 힘이시라 나의 발을 사슴과 같게 하사 나를 나의 높은 곳으로 다니게 하시리로다" 하였습니다.

2) 옥중에서도 부른 찬송이지만 어느 누구도 이 관계를 끊을 수 없습니다.

예수 그리스도와의 관계는 누구도 끊을 수 없습니다. (요 15:1-7)예수님이 내 안에 계시고 내가 말씀을 통해서 예수님 안에 있기 때문입니다.

① 예수님과의 영적 교제를 절대로 끊을 수 없습니다.

(롬 8:35-)사도 바울은 외쳤습니다. "누가 우리를 그리스도의 사랑에서 끊으리요 환난이나 곤고나 박해나 기근이나 적신이나 위험이나 칼이랴 기록된 바 우리가 종일 주를 위하여 죽임을 당하게 되며 도살 당할 양 같이 여김을 받았나이다 함과 같으니라." (시 44:22)의 인용구로써 우리는 넉넉히 이긴다고 했습니다.

② 따라서 우리는 예수님과의 영적 관계에 힘써야 하겠습니다.

우리는 성경과 말씀 안에서 찬송과 기도로 예수님과 교제가 늘 있어야 하겠습니다. 여기에는 늘 찬송과 기도가 살아 있어야 합니다.

3. 예수님 안에서 나오는 이 기쁨을 서로 나눌 때 나오는 현상입니다.

기쁨은 혼자 가지고 있는 것이 아니라 서로 나눌 때 배가 되는 축복이 옵니다.

1) 바울은 지금 옥중에 있지만 예수 그리스도 안에서 믿음으로 기뻐했습니다.

그 기쁨은 밖에 있는 성도들과 함께 나누고자 하는 아름다움입니다. 당시에 왜 옥에 있는 바울뿐이겠습니까. 옥에 들어가지는 않았을지라도 밖에 있는 성도들 역시 핍박 중에 신앙생활하고 있었습니다.

① 밖에 있는 성도들과 기쁨을 나누고자 외치는 소리가 기뻐하라는 외침이요 찬송이었습니다.

버섯 포자는 번져서 다른 버섯이 나게 하고, 민들레 씨는 바람에 날려서 다른 데서 민들레가 나게 하듯이, 지금과 같이 어려운 때 우리는 분명히 예수 그리스도 안에서 기쁨과 행복을 전해야 합니다.

② 이 기쁨과 찬송을 옆 사람에게 나누어 주세요.

기쁨과 찬송은 나누게 될수록 더욱 커지고 배가됩니다. 나 혼자만 기뻐하는 것이 아니라 서로 복음의 기쁨을 나누어야 합니다. 앞으로의 세상은 절대로 세인들이 말하는 유토피아의 세계(world of utopia)가 되지 않습니다. 더욱 살기가 팍팍하고 어려운 시대가 다가오리라는 것이 성경의 예언입니다. 그러나 예수 그리스도 안에서는 어떤 세상이 되더라도 기뻐할 수 있습니다. 이것이 교회가 해야 할 일이요 우리의 신앙입니다.

2) 이 기쁨과 찬송은 세상적으로는 설명이 어렵습니다.

예수님 안에 살면서 당하는 핍박과 곤란 중에서도 기뻐하는 것은 내면적으로 주시는 성령님의 역사하심이기 때문입니다. 제2의 성경이라 불리는 《천로역정(天路歷程, The pilgrim's progress)》은 영국의 침례교회의 목사인 존 번연(John Bunyan)이 설교하다가 핍박받아 옥에 갇혀 기도하면서 지은 책입니다.

① 앞으로의 행복과 기쁨은 세상에서 찾으려고 할 것이 아니라 예수 안에서 찾아야 합니다.

예수 그리스도 안에서만 가능한 행복이요 기쁨이기 때문입니다. 사도 바울은 로마서에서부터 빌레몬서까지 서신서마다 인사말에 언제든지 빠지지 않고 전하는 말씀이 있습니다. 예수 그리스도 안에서 '은혜와 평강'입니다. 은혜와 평강은 세상이 주는 것이 아니라 예수님이 주시는 것입니다. (요 14:27)그러므로 우리는 찬송과 기쁨을 소유한 백성입니다.

② 예수 그리스도 안에서 기뻐할 수 있어야 하겠습니다.

세상 어디에서도 이와 같은 기쁨과 즐거움과 찬송은 찾을 수 없습니다. 옥에 갇혀 있는 현실의 어려움을 극복하며 기뻐하라는 바울 사도의 이 축복이 모든 은평교회 성도들에게 함께하시기를 예수님의 이름으로 축원합니다.

결론 : 우리의 신앙은 기뻐해야 합니다.

〈신앙인의 모습〉

확신에 서 있는 신앙

딤후 1:1-9

세상을 살아가면서 우리에게 중요한 것은 어떤 일을 할 때 그 일에 대한 확신이 있느냐는 것입니다. 무슨 일을 하든지 확신에 서 있지 못하면 문제가 됩니다. 무슨 일이나 사건에서 확실한 증거와 확신이 중요합니다. 세상에는 가짜들이 판을 치고 가짜 뉴스들이 뒤엎는 때가 되었기 때문입니다. 우리가 믿는 예수님은 진리가 되십니다. (요 14:17)우리가 믿는 성령님은 우리를 진리 가운데로 인도하십니다. (요 8:44)원수 대적 마귀는 거짓의 아비가 된다고 하였습니다. 마귀는 사기꾼이요. 거짓을 말할 때마다 제 것으로 한다고 하였습니다.

본문에서 사도 바울은 아들과 같은 디모데에게 확실한 일에 거하라고 강조하고 있습니다. 확실한 신앙은 건강한 신앙이지만 확실치 않는 신앙은 문제가 되기 때문입니다. 우리는 불안정한 상태가 아니라 확실한 진리 위에서 서야 합니다. 그러면 무엇에 관한 확신에 있어야 하는지 본문에서 배우고 은혜받기를 바랍니다.

1. 구원받은 것에 대한 확신을 가져야 합니다.

이른바 구원론에서 구원받은 확신이 반드시 있어야 하겠습니다. 그냥 교회 다니는 교인이니까 구원받았겠지 하는 식의 막연한 구원론이 아니라 확실하게 성령의 역사가 있어야 합니다.

1) 막연한 구원이 아니라 확증이 요구됩니다.

교인들 가운데 막연한 구원론을 가지고 다니는 사람들이 많기 때문입니다.

우리의 구원은 그와 같은 막연한 상태가 아닙니다.

① 확실하게 죄 씻음 받은 확신과 믿음입니다.

이것이 우리의 구원 신앙입니다. 그 확신 있는 신앙은 변하지 않는 하나님의 말씀에서 찾게 됩니다. 그리고 한 번 받은 구원은 변하지 않습니다. (요 1:11-)자기 땅에 오매 자기 백성이 영접지 아니했습니다. 이를 두고 신학자 드베데(DeWette)는 "그의 집으로 받아들이지 아니한 것이다." 하였고, 고뎃(Godet)은 "환영하지 아니하였다." 하였습니다. 그러나 영접하면 믿는 자에게 하나님의 자녀가 되는 권세가 주어집니다. (요 5:24)그리고 영생을 얻습니다. (엡 1:13)성령으로 인(印) 치심을 받아 하나님의 백성이 확실합니다. 한번 인(印) 맞으면 영원한 구원입니다.

② 그 확증에는 회개와 죄 사함이 성립되었기 때문입니다.

예수 그리스도의 복음을 믿고 회개하며 영접하면 죄 사함받고 확증을 얻게 됩니다. (사 1:18)눈과 같이 양털같이 희어지는 축복이 약속되었습니다. (마 4:17)예수님도 공생애의 첫 음성으로 회개하라고 외치셨습니다. 회개하는 곳에 용서가 있고 죄 씻음과 구원이 확증됩니다.

2) 예수 그리스도를 믿는다는 것은 구원의 확증이지만, 믿지 않고 영접하지 아니한다는 것은 멸망의 확증입니다.

우리는 천국의 확증이요. 구원의 확증 가운데 서 있는 것입니다.

① 예수님이 세상에 오셔서 십자가에서 죽으신 이유가 여기에 있습니다.

사도 요한이 전한 요한복음에서 확실히 전하였습니다. (요 3:14-16)모세의 불뱀을 예로 보여 주셨는바 믿으면 구원이요 영생이요 천국입니다. (요 3:17)그러나 믿지 아니하면 멸망이요 지옥형벌이 반드시 뒤따르게 됩니다.

② 디모데의 믿음과 우리의 믿음 안에서 이 믿음이 확인됩니다.

이 믿음이 변하지 말아야 합니다. (딤후 1:5)거짓이 없는 믿음을 말하는 것입니다. (유 1:20)지극히 거룩한 믿음 위에 자신을 건축해야 합니다. (눅 18:8)믿음이 점점 약해지고 있는 때이기 때문입니다. 세태가 어떻게 변하더라도 우리는 구원 받은 믿음 위에서 흔들리지 아니하고 언제나 확실한 것에 서 있어야 합니다.

2. 구원받은 하나님의 자녀는 하나님의 보호받은 것에 대한 확신을 가져야 합니다.

사도 바울은 지금 디모데에게 전하면서 환난과 핍박이 심하겠지만 하나님의 보호하심으로 나아갈 것을 확실히 권면하고 있습니다. 환란 시대에 믿음의 확신을 가져야 합니다.

1) 믿음을 지켜 복음 전할 때 고난은 함께 따라오기 때문입니다.

(8절)"오직 하나님의 능력을 따라 복음과 함께 고난을 받으라" 하였습니다. 고난받는 가운데에도 하나님께서 보호해 주시는 확신입니다. 따라서 고난을 두려워하지 말고 복음 전하는 일에 힘써야 합니다. 신학자 벵겔(Bengel)은 "부끄러움은 두려움의 짝이다. 만일 두려움이 극복되면 거짓 부끄러움은 사라진다."고 하였습니다.

① 복음 때문에 오는 어려움과 고난은 두려워할 것이 아닙니다.

신학자인 벵겔(Bengel)이 말한 것처럼 부끄러움은 두려움의 짝이기 때문입니다. 오히려 고난을 달게 여기는 신앙이 환란을 이기고 극복하게 만듭니다. "함께 고난을 받으라"(συγκακοπάθησον, 성카코파테손)라는 말은 바울 자신이 복음 때문에 당했던 환란과 고난 중에서도 부끄러워하거나 두려워하지 않고 견딤으로 이겼다는 체험적인 고백입니다. 그래서 아들과 같은 디모데에게 강하게 권면하고 있습니다.

② 왜 두려워하지 않고 무서워하지 않습니까?

그것은 잠시 핍박의 세력이 고난을 줌으로써 그들이 이기는 듯하지만 결국은 복음이 이기게 되기 때문입니다. (마 10:28-)예수님께서 12명의 제자를 전도자로 파송하시면서 주신 말씀입니다. "몸은 죽여도 영혼은 능히 죽이지 못하는 자들을 두려워하지 말고 오직 몸과 영혼을 능히 지옥에 멸하실 수 있는 이를 두려워하라 참새 두 마리가 한 앗사리온에 팔리지 않느냐 그러나 너희 아버지께서 허락하지 아니하시면 그 하나도 땅에 떨어지지 아니하리라 너희에게는 머리털까지 다 세신 바 되었나니 두려워하지 말라 너희는 많은 참새보다 귀하니라" 하셨습니다. 믿는 자는 이렇게 확실합니다.

2) 영혼까지 멸하지는 못하는 세력을 두려워하거나 무서워하지 말라는 것입니다.

바울은 온갖 시련을 다 겪고 달려왔으나 디모데는 이제야 청년으로서 시작하므로 초년기입니다. 바울을 비롯해서 믿음의 선배들이 걸어간 발자국을 보면서 두려움과 무서움도 있겠지만 바울에게서 배운 확신이 있었습니다. 그와 같은 확신은 시대를 넘어서 지금도 같은 이치입니다.

① 우선 주님께서 지켜 주신다는 확신입니다.

(12절) "이로 말미암아 내가 또 이 고난을 받되 부끄러워하지 아니함은 내가 믿는 자를 내가 알고 또한 내가 의탁한 것을 그 날까지 그가 능히 지키실 줄을 확신함이라" 했습니다. 수동적으로 말하면 주께서 의탁한 것인데, 그것이 무엇인가요? 복음 전도요. 영혼 구원입니다. 칼빈(Calvin)은 그것을 영혼 구원이라고 하였습니다. 이를 위해서 환란에서도 지켜 보호해 주실 것을 확신하는 말씀입니다.

② 그날까지 지켜 주십니다.

그날은 그리스도의 재림의 날입니다. 그 날(롬 13:12, 고전 3:13), 주의 날(고전 1:8, 살전 5:2), 그리스도의 날(빌 1:6, 10), 하나님의 심판의 날(롬 2:16), 진노의 날(롬 2:5), 구속의 날(엡 4:30) 등 (마 28:20) 세상 끝날까지 항상 함께하시겠다는 약속입니다.

3. 예수님의 약속에 대한 확신을 가져야 합니다.

(요 10:22-29) 목자와 양의 비유의 장(章)인데, 목자와 양의 관계 속에서 주신 약속입니다. "내 양은 내 음성을 들으며 나는 그들을 알며 그들은 나를 따르느니라 내가 그들에게 영생을 주노니 영원히 멸망하지 아니할 것이요 또 그들을 내 손에서 빼앗을 자가 없느니라 그들을 주신 내 아버지는 만물보다 크시매 아무도 아버지 손에서 빼앗을 수 없느니라 나와 아버지는 하나이니라 하신대" 하였습니다.

1) 목자장 되시는 예수님에게서 빼앗을 자가 절대로 없음을 천명하였습니다.

비록 환란과 핍박이 목회 선상에서, 선교 선상에서 있으므로 어렵다고 해도 잠시 잠간의 환란과 문제가 우리 믿는 자를 어찌할 수 없습니다.

① 주께서 승리하신 것과 같이 성도가 생활하는 곳에 승리가 약속되었습니다.

(골 2:15) 예수님은 십자가로 승리하였다고 선언하셨습니다. 따라서 예수 믿고

복음을 전하며 주님의 일을 하는 것은 환란과 핍박이 오지만 승리가 약속되었습니다. (시 23:4) "내가 비록 사망의 음침한 골짜기로 다닐지라도 해를 두려워하지 않을 것은 주께서 나와 함께 함이라" 하였습니다.

② 핍박과 환란을 받으면 복 되기 때문에 기뻐하고 즐거워하라고 하셨습니다.

(마 5:11-) "나로 말미암아 너희를 욕하고 박해하고 거짓으로 너희를 거슬러 모든 악한 말을 할 때에는 너희에게 복이 있나니 기뻐하고 즐거워하라 하늘에서 너희의 상이 큼이라 너희 전에 있던 선지자들도 이같이 박해하였느니라" 하였습니다. 왜냐하면 반드시 이기고 승리하게 되기 때문입니다.

2) 우리는 하나님의 약속을 굳게 믿어야 하고 확실하게 서야 합니다.

하나님의 약속을 신뢰(trust)하고 믿어야(faith) 하는 것이 우리의 영적인 일이요 삶입니다.

① 주님의 일을 할 때 약속된 축복입니다.

예수 그리스도 안에서 믿음으로 구원받은 것은 기본(基本)입니다. 거기에다가 믿고 행하게 될 때에 약속된 축복입니다. 그 축복에 대한 확신이 확실하기 때문에 주의 일을 힘쓰게 되는 것입니다. 신 28:1-14를 조목조목 읽으면서 마음에 새겨야 합니다. 거기에서 하나님의 백성으로서의 삶을 분명하게 보여 줍니다.

② 주님의 일을 할 때 천국의 상급을 확신해야 합니다.

이 세상을 살아가면서 잠시 얻는 축복이 신앙적 목적이 아니라는 것입니다. 천국에 없어지지 아니하는 상급이 확고하게 약속되어 있는데, 변치 않는 것입니다. (고전 9:24) 세상 사람들은 모두 썩을 것을 얻고자 달려가지만 우리는 믿음 가운데서 썩지 않는 면류관을 얻고자 달려갑니다. (벧전 5:4) 시들지 않고 쇠하지 않는 면류관을 얻고자 달려가는 것이 우리의 믿음입니다. (딤후 4:7-) 의의 면류관을 얻고자 달려갑니다. 성도들이 모두 이 믿음에 있기를 예수님의 이름으로 축원합니다.

결론 : 확신 있게 서 있어야 합니다.

〈영적 교훈〉

희생은 영광이 따라옵니다

요 12:20-25

지금과 같은 세상에서 누가 희생이라는 말을 좋아하겠습니까마는 우리는 누군가의 희생에 의해서 여기까지 살아왔다는 사실을 잊으면 안 됩니다. 지금도 누군가의 희생이 각자의 자리에서 이루어지기 때문에 각자가 살아갑니다. 국민의 먹거리를 위한 농민, 국가의 안전을 위한 군인과 경찰, 옷 공장 등 사람들이 필요한 일들을 위해서 희생하며 맡은 일을 감당하고 있습니다. 물론 그들 역시 자기의 생업을 위한 방편이기는 하지만 폭넓게 생각해 보면 각자의 희생이 각자를 살아가게 하는 것입니다. 그러므로 그리스도인들은 늘 기도하되 국가를 위해서 기도하는 사명을 늘 잊지 말아야 할 것입니다. 모든 그리스도인이 기도하는 역사로써 나라가 하나님의 축복 속에 안전해 가기 때문입니다. 이와 같이 우리가 살아가는 이 세상은 서로 힘쓰고 도우므로 안전하게 살아가기 때문에 그러한 희생은 절대로 헛되지 않습니다. (잠 6:6)게으른 자는 개미에게서 그 하는 일을 보고 지혜를 배우라고 했습니다.

본문에서 예수님께서는 한 알의 밀알로 비유하시며 교훈해 주셨습니다. 극단적인 이기주의자가 판을 치는 때에 우리는 한 알의 밀알이 주는 교훈에서 큰 은혜를 받게 되고, 우리의 걸어가는 세계를 돌아보게 됩니다.

1. 한 알의 밀은 생명력을 발휘하는 능력을 보여 줍니다.

땅에 떨어지면 흙 속에서 죽고 썩어서 없어지겠지만 거기에는 놀라운 창조의 섭리인 생명이 약동하는 능력이 나타나게 됩니다.

1) 땅에 떨어지는 것은 죽는 것이 아니라 오히려 사는 것이고, 종(sort, 種)의 번식을 위한 것입니다.

한 알의 밀알은 아주 작은 것이요 또 생명력이 없는 것처럼 보이는 것이 사실이지만, 그 씨가 땅에 떨어져서 죽음으로써 놀라운 생명을 이어가는 기적의 현장이 되는 것이 축복의 원리입니다.

① 희생에서 오는 첫째 기적과 영광은 생명력의 발휘입니다.

본문 말씀의 대 강론은 예수 그리스도의 죽음이 절대로 헛된 것이 아니라 그의 죽으심으로써 인간에게 그리스도의 참 생명이 주어지게 되는데, 주님의 부활하심으로써 놀라운 신비가 되었습니다. (마 13:8-)30배, 60배, 100배의 결실은 얻게 됩니다. 십자가의 죽으심이 헛되지 않음을 보여주셨습니다(고전 15:36-). 예수님의 부활의 강령입니다. 사과 씨는 셀 수 있어도 사과 씨 속의 생명은 셀 수가 없는 원리입니다. (계 7:9)구원받은 수를 능히 셀 수 없다고 했습니다.

② 땅에 떨어져 죽지만 그 속에 대단한 변화의 역사가 일어나는 현장이 됩니다.

예수 그리스도의 십자가에서의 대속적 죽으심과 부활의 사건에서 보여주는 기적의 현장입니다. 죽으심과 절망이 생명과 희망을 이길 수 없습니다. 빛과 소금의 희생은 가치를 따질 수 없는 축복이 약속되어 있기 때문에 그 희생은 헛되지 않습니다(마 5:13, 민 18:19, 대하 13:5, 왕하 2:21, 겔 16:4). 소금이 녹을 때에 맛을 내고 방부제가 됩니다.

2) 생명의 역사가 일어나기 위해서는 땅에 떨어지고 희생되어야 합니다.

땅에 떨어져 죽지 아니하면 생명의 기능을 발휘할 수 없습니다.

① 땅에 떨어질 때 싹이 나게 됩니다.

땅에 떨어져 죽지만 거기에서 싹이 나서 또 다른 생명이 약동하고 번식하게 됩니다. 기독교는 생명의 종교이므로 십자가의 죽으심에서 부활의 영광으로 빛이 나게 되었습니다. 부모의 희생이 자녀에게까지 대를 잇는 역사와 같습니다.

② 죽는 것 같으나 사는 것입니다.

죽지 않으면 살 수 없는 원리입니다. 죽는 것 같으나 사는 것이요 망하는 것 같으나 흥하는 것이요 소멸하는 것 같으나 다시 부활하는 것입니다. (고전

15:53-)썩을 것이 썩지 아니할 것으로 입게 됩니다. (골 2:15)예수님은 십자가로써 승리하셨습니다. 우리의 신앙이 이렇게 축복받기를 원합니다.

2. 숫자로 표현이 안 되는 가치로 더하여집니다.

비록 밀알 알갱이 하나이지만 그것이 떨어져 맺혀지게 될 때 그 숫자는 헤아릴 수 없습니다. 나중에는 셀 수 없는 무한대의 숫자로 불어나오기 때문에 그 누구도 셀 수 없습니다.

1) 개인적으로 힘이 없습니다.

그러나 모두가 한 알의 밀알과 같이 희생해서 열매를 맺게 된다면 그 힘은 대단한 위력이 있습니다.

① 우리는 작은 예수로 살아야 합니다.

작은 예수로 산다는 것은 거기에 희생이 따라오고 십자가가 따라오게 됩니다. (마 16:24)그런데 예수님은 제자에게 최초로 교회론을 말씀하시고 십자가에서 죽으실 것을 말씀하셨는데, 누구든지 나를 따라오려거든 자기 십자가를 지고 따라와야 한다고 분명하게 말씀해 주셨습니다. 예수님을 믿고 따라가는 신앙생활에서 가장 중요한 것이 십자가를 지고 예수님을 따라가야 한다는 것입니다. 이는 희생이요 헌신의 길이기 때문입니다. 예수님께서 십자가에서 보여 주신 길이기 때문입니다.

② 예수님은 수를 헤아릴 수 없는 작은 예수를 태어나게 하셨습니다.

지난 2,000년간 지구촌에 살다 간 예수 믿는 참된 성도들의 수를 셀 수 없는데, 그들은 작은 예수로 살아간 성도들입니다. 지금도 지구촌에 수많은 그리스도인이 모두 작은 예수로서 살아가는 성도들이 헤아릴 수 없게 많습니다. 스데반 집사의 희생이 얼마나 많은 그리스도인이 되게 하였으며, 사도 바울을 비롯한 초대교회 사도와 성도들이 살아간 발자국에서 얼마나 많은 열매를 맺게 하였는지는 하나님만이 아실 것입니다. 작은 예수로 살아가는 사람들에 의해서 그 숫자는 지금도 계속해서 열매 맺어가는 것입니다.

2) 희생의 대가는 반드시 열매로 채워지게 됩니다.

오늘날 한국교회가 세계적인 교회로 부흥하게 되고 선교할 수 있게 된 것은 1885년 부활절 새벽에 언더우드와 아펜젤러 두 선교사가 이 땅에 복음을 들고 들어온 일에서부터 시작되었습니다. 소망도 없는 이 땅에 그들의 희생은 우리의 상상을 초월하는 열매와 결실을 얻게 하였습니다. 은평교회가 앞으로 세계를 향하여 이렇게 열정적으로 선교해야 합니다.

① 희생은 결코 헛되지 않습니다.

대개 교회에서 일하면서 때로는 왜 나만 이렇게 희생해야 하냐고 말하거나 생각하기 쉬운데 절대로 그것은 성경적인 것이 될 수 없습니다. 열매를 맺기 위해서는 희생이 반드시 따라야 하는데 그 결과는 열매가 탐스럽게 맺히게 되기 때문입니다.

② 은평교회에서 세운 네팔 5곳, 인도 2곳, 필리핀 2곳, 케냐 1곳 등 10곳의 교회에서 열매 맺어가는 영혼들을 생각하면 언제나 감격의 마음이 벅차오르게 됩니다.

앞으로도 힘이 허락되는 대로 더 많은 교회를 세우고 복음을 전해야 하는데 여기에는 반드시 희생이 따르게 됩니다.

3. 한 알의 밀알은 그 주인에게 큰 기쁨과 만족을 가져다줍니다.

성경에는 우리의 영적 신앙생활을 여러 가지 비유로 들어 주셨는데, 겨울이 지나자 농부가 씨뿌리는 즉 농업에 관한 것입니다. (마 13:8)씨 뿌리는 비유에서 보게 됩니다. (약 5:7)농부가 땅에서 나오는 열매를 바라보고 길이 참아 이른 비와 늦은 비를 기다리나니 이들은 길이 참고 마음을 굳게 하라 주의 강림이 가까우시니라 하였습니다. 씨를 뿌리면 열매로 돌아오기 때문입니다.

1) 수확의 기쁨은 주인에게 영광이요 기쁨이 됩니다.

그동안 희생적으로 농사를 하였는데, 그 열매를 풍성하게 거두게 되어서 큰 기쁨이요 영광이 됩니다.

① 눈물을 흘리며 씨를 뿌리는 자는 기쁨으로 거두리로다.

(시 126:5-6)"울며 씨를 뿌리러 나가는 자는 반드시 기쁨으로 그 곡식 단을 가지고 돌아오리로다" 하였습니다. 70년 바벨론의 포로생활을 마감하고 예루살렘으로 귀환할 때 부르던 그 노래가 우리의 신앙생활이 되어야 합니다.

② 이는 우리의 힘이나 능력으로 되는 것이 아니라 전적으로 하나님의 능력이요 은혜로 된 것입니다.

씨가 땅에 떨어져 죽게 되고 싹이 나서 성장하며 열매를 맺는 순서는 하나님의 자연 섭리입니다. 토마스 아 캠피스(Thomas a Kempis)는 "주님은 온 세상을 다 얻어도 나를 얻지 못한다면 만족하지 않으신다." 하였는데, 십자가에서 다 이루었다 하실 때(요 19:39) 그 희생으로 나를 구원하신 것입니다.

　2) 의로운 희생은 기쁨과 영광이 따르게 됩니다.

　청와대를 지나 세검정으로 넘어가는 고갯마루에 고 최규식 경무관이 동상으로 서 있습니다. 1968년 1월 21일 김신조 일당이 청와대 습격으로 인해 전사한 영웅입니다. 비록 공비에 의해서 비참하게 전사하였지만 그의 이름은 지금도 빛나고 있습니다.

　① 예수님이 본이 되어 주셨던 한 알의 밀알의 길은 희생적이지만 영광입니다. 여기에는 생명력이 발휘되어서 수많은 생명을 얻게 되었습니다. 그리스도인은 어디에서나 이런 자세가 있어야 합니다. 그것은 축복이요 영원한 영광이 되는 일이므로 예수님이 한 알의 밀알로 강조해 주셨습니다.

　② 현실이 어렵더라도 우리는 그리스도를 본받아 살아가야 합니다.

　거기에 영원한 천국의 영광이 따라오게 되어 있습니다. 은평교회 성도들이여 우리는 한 알의 밀알과 같이 살아서 천국의 상급과 영광이 따르게 되기를 예수님의 이름으로 축원합니다.

결론 : 믿음의 길은 영광과 축복의 길입니다.

〈영적 교훈〉

주께서 가까이 계실 때에 할 일

사 55:6-11

　사람이 세상을 살아가면서 꼭 필요한 일이 가까이에 있다는 것은 매우 필요하고 축복된 일이라고 할 것입니다. 도시가 발달하고 사람들이 모여 사는 이유는 생활하는데 모든 접근성이 편리하고 가까이에 있기 때문입니다. 시골 산간벽지와는 모든 생활이 다르게 됩니다. 그래서 형제라도 멀리 떨어져 있으면 살아가는 데 별 힘이 될 수 없게 됨을 보게 됩니다. (잠 27:10)"가까운 이웃이 먼 형제보다 나으니라" 하였는데, 멀리 떨어져 살기보다는 가까이에서 살아가는 편이 힘이 되고 유익합니다. 요즈음은 혼자 사는 것이 보편화 되어서 '혼밥' '혼잠'이라는 말이 흔하게 사용되지만 결코 좋은 일이 아니라는 사실입니다. (창 2:18)아담을 창조하시고 혼자 사는 것이 좋지 않게 보여서 하나님께서 아담을 잠들게 하신 후 갈비뼈를 취해서 하와를 만드시고 베필로 주셨음을 보게 됩니다. 요즈음은 외로움에 지쳐서 우울증까지 번지는 시대가 되었는데 분명한 사실은 믿음의 사람들에게는 결코 혼자가 아니라는 사실입니다. 기도와 찬송과 말씀 속에서 역사하시는 성령님이 함께 계시기 때문입니다. 하나님께서 함께하시는 사람은 외롭지 않습니다(시 71:9, 18, 92:12).

　본문 말씀은 이사야 선지자를 통하여 유다 백성들에게 전한 말씀입니다. "너희는 여호와를 만날만한 때에 찾으라 가까이 계실 때에 그를 부르라" 하였습니다. 예수님은 육신을 입고 이 땅에 오셨고 십자가에서 대속적 죽으심을 당하셨으나 부활하시어 승천하셨고, 지금도 성령으로 우리와 함께 계십니다. 그분이 지금도 내 곁에 계심을 믿으며 본문에서 은혜를 받게 됩니다.

1. 연약하다 할 때는 주님께 늘 가까이해야 합니다.

우리는 늘 약하기 쉬운데 연약할 때에도 주님과 가까이 있어야 합니다. (롬 6:19)"너희 육신이 연약함으로 내가 사람의 예대로 말하노니 전에 너희가 너희 지체를 부정함과 불법에 드려 불법에 이른 것같이 이제는 너희 지체를 의에게 종으로 드려 거룩함에 이르라" 하였습니다.

1) 사람은 살아가면서 성공과 실패의 사이에 있습니다.

이 사이에서 낙심하기도 하고 포기하기도 하는 나약한 존재들입니다. 유다 백성들이 죄 때문에 실패하고 그렇게 했습니다. (사 49:15-)"그때 하나님께서는 여인이 젖먹이는 아이를 잊을지라도 나는 너를 잊지 아니하고" 하였습니다.

① 연약하다고 생각하고 나약하다고 느끼며 힘이 없다고 할 때도 낙심하지 말아야 합니다.

그때에도 주님은 내 곁에서 나를 도와주고 계시기 때문입니다. 그래서 복음성가 가사에는 "나의 등 뒤에서 나를 도우시는 주"라고 찬송하게 됩니다. (마 28:20)세상 끝날까지 항상 함께 계십니다. (수 1:5-9)모세와 함께하신 것과 같이 함께 계십니다. 평생에 너를 당할 자가 없을 것이라고 분명하게 약속하셨습니다.

② 내 곁에서 일하시는 하나님을 기뻐해야 합니다.

하나님께서 우리를 떠나셔서 멀리 계신 것이 결코 아니라는 사실입니다. 늘 가까이 계심을 믿어야 합니다. (요 5:17)예수님은 "내 아버지께서 이제까지 일하시니 나도 일한다" 하셨습니다. 주석학자는 이를 해석하기를 "하나님께서는 창조 때부터 지금까지 쉬지 않고 일하시고 계신 것"이라고 해석해 놓았습니다. 우상을 멀리하고 하나님을 가까이해야 하는데 유다 백성은 반대로 가고 있었기 때문에 큰 문제가 되었습니다.

2) 살아가는 모든 섭리는 하나님께 있습니다.

태어나는 일부터 살아가는 모든 일이 하나님의 섭리 가운데 있습니다.

① 생사화복이 하나님께 있습니다.

인생의 모든 주권이 하나님께 있습니다. 내 힘으로 살아가는 듯 보이지만 하나님께 있습니다. (약 4:13-)야고보를 통해서 전해 주신 진리입니다. 어떤 사람의 계획 역시 하나님의 간섭하심이 없이는 안 되는 것입니다. 결국 안개 같은 인생이라는 경고를 듣게 됩니다.
　② 사람의 계획 속에 늘 하나님을 가까이해야 합니다.
　그 이유는 모든 주권이 하나님께 있기 때문입니다(잠 16:3, 16:9, 시 127:1). 바울은 (고후 12:10)오히려 약할 때에 강하다고 하였는데, 약할 때에 오히려 주님을 의지하고 믿기 때문입니다. 하나님을 가까이할 때 힘이 나게 됩니다.

2. 하나님을 믿고 의지하고 가까이하는 사람에게 믿음의 열매가 있습니다.
　왜냐하면 믿음대로 이루어지기 때문입니다. 예수님은 어떤 기적을 베푸실 때마다 "믿음대로"(마 9:29)를 강조하셨습니다.
　1) 하나님을 가까이하여 믿어 보세요.
　열매가 아름답게 열리게 될 줄 믿습니다. 본문에서 보듯이 유다 백성은 하나님을 멀리하고 우상주의로 나갈 때에 문제가 생기게 되었습니다.
　① 하나님을 가까이하여 강한 믿음을 가져 보세요.
　역사가 달라지게 됨을 볼 것입니다. 한때 세계적으로 베스트셀러가 된 책 중의 하나가 노만 빈센트 필(Norman Vincent Peale) 박사가 쓴《적극적 사고》라든지《확신있는 사람의 안내(A guide to confident life)》라는 책입니다. 출판할 때 과연 이 책이 팔릴 것인가라는 예상과 달리 세계적인 책이 되었습니다. 우리는 때때로 믿음이 약합니다. 내 곁에 계신 하나님을 가까이 섬기며 믿어야 합니다.
　② 하나님을 믿으면 됩니다.
　(대하 20:20)유다 백성이 암몬과 모압의 연합군과 싸우면서 여호사밧 왕이 유다 군사들에게 외친 말이 유명합니다. "너희는 너희 하나님을 신뢰하라 그리하면 견고히 서리라 그 선지자를 신뢰하라 그리하면 형통하리라" 하면서 싸우게 되었는데, 큰 승리를 거두게 된 현장이 되었습니다. 그리스도인은 영적 싸움이든 생활 전선이든 간에 확실한 믿음 가운데 서게 될 때 승리가 있습니다. 왜냐하면 거기에는 하나님을 가까이하는 믿음이 있기 때문입니다.
　2) 어려울 때일수록 믿음을 확증해야 하는 시간입니다.
　하나님을 가까이하며 계심을 믿는 성도라면 그 믿음으로 활동해야 합니다. 매사에 하나님이 곁에 계심을 믿기 때문입니다.

① 내 곁에 하나님이 가까이 계심을 믿는 성도라면 그 믿음이 작용됩니다.

(행 16:19)바울이 실루아노와 함께 아시아를 떠나서 마게도니아 지방에서 전도하게 됩니다. 복음을 전할 때 여종의 귀신을 추방하고 그것 때문에 고발당해서 옥에까지 들어가게 되지만 그들은 오히려 찬송하였고 결국 옥문이 열리는 기적이 일어납니다. 그 후에 옥사장에게 복음이 전해지고 빌립보 교회가 세워지는 열매가 열리게 되었습니다. 하나님의 함께 하심입니다.

② 믿음을 활용하는 사람은 기도하는 사람입니다.

(왕하 19:16)히스기야 왕의 사례에서 보게 됩니다. (왕하 20:5)죽을병에서도 기도하였고 기적을 보게 되었습니다. (행 3:6)기도는 나면서 못 걷던 이도 일어나는 현장이 되게 합니다. (암 5:6)"너희는 여호와를 찾으라 그리하면 살리라" 하였습니다.

3. 하나님을 가까이하며 기도하는 사람은 응답을 보게 됩니다.

(왕상 8:28)솔로몬이 성전 건축하고 기도하는 내용입니다. "그러나 나의 하나님께로써 종의 기도와 간구를 돌아보시며 종이 오늘날 주의 앞에서 부르짖음과 비는 기도를 들어 주소서"라고 기도하는데, (왕상 9:3)"네가 내 앞에서 기도하며 간구함을 내가 들었은즉"이라고 응답해 주셨습니다.

1) 하나님을 가까이하고 부르짖는 시인의 기도를 들으시고 응답하여 주심을 믿어야 합니다.

유다 백성은 지금 본문에서 이사야를 통하여 강조하고 있습니다. 너는 나를 찾으라 그리하면 만날 것이라고 하셨습니다.

① 어려울 때일수록 기도하며 하나님을 찾아야 합니다.

(렘 33:1)일을 행하시는 그것을 지어 성취하시는 하나님의 말씀이십니다. 예레미야가 옥에 갇혀 있는 어려운 지경에 있을 때 부르짖으라고 강조하셨습니다. (사 55:6)오늘 본문에서 너희는 여호와를 만날만한 때에 찾으라고 하였습니다.

② 악인은 그 길을 버리라고 하였습니다.

하나님을 떠나서 사는 불신을 버리고 하나님께 돌아와서 하나님을 찾아야 합니다. (행 2:38)회개하고 돌아오면 성령을 선물로 주신다고 하였습니다. 지금은 하나님을 찾고 성령 안에 살아야 할 때입니다.

  2) 하나님을 가까이하면 응답이 확실하게 됩니다.

  형식적이 아니라 진실하게 찾아야 합니다. 거기에 응답이 확실합니다.

  ① 중심을 다해서 기도하세요.

  중심을 다해 기도하는데 (사 58:9)금식기도 하는 중심으로 할 때 내가 여기 있다 하리라 약속하셨습니다. (마 7:7)구하면 확실하게 주실 것에 대한 응답이 분명합니다.

  ② 나는 하나님과 얼마나 가까이 있는가를 살펴야 하겠습니다.

  가족까지도 바쁜 세상에서 서로 멀어지는 세상인데 하나님을 내가 얼마나 가까이하고 있는가를 살펴야 하겠습니다. 세상과는 가까이 하는데 하나님과 거리가 멀게 되면 곤란합니다. 늘 하나님과 함께 걸어가는 성도들이 되어야 합니다. 은평교회 모든 성도는 하나님을 늘 가까이하시기를 예수님의 이름으로 축원합니다.

결론 : 인생길을 누구와 같이 걷고 계십니까?

⟨영적 교훈⟩

위의 것을 찾는 그리스도인

골 3:1-4

　살아 있는 동물은 모두 땅을 바라보고 살아가도록 지으심을 입었지만, 사람만큼은 직립 인간으로서 하늘을 쳐다보며 살도록 창조되었습니다. 문제는 물리적으로는 그렇게 창조되었지만 실제 생활에서 하늘을 보기보다는 땅을 바라보는 사람이 되었다는 것입니다. 더욱이 영적으로나 의미상으로 볼 때 우리는 하늘을 바라보는 눈이 확실해야 합니다. 하나님을 바라보고 하나님만 믿고 신뢰하는 가운데 살아야 한다는 것입니다. 세상 사람들은 죽은 우상(시 115:4)에게 절하지만 우리는 살아계신 하나님께 경배하며 예배드립니다. (갈 6:14-)십자가밖에는 자랑할 것이 없게 되고, (빌 3:5-)예수 그리스도를 아는 지식이 가장 고상함을 알아야 합니다. (고후 12:5-)약한 것밖에는 자랑할 것이 없다고 한 바울 사도의 고백이 우리의 고백이요 신앙이 되어야 합니다.
　오늘 본문에서 예수 그리스도 안에서 새롭게 된 우리는 "위의 것을 찾으라" 하였습니다. 변화 받아 새 사람 되었기 때문에 이제 우리가 좇아야 할 것은 장차 썩어서 없어지는 허무한 것이 아니라 천국의 영원한 것입니다. 위의 것을 찾으라 하였는데, 그 뜻을 깨닫고 은혜받는 시간이 되기를 소망합니다.

1. 그리스도인은 위의 것을 찾아야 합니다.

　누구라고요? 그리스도인입니다. 그리스도인이 분명하게 되었기 때문입니다, 잠깐 살다가 심판받고 멸망할 사람이 아니라 영원한 천국 백성으로서 구원받은 사람이기 때문입니다.

1) 찾는다는 것은 발전적인 뜻을 보여주고 있습니다.

"살리심을 받았으면"이라고 했는데, 이 동사(συνηγέρθητε, 수네겔데테)는 부정과거형 수동태로서 과거 어느 시기에 한 번 살리심을 받음으로써 지금까지 영원히 살아 있는 사실을 말합니다.

① 한 번 구원 받은 사람은 계속 성장하고 발전해야 합니다.

다만 성화(聖化, sanctification)의 과정을 밟아서 어린 부분이 성장해가고, 부족한 부분이 채워지며, 신앙이 성장해가는 과정에 있는 것이기 때문에 미숙하다 해도 한 번 받은 구원은 궁극적인 구원에 이르게 되는 것입니다. 장로교 조직신학에서 칼빈의 5대 교리 가운데 마지막 다섯 번째인 '성도의 궁극적 구원'(Perseverance of the saints)을 말합니다. (롬 8:1-)정죄함도 없습니다. (엡 4:13)그리스도의 장성한 분량에까지 자라야 합니다.

② 구원받은 성도이기 때문에 영적인 것, 위의 것을 찾아야 합니다.

세속적이고 세상적인 것이 아닙니다. 콜럼버스가 신대륙을 발견하기 위해서 찾아서 다녔듯이 오늘날 우리는 예수 그리스도 안에서 천국에 소망을 든든히 두고 바라보아야 합니다. (요 14:1-)예수님이 준비하신 그 나라입니다. 그 위의 것을 찾아서 거기에 소망을 두어야 합니다.

2) 이 세상을 살아가면서 위의 것을 추구하는 것은 참으로 쉬운 일이 아닙니다.

육신의 재질이 흙으로 되었기 때문입니다. 흙 속에서 영적인 것을 추구하는 것은 결코 쉬운 일은 아닙니다.

① 어려운 일이지만 영적 세계를 추구하며 살아야 합니다.

여기에서부터 위의 것을 찾는 하나님 나라를 구하는 일이기 때문입니다. (마 6:33)그의 나라와 그의 의를 구하며 살아야 합니다. (요 18:36)예수님께서도 내 나라는 이 세상에 속한 것이 아니라고 하셨습니다. 성도의 궁극적 나라는 이 세상이 아닙니다.

② 우리는 그의 나라와 그의 의를 구하며 살아야 합니다.

(마 5:12)하늘에서 상이 크기 때문입니다. (살전 2:12)영광의 나라이기 때문입니다. (딤후 4:7-)의의 면류관이 준비된 곳입니다. (고전 15:58)주의 일에 더욱 힘써야 하는 분명한 이유이며 목적이 되는 것입니다, 따라서 그리스도인들은 날마

다 구원받은 믿음에 굳게 서서 천국을 바라보며 승리해야 합니다.

2. 그리스도인들은 위의 것을 날마다 생각하며 살아야 합니다.

위의 것을 찾을 뿐 아니라 늘 생각하는 생활로 이어져야 합니다. (마 6:21)"보물이 있는 그곳에는 마음도 있느니라" 하였기 때문에 천국에 보물이 있다면 마음도 늘 그곳에 두어야 합니다.

1) 어디에 마음을 두고 살아가느냐는 매우 중요한데, 우리는 어디에 마음을 두고 살아갑니까?

우리의 마음 중심을 둘 곳이 과연 어디에 있느냐는 것입니다. 주님께 마음을 두어야 하겠습니다.

① 최종적인 보물이 천국에 있기 때문입니다.

주님께 마음을 두는 사람은 궁극적으로 주님의 왕국인 천국에 마음도 두고 살아갑니다. 신학자 중에 에머슨(Emerson)는 "네가 땅을 소유하면 땅도 너를 소유할 것이다."라고 했습니다. 1997년 외환위기 때에 교회가 재활용품 모으기를 한 적이 있는데, 밖에 다니면서 쓰레기 더미에서 재활용 용품이 보이면 눈과 관심이 그곳으로 갔던 경험이 있습니다. 이것은 교회가 할 일이 아니라고 생각되어 모두 그만두었습니다. 우리가 세상을 살아가면서 어디에 소망과 관심을 두며 살아가느냐는 것은 중요한 일입니다. 주님 안에서 살면서 천국이 늘 확실하게 보여야 합니다.

② 천국을 생각하면 생활도 천국 가는 생활로 나아가야 합니다.

세상은 영원히 살 곳이 아니며 영원하지도 않습니다. (고후 5:1-8)우리의 장막 집이 무너지면 새로운 집이 있는데, 사도 바울은 이 육신의 장막 집이 빨리 무너지고 영원한 집에 가기를 소망하였습니다. 떠나든지 거하든지 주님을 기쁘시게 해 드리는 생활을 해야 한다고 권면하였습니다. 이것이 천국에 소망을 두고 위의 것을 생각하는 사람들의 마음가짐이요 생활입니다.

2) 위의 것을 생각하는 사람은 생활하는 모습이 달라집니다.

예수님이 없는 세상 사람과 예수 믿은 사람들은 그 자체가 다르거니와, 예수 믿는 사람은 위의 것을 생각하며 생활하는 삶이기 때문에 그 생활이 다릅니다.

① 육에 속한 사람과 땅에 속한 사람의 생활이기 때문에 다르게 됩니다.

교회에 다니기는 해도 예수님을 모시지 못했다면 아직도 육에 속한 그리스도인이기 때문에 문제가 큽니다. (롬 8:5-)"육신을 따르는 자는 육신의 일을, 영을 따르는 자는 영의 일을 생각하나니 육신의 생각은 사망이요 영의 생각은 생명과 평안이니라 육신의 생각은 하나님과 원수가 되나니 이는 하나님의 법에 굴복하지 아니할 뿐 아니라 할 수도 없음이라 육신에 있는 자들은 하나님을 기쁘시게 할 수 없느니라" 하였습니다. (마 16:23)"예수께서 돌이키시며 베드로에게 이르시되 사탄아 내 뒤로 물러가라 너는 나를 넘어지게 하는 자로다 네가 하나님의 일을 생각하지 아니하고 도리어 사람의 일을 생각하는도다" 하시며 책망하셨습니다. 우리의 생각은 어디에 궁극적인 목표를 두고 살아갑니까?

② 성도는 늘 영적으로 생각해야 합니다.

육적인 것이 아니라 '영적으로'입니다. 민 13-14장에 나오는 12명의 정탐꾼 사건에서 분명히 보게 됩니다. 결국은 가나안의 주인공이 누구이고, 또 광야에서 망한 사람들은 누구인지를 보게 됩니다. 그러므로 우리는 긍정적인 믿음 가운데 확실하게 서야 합니다.

3. 위의 것을 찾는 것은 참 그리스도인의 축복이요 특권입니다.

이 세상에 그렇게 많은 사람이 있는데 누가 천국에 소망을 두고 살아가는 편에 속합니까? 분명히 이들은 특권층이요, 축복받은 사람들이라고 분명하게 말할 수 있습니다.

1) 영적인 특권층에 속한다는 것입니다.

예수 믿는 그 자체가 특권층이요 축복받은 자체입니다. (요 1:12)"영접하는 자 곧 그 이름을 믿는 자들에게는 하나님의 자녀가 되는 권세를 주셨으니" 하였습니다. 여기 "권세"(ἐξουσίαν, 에쿠시아)는 '합법적인 권세'라는 뜻으로 특권이라는 것입니다. 세상에도 합법적으로 누리는 권세가 있듯이 영적인 일에도 특권이요 합법적인 권세가 분명히 있습니다.

① 예수 믿는 것은 특권입니다.

그러므로 믿음을 잘 유지하면서 열매 맺는 그리스도인이 되도록 힘써야 합니다. 특권을 잃어버리게 되면 곤란합니다. (행 1:18)가룟 유다에게서 봅니다.

(딤전 1:20)후메내오와 알렉산더에게서 봅니다. (딤후 4:10)데마에게서 봅니다. (히 12:16)에서에게서 봅니다. (계 2:6)니골라에게서 봅니다. 그러므로 주신바 특권을 끝까지 잘 유지해야 하는데, 위의 것을 추구해야 합니다. 땅의 것을 추구하면 문제가 반드시 옵니다.

② 말세에 고통하는 때가 온다고 하였습니다.

(딤후 3:1-)말세에 고통하는 때가 오는데, 그 원인으로 18가지 제목이 나옵니다. 사람들은 자기를 사랑하며, 돈을 사랑하고, 부모를 거역하며... 등 모두가 하늘에 소망을 두는 것의 반대의 길로 가는 것들임을 보게 됩니다. 은평교회 성도들은 언제나 하늘에 소망을 두고 위의 것을 찾는 생활에 익숙해져 있어야 합니다. (빌 3:8-)사도 바울 역시 세상의 그 좋은 것들을 모두 배설물로 여기고 위의 것을 찾는다는 고백을 하게 됩니다.

2) 믿음으로 위의 것을 찾았던 사람들을 보게 됩니다.

성경에서 말하고 그 성경에 따라서 살았던 사람들입니다. 성경은 위의 것을 따르고 찾던 사람들의 이야기입니다.

① 위의 것을 찾았던 사람들이 있습니다.

우리도 이 길을 열심히 따라가는 무리가 되어야 합니다. (빌 3:8)예수님을 아는 지식이 가장 고상한 줄 알고 따라간 바울을 보게 됩니다. (마 4:18-)베드로, 요한, 야고보, 안드레는 배와 그물을 버리고 예수님을 따라갔습니다. 아시시의 성 프랜시스(Francis, 1182-1226)는 부유한 집안에서 태어났지만 모든 부를 버리고 주님을 따르는 전도자로서 크게 사역하였습니다. 진젠도르프(1700-1760)는 오스트리아의 귀족의 손자로 예수님을 발견한 후 복음을 위해서 사는데 '예수님은 나의 구원이며, 예수님 밖에는 없다.' 하면서 세계 선교에 헌신했습니다.

② 위의 것을 사모하며 사는 성도가 천국에서 받는 특권을 보세요.

(마 19:28)세상이 새롭게 될 때 천국에서 받는 주의 백성의 축복이 분명히 공표되었습니다. 영생은 기본이요, 그 후에 받을 축복이 성도들의 것이 되시기를 예수님의 이름으로 축원합니다.

결론 : 세상에서 어디에 소망을 두시나요?

〈영적 교훈〉

이스라엘 선민을 향하신 하나님의 요구

미 6:1-8

어느 직장이든지 입사하려면 시험을 치르는데, 거기에는 그 회사에서 요구하는 시험문제에 대한 답이 있기 마련입니다. 그 답을 제대로 하게 되면 합격이지만 요구하는 답을 내지 못하면 불합격하게 됩니다.

(롬 12:2)"이 세대를 본받지 말고 하나님의 뜻이 무엇인지 분별하라"고 했는데, "분별함"(δοκιμάζω, 도키마조)은 금을 제련하여 순금을 분별하다는 뜻입니다. 루터(Luther)는 말하기를 "선해지려는 욕망이 없어지면 그때는 벌써 악한 것이다." 하였습니다. 우리는 하나님의 거룩하신 뜻(What God's Will is)을 헤아려야 합니다. 그렇지 않으면 죄악에서 쓰러지게 됩니다. 우리는 의로우신 하나님의 뜻대로 살아야 할 위치에 있습니다(잠 29:27, 30:5). 하나님을 기쁘시게 해야 합니다. (갈 1:10)본문 말씀은 미가를 통하여 하나님이 요구하시는 것이 무엇인지를 질문하고 있습니다. 종교적으로 도덕적으로 타락한 시대에 미가를 통하여 주시는 말씀에서 은혜를 받게 됩니다.

1. 하나님이 요구하시는 것은 말씀 안에서 공의를 행하는 것입니다.

타락하고 패역한 죄로 얼룩진 세상이었습니다. 미가를 통하여 하나님께서 요구하시는 것을 전하게 되었는데, 이 세대에 우리는 깨닫고 바르게 서야 합니다. 더욱이 지금의 시대는 말세 때이기 때문입니다.

1) 타락한 시대에 패역한 백성에게 요구하시는 것은 제물이 아닙니다.

하나님은 수많은 숫양이나 억만의 강물 같은 기름을 기뻐하시는 것이 아니었습니다. 그와 같은 형식적 제사보다 먼저 요구되는 것이 분명하게 있습니다.
　① 하나님께서 기뻐하시는 것을 드려야 합니다.
　먼저 하나님께서 요구하시는 것은 바른 생활이요 의로운 생활임을 깨달아야 합니다. 이사야 선지자는 미가 선지자와 같은 시대에 선지자로서 전했습니다. (사 1:10)하나님께서는 숫양의 번제나 살진 짐승의 기름이 아니라 하나님께 나아와 회개하며 거기에 합하는 생활이 열매로 나타나기를 요구하셨습니다.
　② 하나님께서 기뻐하시는 것은 열매로써 알아봅니다.
　미가서를 통하여 말씀하시는 것이 이사야에도 나타났습니다. (사 5:1-7)하나님은 이사야를 통해서도 회개를 촉구하셨습니다. (마 3:8)세례 요한은 회개의 열매를 촉구하며 전했습니다. (마 13:14)이사야 6:9을 인용한 말씀으로 들어도 깨닫지 못하며 보아도 알지 못하는 영적 상태가 문제였습니다. 우리는 이 세대에 하나님의 시민이요 택하여 부르시어 구원받은 성도로서 하나님의 뜻과 요구를 알아야 하겠습니다.
　2) 하나님께서 요구하시는 것은 하나님께 대한 진심입니다.
　화려한 제물이나 눈에 화려한 요식행위가 아니라 진심이 하나님께 돌아왔느냐는 것입니다. 예배당에 앉아서 예배드려도 그 마음이 진심으로 하나님께 통하느냐는 것입니다.
　① 그 진심은 열매로써 알게 됩니다.
　(마 7:16)예수님은 산상보훈의 결론으로 말씀해 주셨습니다. "그들의 열매로 그들을 알지니 가시나무에서 포도를 또는 엉겅퀴에서 무화과를 따겠느냐 이와 같이 좋은 나무마다 아름다운 열매를 맺고 못된 나무가 아름다운 열매를 맺을 수 없느니라" 하셨습니다. (사 5:7)아름다운 열매는 공평이었고 나쁜 열매는 포학이었음을 깨닫습니다.
　② 하나님께서 미가를 통해서 말씀하셨습니다.
　하나님께서 기뻐하시는 것은 만만의 강물 같은 기름이나 맏아들을 제물로 내 몸의 열매를 드리는 것이 아니라는 것입니다. (시 51:17)"하나님께서 구하시는 제사는 상한 심령이라 하나님이여 상하고 통회하는 마음을 주께서 멸시하지 아니하시리이다" 하였는데, 다윗과 같이 죄를 회개하며 하나님께 가까이 나아가는 것입니다. 우리는 진정으로 마음과 정성이 회개하는 가운데 날마다 하나님께 가까이 나아가는 자리에 있기를 축복합니다.

2. 자비와 인애의 하나님이시기 때문에 자비와 인애를 요구하십니다.

그런데 유다 백성은 하나님의 선민으로 살면서도 인애와 자비와 긍휼이 아니라 오히려 포학한 자들이 되었습니다. 이것은 하나님의 뜻이 절대로 아니었습니다.

1) 하나님께서 구하시는 것은 자비와 인애였습니다.

이스라엘에서 그와 같은 자비와 인애를 찾을 수 없었기 때문에 결국은 하나님의 진노를 사게 됩니다. 이 세대에도 성도들이 깨달아야 할 말씀입니다.

① 하나님이 원하시는 사회상, 국가상은 자비가 있는 세상입니다.

아모스를 통하여 말씀하셨는데, (암 7:14)아모스는 본래 선지자도 아니요 뽕나무 농사짓는 농사꾼으로 일할 때 말씀이 임하여 전하게 되었습니다. (암 2:6-)"여호와께서 이와 같이 말씀하시되 이스라엘의 서너 가지 죄로 말미암아 내가 그 벌을 돌이키지 아니하리니 이는 그들이 은을 받고 의인을 팔며 신 한 켤레를 받고 가난한 자를 팔며 힘 없는 자의 머리를 티끌 먼지 속에 발로 밟고 연약한 자의 길을 굽게 하며 아버지와 아들이 한 젊은 여인에게 다녀서 내 거룩한 이름을 더럽히며 모든 제단 옆에서 전당 잡은 옷 위에 누우며 그들의 신전에서 벌금으로 얻은 포도주를 마심이니라" 하였습니다. 하나님이 절대 기뻐하시지 않습니다. (계 18:6)결국 그 대가를 갚으시는 날이 오게 될 것입니다.

② 하나님의 말씀에 공의는 살아있습니다.

하나님의 공의입니다. (창 19:28)소돔은 죄악에서 회개 없이 망하였습니다. (욘 3:4)요나의 회개하라는 말을 듣고서 니느웨 성은 회개가 성립되었고 내리려던 재앙이 내리지 아니하였습니다. 회개할 때 용서하시는 것이 하나님의 자비요 은혜입니다. (벧후 3:8)하루를 천년 같이 천년을 하루 같이 기다리시는 하나님의 긍휼이요 자비하심입니다. 지금은 하나님께서 기다리시는 때이기 때문에 회개의 열매 맺기를 요구하고 계십니다. 늘 회개하면서 열매가 있어야 합니다.

2) 하나님께서 요구하시는 자비와 긍휼과 사랑을 회복해야 할 때입니다.

국가적으로도 우리는 언제까지 일본 사람들을 미워하며 원수처럼 살 수는 없습니다. 2차대전이 끝나고 이스라엘 사람들도 독일 사람들을 용서했습니다. 폴란드에 가면 아우슈비츠 수용소가 있는데 모든 것을 보고 나오는 후문에 쓰여진 글입니다. '그들을 용서한다. 그러나 잊지는 않는다'고 했는데, 왜 그럴까요? 그와 같은 끔찍한 일이 또 일어나지 않기 위해서 용서는 하되 잊지는 않는다는 의미입니다.

① 지금은 국가적으로도 폭넓게 문을 열어야 할 때입니다.

지정학적으로 볼 때 우리나라는 러시아, 중국, 일본 사이에 끼어 있고, 북한 공산주의자들이 진을 치고 있는 형태입니다. 하나님의 축복 가운데서 눈을 열고 상생(相生)을 찾아야 할 때입니다. 일본과 언제까지 담을 쌓고 살 수는 없는 형국입니다.

② 교회는 사랑과 자비를 잊지 말아야 합니다.

왜냐하면 하나님은 곧 사랑이시기 때문입니다. (요일 4:8, 16)"하나님은 사랑이시라"(ὁ θεὸς ἀγάπη ἐστίν, 호 데오스 아가페 에스틴) 하였는데, 하나님의 속성 중에 사랑이 중요합니다. (계 2:4)에베소 교회는 첫사랑을 잃어버리고 책망받게 되었습니다. (엡 6:24)변함 없이 사랑해야 합니다. 이스라엘 유다는 지금 긍휼과 사랑을 잊어버렸고 책망받게 되는데, 우리에게 주시는 교훈이 매우 중요한바 사랑이 회복되기를 힘써야 합니다.

3. 하나님께서 요구하시는 것은 하나님과 함께 행하는 것입니다.

우상주의자들이 섬기는 우상과는 전혀 다릅니다. 세속주의자들이 추구하는 세속주의적으로 생활하는 것이 전혀 아닙니다. 하나님께서는 하나님의 백성이 하나님과 함께하는 것을 요구하시며 기뻐하십니다. 말세 때를 맞이하여 더욱 중요하게 주시는 말씀입니다.

1) 하나님께 대한 태도가 어떤 자세입니까?

그냥 말로만 하나님의 백성이요 선민이라 하면서 하나님을 섬기는 것이 아닙니다. 날마다 하나님을 가까이 모시고 동행하는 생활이어야 합니다.

① 겸손히 그 앞에 엎드려 행하는 것입니다.

우리가 말하거니와 성경에서 볼 때 하나님을 경외한다고 하는데, '경외'라는 말은 하나님 앞에 납작 엎드리는 태도를 말합니다. 이때 겸손이 중요합니다. 하나님 앞에서 교만은 멸망의 선봉이요 망하는 길입니다(잠 16:18). 날마다 겸손히 엎드려서 동행하는 삶이 중요합니다(벧전 5:6, 약 4:6).

② 그리고 하나님과 날마다 동행하며 살아가는 것입니다.

세상을 살면서 중요한 것이 하나님과 동행하는 일입니다. (창 5:23)에녹은 세상을 살면서 300년간 하나님과 동행했습니다. (사 41:8)유다를 지칭하면서 아브라함을 이야기하는데, 아브라함은 하나님의 '벗', '친구'라 하였습니다. 벗은 늘 친근하듯이 아브라함은 하나님과 친하게 되었는데, 우리의 신앙의 모습이 하나님과 친한 사이가 되도록 힘써야 합니다. (눅 12:4, 요 11:11, 15:14)예수님은 우리에게 친구라고 하셨습니다. 날마다 예수님과 친하게 동행해야 하는 것이 우리의 신앙생활이 되어야 합니다.

2) 미가 시대가 악한 시대였다면 말세 때는 심판의 시대입니다.

심판이 올 수밖에 없는 악한 시대인데, 하나님께서 요구하시는 것이 무엇인지를 분별해야 합니다.

① 악한 시대이기 때문에 요구하셨다면, 지금 심판을 눈앞에 두고 요구하시는 것은 하나님의 마지막 은혜라 할 것입니다.

공의를 행하며 인자를 사랑하며 겸손하게 하나님과 동행하는 삶의 모습이 무엇보다도 중요합니다. 부자가 되고 세상에서 출세했다고 하더라도 거기서 하나님을 잃어버리고 산다면 낭패입니다. 522장 찬송은 찰스 웨슬리(C. Wesley, 1707-1788)가 작사했는데, 3절에 보면 "웬일인가 내 형제여 재물만 취하다 세상 물질 불탈 때에 너도 타겠구나" 하였습니다. 물질의 문제도 모두 하나님과 함께 행하는 길이 되도록 힘써야 합니다.

② 하나님을 잃어버리면 모든 것을 잃어버리는 것입니다.

지금 본문에서 미가 선지자는 간절하고 애절하게 전하고 있습니다. 그런데 불행하게도 유다 백성은 이사야, 미가, 호세아와 같은 쟁쟁한 선지자들이 전하는 말씀을 듣고도 회개하지 않고 줄곧 죄를 짓다가 끝내는 바벨론에 멸망하고 70년간 포로가 되는 불행을 겪었습니다. (딤전 6:11)이제 우리는 선한 싸움을 잘 싸워야 합니다. 우리 모두 예수님 안에서 믿음의 승리자가 되시기를 예수 그리스도의 이름으로 축원합니다.

결론 : 하나님이 요구하시는 것을 알아야 합니다.

〈영적 교훈〉

선택을 잘해야 합니다

창 13:5-13

　우리는 세상에서 계속해서 어떤 것을 선택(choice)하느냐 하는 갈림길에서 살아가게 됩니다. 이것이냐 저것이냐를 선택하는 것은 매우 중요한 일로서 그 결과에 따라 웃기도 하고 울기도 하기 때문입니다. 최종적인 선택과 결정은 본인이 하게 됩니다. 관념론주의 철학자 독일의 헤겔(Hegel)은 말하기를 "마음의 문을 열고 닫는 손잡이는 마음 깊숙이 안쪽에만 달려 있다. 그러므로 당신의 마음을 여는 것도 닫는 것도 마음대로 할 수 없다. 오직 당사자뿐이다." 하였습니다. 본인의 선택이 중요함을 일깨우는 철학적 이야기라 할 것입니다. 선택은 중요합니다. 결혼, 직장, 사업, 친구 사귐 등은 평생을 좌우하게 되는데 더욱이 하나님께 대한 신앙 문제는 영원까지 이르게 합니다. (전 11:9-12:13) 일의 결국은 다 들었으니 하나님을 경외하고 섬기라고 분명히 전해줍니다.
　본문은 갈대아 우르를 떠나온 아브람을 따르던 롯이 스스로 선택했던 소돔성의 비참한 결과를 이야기해주고 있습니다. 스스로 선택하여 가게 된 소돔 지역이 불로 망할 때 빈손으로 나올 수밖에 없었습니다. (계 18:15)종말 때에 세상이 바벨론이 무너지듯 망하게 된다고 경고하고 있습니다. 이 세대에 우리는 삶의 선택을 바르게 해야 하므로 오늘 말씀은 우리에게 중요하게 와 닿게 됩니다.

1. 롯이 선택한 망하는 길로는 가지 말아야 합니다.

　사람이 살다 보면, 앞서간 사건들이 흥하고 축복받는 길도 있지만 저주받는 길도 있음을 보게 됩니다. 그래서 앞서간 사람들의 발자취의 교훈이 중요한 것입니다.

 1) 바르게 보는 눈이 필요합니다.

 보기는 보는데 눈에 보이는 가시적 일만 보고 거기에 혹해서 가게 되는데 이렇게 되면 곤란합니다. 겉만 보고 속은 볼 수 없으므로 큰 문제가 닥치게 됩니다.

 ① 눈에 보이는 것뿐 아니라 내면적이고 이념적인 것을 보아야 합니다.

 (10절) "이에 롯이 눈을 들어 요단 지역을 바라본즉 소알까지 온 땅에 물이 넉넉하니 여호와께서 소돔과 고모라를 멸하시기 전이었으므로 여호와의 동산 같고 애굽 땅과 같았더라" 하였습니다. 사실 눈에 보기에는 지상낙원(utopia)처럼 보였습니다. 겉은 그렇게 화려했지만, 하나님의 불 심판을 기다리고 있던 죄악의 도성이었습니다. 신앙인은 성경적으로 세상을 보아야 합니다. 과학으로 화려하게 치닫는 세상이지만 하나님의 심판으로 무너질 때 바벨론이 무너지듯이 망하게 될 것이라고 예언하였습니다(계 18:2). 예수님께서 준비하신 나라만이 영원합니다(요 14:1).

 ② 믿음의 사람들은 영적인 믿음의 눈을 떠야 합니다.

 눈에는 여러 가지 눈이 있습니다. 육안, 지안, 영안입니다. 글을 모르면 문맹자요, 사물을 못 보면 맹인이며, 영적으로 어두우면 영적인 맹인인데, 우리는 영안이 열려야 합니다. (엡 1:17-18)마음의 눈이 열려야 합니다. (마 13:44)밭에 감추인 보배를 볼 수 있어야 합니다. (왕하 6:17)엘리사의 눈이 있어야 합니다.

 2) 눈에 보이는 가시적 현상만 보고 그 방향으로 이동하였습니다.

 (11절) "그러므로 롯이 요단 온 지역을 택하고 동으로 옮기니 그들이 서로 (아브라함과 그 종들과) 떠난지라" 하였습니다. 눈에 보이는 화려함만 바라보고 동으로 옮기게 되었습니다.

 ① 한 번쯤 생각하였더라면 그런 일은 막았을 것입니다.

 당시에 물이 귀하였으므로 소돔 지역으로 모였고 도시를 형성했습니다. 언제나 도시 문명을 이루는 곳에는 강이 있었습니다. 유브라데, 나일, 티그리스, 황하 등이 그것입니다. 타락된 사람들이 모이다 보니 죄악의 성이 되었습니다.

 ② 롯이 가는 소돔 성은 죄악이 하늘을 찌르는 듯한 지역이었습니다.

(13절) "소돔 사람은 여호와 앞에 악하며 큰 죄인이었더라" 하였습니다. 믿음의 사람은 믿음의 눈을 떠야 합니다. 죄악의 성읍임을 보아야 합니다. 예수님께서 재림하시게 되는 말세 때에는 세상의 죄악을 소돔과 고모라의 때로 비유하셨습니다. 노아의 때로 비유하셨습니다. (눅 17:27-32) 지금은 정신 차리고 신앙생활을 할 때입니다.

2. 축복의 사람 아브라함의 선택은 달랐습니다.

아브라함은 믿음의 사람이요 축복의 사람이기 때문에 달랐습니다. 그래서 아브라함은 가는 곳마다 예배가 살아 있었습니다. 롯이 예배드렸다는 성경구절은 찾아볼 수 없습니다.

1) 아브라함은 어렵고 힘든 때일수록 예배를 드렸고 제단을 쌓았습니다.

여호와의 이름을 부르게 된 것입니다. (창 13:14, 18) 아브라함은 장막을 새롭게 칠 때마다 여호와 하나님께 제단을 쌓았고 기도했다는 말씀을 눈여겨보아야 합니다.

① 아브라함은 보기에 좋은 곳이 아니라 예배하는 곳을 찾았습니다.

하나님께 제단을 쌓는 것은 오늘날 교회에 나아와 예배를 드리는 것에 비유됩니다. 제단을 쌓기에 좋은 곳인가 아니면 불편한 곳인가에 따라서 생활이 달랐습니다. 오늘 우리는 예배드리기에 좋은 곳인가, 신앙생활에 좋은 곳인가에 따라서 옮기는 생활이 중요합니다. 찬양하고 예배하기에 따라서 사는 것이 아니라 돈을 벌고 학군이 좋고 하는 목적이라면 한참 빗나가는 것입니다. 그런 것에서 현대 신앙생활의 문제점이 보이는데, 우리는 신앙 중심으로 생활을 바꾸어야 합니다.

② 아브라함은 계속해서 축복의 사람으로 인정받게 되지만 롯의 앞길은 험악하게 되었습니다.

성이 망할 때 빈손으로 도망하고, 아내는 뒤를 돌아봄으로써 소금 기둥이 되었는데(창 19:26), 이를 두고 예수님은 종말 때의 성도들에게 롯의 처를 생각하라(눅 17:32)는 경고를 해주셨습니다. 왜 롯의 아내가 뒤를 돌아보았는지를 놓고 학자들은 이렇게 설명합니다. 남편과 두 딸 외에는 건진 것이 없이 빈손으로 빠져나오는데, 집에 두고 온 금은보화들 때문에 뒤를 돌아보았다는 것입니다. 후에 롯은 광야로 가서 살게 되는데, 두 딸이 아버지와 관계해서 낳은 족속이 모압과 암몬 족속이 됩니다. 두 족속은 두고두고 역사적으로 이스라엘과 원수가 된 구약의 역사적 배경을 보게 됩니다. 우리는 바로 깨달아야 하겠습니다.

2) 아브라함의 축복의 길을 보고 본받아 걸어야 합니다.

(갈 3:9)"믿음이 있는 사람은 믿음이 있는 아브라함과 함께 복을 받느니라" 하였습니다. 신약에 와서도 아브라함의 이름은 빛이 나게 되었습니다.

① 믿음 중심으로 살아야 합니다.

천만금을 얻고 떼 부자가 되었어도 거기에 하나님을 잃어버리고 믿음에서 떠나있다면 그것은 절대로 축복이 아닙니다. 아브라함은 하나님 말씀에 절대적으로 순종하는 믿음의 사람이었습니다. (행 7:5)한때는 발붙일 만큼도 땅을 주시지 아니하였는데도 그 믿음이 변치 아니했고 말씀에 절대 순종했습니다. 말씀대로 살았는데 왜 축복이 없느냐는 사람은 다시 생각해야 합니다.

② 조카 롯을 생각하면서 매사에 양보하는 사람이었습니다.

(창 11:31)아브라함의 가족사가 나오는데, 하란 땅에서 롯의 부친이 죽고 롯은 삼촌인 아브라함의 슬하에서 성장했습니다. 혈육이라고는 하나밖에 없는 롯인데, 아브라함은 늘 롯을 생각하였습니다. 네가 좌하면 나는 우하겠다는 것입니다. 지금처럼 극단적인 이기주의 시대에 우리가 배워야 하는 영적 세계입니다. 아브라함은 축복의 길로 나아가는 대표적인 믿음의 사람이었습니다.

3. 축복의 사람 아브라함의 길은 하나님께서 보여주신 것입니다.

하나님은 아브라함에게 복의 근원 되시는 하나님을 따라가는 길이 살길이지, 눈에 보이는 우선주의를 따라가면 안 된다는 것을 나타내 보여주셨습니다. 물질 때문에 가족관계도 무너지는 시대에 교훈을 삼아야 합니다. 아브라함은 조카 롯에게 양보했더니 더 크게 축복을 받았습니다(창 13:14).

1) 하나님께서 보라고 하신 세계를 보아야 하겠습니다.

(13:14)롯이 아브라함을 떠난 후에 주신 말씀입니다. 너는 눈을 들어 너 있는 곳에서(현재 처해 있는 곳) 동서남북을 바라보라고 하셨습니다. (15절)"보이는 땅을 내가 너와 네 자손에게 주리니 영원히 이르리라" 하셨습니다.

①아브라함과 롯은 다른 점이 있습니다.

롯은 아브라함이 말을 마치자마자 무섭게 자기가 선택하여 떠나갔습니다. 롯 자신이 선택하여 간 길입니다. 그러나 아브라함은 롯이 떠난 후에 어찌할 바를 모를 때에 하나님께서 길을 인도해 주셨습니다. 하나님께서 주신 길은 안전합니다. (시 37:5-6)"네 길을 여호와께 맡기라 그를 의지하면 그가 이루시고 네 의를 빛같이 나타내시며 네 공의를 정오의 빛같이 하시리로다" 하였습니다. (잠 16:9)사람이 마음으로 자기의 길을 계획할지라도 그 걸음을 인도하시는 이는 하나님이십니다.

② 여기에서 아브라함의 영적인 길과 롯의 육적인 길을 깨닫게 됩니다.

우리는 아브라함과 같이 영적인 길을 갈지언정 롯과 같은 육적인 길을 가면 안 됩니다. (롬 8:5-7)"육신을 따르는 자는 육신의 일을, 영을 따르는 자는 영의 일을 생각하나니 육신의 생각은 사망이요 영의 생각은 생명과 평안이니라 육신의 생각은 하나님과 원수가 되나니 이는 하나님의 법에 굴복하지 아니할 뿐 아니라 할 수도 없음이라" 하였는데 우리는 예수 믿는 영적 사람으로 살아야 합니다.

2) 바른 선택을 한 것과 그릇된 선택을 한 결과는 두고두고 그 열매로써 보여줍니다.

롯이 걸어간 길과 아브라함이 걸어간 길은 지금까지 두고두고 교훈을 줍니다. 그러므로 우리는 언제나 기도 중에서 아브라함의 길을 따라가야 합니다. '주여, 우리의 갈 길을 열어 주옵소서' 하고 기도하며 살아야 합니다.

① 아브라함의 자손은 두고두고 축복받는 민족과 나라가 될 것을 약속하셨는데, 그대로 되었습니다.

우리는 아브라함의 계통이 되도록 살아야 합니다. 그 후손은 마치 오뚜기처럼 다시 일어나는 능력이 있습니다. 이스라엘 역사에서 분명히 보여줍니다. 타국에 의해 망했다가도 하나님의 은혜로 다시 일어나서 강한 나라가 되었습니다. 그러나 아랍권의 나라들은 석유가 쏟아져도 그렇게 큰 힘이 없습니다.

② 우리는 믿음으로 바로 선택해야 합니다.

우리는 선거가 있을 때마다 생각해야 합니다. 교회를 비롯한 종교 단체를 찾아다니며 거짓으로 표를 구걸하는 인물이 아니라 진정으로 하나님을 두려워하고 하나님이 쓰시는 사람을 바로 찾아내야 합니다. 대통령이 한 번 잘하면 국가가 튼튼한 반석 위에 서게 되지만 잘못하면 일어날 수 없도록 망가지기 때문입니다. 개인이든 국가이든 간에 올바른 선택으로 복의 길이 열리기를 예수님의 이름으로 축원합니다.

결론 : 선택은 잘해야 합니다.

〈영적 교훈〉

성한 곳이 없이 병들었습니다

사 1:1-9

건강한 것과 병든 것은 살아가는 모든 상황이 다릅니다. 병든 몸으로 살아간다면 그 병든 몸은 나을 때까지 평생 문제를 안고 살아가는 것이 고생이요 고통입니다. 그나마 약한 병으로 고생한다면 낫는다는 소망이 있겠지만 중한 병이라면 당사자는 물론이고 지켜보는 가족과 친척 지인들에게까지 마음의 고통이 따르게 됩니다. 육체적 질병은 물론이고 정신적인 질병들도 있어서 요즘은 인사하는 서두가 "건강하시지요"라는 말이 유행처럼 되었습니다. 그런데 우리 신앙인에게는 이보다 더 중요한 것이 있는데, 영적으로 병든 신앙이 아니라 건강한 신앙으로 나아가야 한다는 사실입니다.

오늘 본문은 이사야를 통해서 이스라엘 유다를 깨우치는 내용입니다. 영적으로 하나님 대신에 우상주의로 나아갈 때 온몸이 병든 것, 터진 것, 매 맞은 흔적뿐이라고 책망하였습니다. 애굽을 비롯한 강대국을 의지하지 말라고 경고하였는데, (사 31:1)이사야는 선지자로 바르게 전하다가 므낫세 왕에 의해 톱으로 순교 당할 때까지 외쳤다고 하는데, 그가 외친대로 예수님은 이 땅에 오셔서 우리의 구세주가 되셨는바, 오늘 말씀을 통해 예수 그리스도 안에서 건강한 신앙으로 승리할 것을 배우게 됩니다.

1. 시대적으로 모든 분야에서 병이 들었습니다.

사람의 몸으로 비추어 볼 때 어느 한 부분이 병들었다고 진단되면 족집게처럼 그 부분만 치료하면 되겠지만 온몸이 병들었다는 것입니다. 온 나라가 분야별로 모두 병들었습니다.

1) 성한 곳이 하나도 없는 상태였습니다.

(6절)발바닥에서 머리까지 성한 곳이 없어 상한 것과 터진 것과 새로 맞은 흔적뿐이라고 하였습니다.

① 몸의 어느 한 곳 성한 데가 없듯이 당시의 상황은 국가의 모든 분야가 병들어 있다는 지적입니다.

병도 보통 병이 아니라 중병에 걸려 있었습니다. 몇 분야뿐 아니라 각계각층이 병들어 있었습니다. 문제는 중병에 있는데도 그 병든 것을 깨닫지 못한다는 것입니다. (3절)"소는 그 임자를 알고 나귀는 주인의 구유를 알건마는 이스라엘은 알지 못하고 나의 백성은 깨닫지 못하는도다"라고 하였습니다. (4절)"그들이 여호와를 버리며"라고 했습니다. 하나님을 저버리고 다른 길로 가면서 깨닫지 못하는 병입니다.

② 영적인 병만이 아니라 육신적 병에 시달렸습니다.

(6절)"발바닥에서 머리까지 성한 곳이 없이 상한 것과 터진 것과 새로 맞은 흔적뿐이거든 그것을 짜며 싸매며 기름으로 부드럽게 함을 받지 못하였도다" 하였습니다. 반신불수 내지는 하반신이 움직이지 못하는 중병 상태를 뜻합니다. 문제는 치료함을 받지 못한다는 것입니다. 처참한 상태요 불행한 상태의 극치라고 할 상황입니다.

③ 사람의 상태가 그리하기 때문에 농토도 병들었고 국가도 병들어서 어렵게 되었습니다.

자고로 사람들이 건강하면 국가도 건강합니다. 따라서 태평성대가 오는 법입니다. 그러나 (7절)땅도 병들어서 황폐하게 되었습니다. (창 3:18)타락한 때에 내린 저주를 봅니다. (왕하 15:38, 대하 28:17, 사 20:1)타국의 침략만 계속적으로 당하게 됩니다. (사 1:8)국가라는 형태만 남았습니다.

2) 왜 이렇게 처참하게 병들게 되고 문제가 생겼는지를 알아야 합니다.

병에 시달리며 병에 걸리게 되는 이유와 원인을 빨리 파악해야 합니다. 상황을 알게 되면 치료의 대책이 세워지기 때문입니다.

① 문제는 유다 이스라엘이 깨닫지를 못한다는 것입니다.

선지자가 있어서 계속 전해도 깨닫지 못합니다. 이사야 같은 대선지자가 전하고 외쳐도 깨닫지를 못하는 것입니다. 오늘날로 말하면 유명한 설교자가 설교해도 깨닫지 못하면 은혜를 받을 수 없거니와 고칠 수 없다는 것입니다. 결국 이사야 같은 선지자도 톱으로 켜 순교를 당하는 불상사가 일어나게 되었습니다.

② 결국 황폐하게 되고 버린 땅, 버린 민족이 되어 고난의 연속인 이스라엘 역사가 되었습니다.

더욱이 이사야가 예언한 메시야 되시는 예수님이 오셨는데, 그 예수님을 십자가에 못 박아 죽였고, 이스라엘 나라는 주후 70년 지도에서 2,000년간 사라지게 되었습니다. (마 23:37)예수님은 이러한 이스라엘의 앞날을 보시면서 우셨는데, 2차대전 때에 벌어진 히틀러에 의한 참극상도 기억해야 합니다.

2. 왜 병에 시달리는지 원인을 알아야 합니다.

무슨 병이든지 그냥 오는 병은 없습니다. 이유가 있고 원인이 분명히 있다는 것입니다. 원인을 찾지 못하면 문제가 되는데, 비단 병뿐만 아니라 모든 문제가 다 그렇습니다.

1) 원인은 유다 백성이 하나님을 버리고 떠났기 때문입니다.

찬송가 28장 가사와 같이 복의 근원을 떠났기 때문입니다. (렘 2:13)생수의 근원이신 하나님을 떠났습니다. 큰 불행이 되었습니다.

① 하나님을 떠난 죄는 무서운 결과가 나타나게 되어 있습니다.

2절에서 봅니다. "하늘이여 들으라 땅이여 귀를 기울이라 여호와께서 말씀하시기를 내가 자식을 양육하였거늘 그들이 나를 거역하였도다" 하였고, (4절)"부패한 자식"이라고까지 하였습니다. 하나님을 떠나서 하나님을 저버리는 죄는 엄중한 죄에 속하고 결국은 망하는 길입니다. 이스라엘 유다는 죄 가운데 빠져서 하나님을 저버리고 우상의 길로 가는 중병에 걸려 중환자와 같은 꼴이 되었습니다. 우리는 무슨 일이 있든지 하나님을 떠나는 죄에 빠지지 말아야 합니다.

② 약을 처방해도 약발이 듣지 않는 상태였습니다.

약효가 없는 상태의 중병에 걸리게 된 것입니다. 선지자들은 부지런히 하나님의 말씀을 전해도 듣지 않는 중병입니다. (렘 25:3)바벨론에 70년간 끌려가기 전에도 하나님께서는 선지자들을 부지런히 보내셨지만, 그들은 도무지 듣지 않았습니다. 부지런히 보내셨지만 듣지 아니하고 귀를 기울여 들으려고도 하지 아니했습니다. (렘 25:5-6)"너희는 각자의 악한 길과 악행을 버리고 돌아오라 그리하면 나 여호와가 너희와 너희 조상들에게 영원부터 영원까지 준 그 땅에 살리라 너희는 다른 신을 따라다니며 섬기거나 경배하지 말며 너희 손으로 만든 것으로써 나의 노여움을 일으키지 말라 그리하면 내가 너희를 해하지 아니하리라" 하였습니다.

2) 하나님의 은혜를 배신한 죄는 결국 재앙입니다.

하나님을 배반하고 저 버리는 죄는 결국 망하게 됩니다. 우리는 무슨 일이 있든지 하나님의 은혜의 품을 벗어나지 말고 그 은혜의 품에서 살아가는 성도가 되어야 합니다.

① 하나님의 은혜를 잃어버리면 모든 것이 깨어지고 고장 나게 됩니다.

하나님의 은혜를 저버리는 일은 죽는 중병에 걸리게 됨을 알아야 합니다. 신앙이 망가지고 가정이 깨어지는 일도 일어나게 됩니다. 우리의 몸에 세균이 침투하면 몸에 문제가 생기듯이 하나님의 은혜를 저버리고 나가면 모든 것이 고장 나게 됩니다. 민 13-14장에 나오는 정탐꾼의 예에서 볼 때 그들은 불신앙에 빠져서 결국 광야에서 모두 망하게 되었습니다.

② 은혜의 자리에서 떠나있다면 빨리 돌이켜서 회복해야 합니다.

생각을 고치고 돌아올 때만이 살길이 열리게 됨을 깨달아야 합니다. (사 55:6-7)"너희는 여호와를 만날 만한 때에 찾으라 가까이 계실 때에 그를 부르라 … 그리하면 긍휼히 여기시리라 우리 하나님께로 돌아오라 그가 너그럽게 용서하시리라" 하셨습니다.

3. 하나님은 고쳐주시고 치료해 주십니다.

창조주 하나님이시기 때문입니다. 육신의 질병도 치료해 주실 것을 성경 곳곳에서 우리에게 말씀해 주었습니다. (출 15:26)"나는 너희를 치료하는 여호와니라"(여호와 랍바) 하였습니다. (말 4:2)내 이름을 경외하는 너희에게는 치료하는 빛을 비추어 치료해 주신다고 약속해 주셨습니다. 예수님은 약속하셨습니다. (막 16:17-)"믿는 자들에게는 이런 표적이 따르리니 곧 그들이 내 이름으로 귀신을 쫓아내며 새 방언을 말하며 뱀을 집어올리며 무슨 독을 마실지라도 해를 받지 아니하며 병든 사람에게 손을 얹은즉 나으리라" 하셨는데 예수님의 이름으로 기도할 때 나타나는 기적입니다.

1) 악한 길에서 회개하고 돌아와야 합니다.

여기에 치유가 따르게 됩니다. (대상 7:14)"내 이름으로 일컫는 내 백성이 그 악한 길에서 떠나 스스로 겸비하고 기도하여 내 얼굴을 구하면 내가 하늘에서 듣고 그 죄를 사하고 그 땅을 고칠지라" 하였습니다. 일찍이 솔로몬의 기도에 대한 응답입니다.

① 하나님은 고치시고 싸매십니다.

문제는 깨닫고 돌아와서 회개가 성립되고 영적인 회복이 될 때 일어나는 영적 현상이라는 것입니다. (욥 5:18)"하나님은 아프게 하시다가 싸매시며 상하게 하시다가 그 손으로 고치시나니" 하였습니다. 고치시는 하나님이시며 치료해 주시는 하나님이십니다.

② 만물 자연생태계도 고쳐주십니다.

육신만이 아닙니다. (왕하 4:41)물에 문제가 있을 때 해독해 주신 사건에서 봅니다. (왕하 5:14)아람 나라 군대장관 나아만의 나병도 고쳐주셨습니다. (왕하 20:5)유다의 히스기야 왕의 죽을병에서도 고쳐주셨고 생명을 15년 더 연장시켜주셨습니다. 만물도 사람도 하나님은 고쳐주십니다.

2) 사람들이 깨닫고 하나님께 돌아올 때 가능한 영적인 일입니다.

삶의 모든 일이 하나님께 있음을 깨닫고 하나님께 돌아와야 합니다. 용서해 주십니다(사 1:18). 살길이 열리게 됩니다. 그 길밖에 없습니다.

① 모든 것을 스스로 회개하며 돌아와야 합니다.

하나님은 용서해 주시고 살길을 열어 주십니다. (시 30:2)"여호와 하나님이여 내가 주께 부르짖으매 나를 고치셨나이다" 하였습니다. 범죄한 다윗도 회개할 때 길이 열리고 크게 쓰임을 받게 되었습니다. (시 51:1)다윗이 크게 회개하는 말씀에서 깨닫게 됩니다.

② 마지막 희망은 하나님께 있습니다.

(시 41:3)"여호와께서 그를 병상에서 붙드시고 그가 누워 있을 때마다 그의 병을 고쳐주시나이다" 하였습니다. 미국의 학교에서나 사회에서 총질로 난리인

데 학교에서 예배가 없어지고 성경공부가 없어지고 찬송이 사라지게 된 때부터 일어난 사건입니다. 마지막 희망은 하나님께 돌아올 때에 있는 줄 믿고 진심으로 하나님을 찾기를 예수님의 이름으로 축원합니다.

결론 : 치료 받으세요.

〈열매〉

열매로 그 나무를 안다

요 15:1-8

　세상에는 하나님께서 창조하신 수많은 나무가 있는데, 그중에는 열매 맺는 과실수들이 많이 있어서 그 열매로 그 나무의 종류를 알 수 있습니다. 열매가 좋으면 그 나무는 좋은 나무입니다. 예수님께서 마태복음 5-7장에서 산상보훈을 말씀해 주셨는데, 그 마지막 결론 부분에서 말씀해 주시는 진리는 좋은 나무는 좋은 열매를 맺게 되지만 나쁜 나무는 나쁜 열매를 맺게 된다는 원리입니다. "아름다운 열매를 맺지 아니하는 나무마다 찍혀 불에 던져지느니라"(마 7:19) 하셨습니다. 셰익스피어(Shakespeare)는 "사람은 천사도 아니고 악마도 아니다." 하였습니다. 신학자 벵겔(Begel)은 "참 선지자가 지옥에 들어가는 법이 없고, 거짓 선지자가 천국에 들어가는 법도 없다." 하였습니다. (눅 13:1-) 너희도 만일 회개하지 아니하면 이와 같이 망하리라는 교훈의 말씀은 매우 중요합니다. 3년씩이나 와서 보았지만 열매가 없는 무화과나무에 관한 교훈은 눈여겨보아야 합니다. (사 5:1-)이스라엘 백성에게 주신 말씀 가운데, 최고로 좋은 포도나무를 심었는데 먹을 수 없는 들포도를 맺게 되었다고 탄식하시며 책망하신 말씀도 눈여겨보아야 합니다.

　오늘 본문 말씀은 포도나무 비유를 통해서 주님과의 관계를 보게 되는데, 우리는 열매가 풍성한 나무가 되도록 힘써야 합니다. 그러려면 철저하게 예수님 안에 있어야 합니다. 트랜치(Trench)는 "우리의 생명 열쇠를 주시기 위해서이다." 하였는바 오늘 말씀에서 은혜를 나누고자 합니다.

1. 예수님 안에 있어야 합니다.

농부 되시는 하나님이 기뻐하시는 열매를 맺기 위해서는 철저하게 예수님 안에 있어야 합니다.

1) 그것은 가지가 원줄기에 붙어 있어야 하는 것과 같습니다.

가지가 원줄기에 붙어 있을 때 수분과 양분을 모두 흡수하게 되어 생존할 뿐만 아니라 열매를 맺게 되기 때문입니다.

① 원줄기 되는 예수님 안에 있어야 합니다.

(4절)"내 안에 거하라 나도 너희 안에 거하리라" 하였습니다. "거한다"는 말은 헬라어 '메노'(μένω)로서 그리스도와 그를 믿는 성도 사이에 생명력 관계를 표시하는 단어입니다. 사도 바울가 그의 유명한 신학의 주제로 '그리스도 안에'(ἐν Χριστός)를 강조한 것은 유명합니다. (계 3:20)문이 열려 있을 때 예수 안으로 들어가야 합니다. 몸 안에는 수많은 혈관이 있는데 막히면 안 되듯이 우리와 예수 그리스도의 관계는 막히지 말아야 합니다. 열매가 맺는 첫 번째 조건입니다.

② 우리를 택하시고 구원하시며 사랑해 주시는 이유가 있습니다.

마치 나무를 가꾸고 거름을 주며 가꾸는 것에 비유됩니다. 그것은 열매를 맺게 하기 위해서인데, 하나님의 백성이 된 열매요 기뻐하시는 존재가 됩니다(요 15:16). 특별히 선택하여 세우셨는데 이른바 특별선택(special selection)입니다. (갈 1:15)바울의 고백과 같이 어머니 태에서부터 선택하셨습니다. 칼빈(Calvin)의 해석과 같이 선택은 지명을 통하여 그 직(職)을 공적으로 받을 때까지는 숨겨져 있지만, 하나님의 선택은 분명한 사실입니다. 이는 열매를 맺게 하고 그 기능을 발휘하게 하기 위해서입니다. 또한 우리는 그분의 양(羊)으로서 기능을 다해야 합니다. 새끼를 낳든지, 젖을 짜든지, 털과 양피로써 주인에게 유익을 끼치는 것이 양(羊)이 해야 할 일입니다.

2) 나무의 성격은 열매로써만 증명됩니다.

열매가 없을 때는 결국 죽게 되는데, (마 21:18)잎만 무성했던 무화과나무가 그렇게 저주를 받아 죽게 되었습니다.

① 포도나무는 오직 열매로써 입증해야 합니다.

포도나무의 기능은 오직 열매로만 나타나게 됩니다. (겔 15:1-)에스겔 선지자가 전했듯이 목재나 못을 만들 수 있는 나무가 아니고, 포도 열매를 맺는 것이 포도나무인데, 그 열매가 없다면 불태우는 화목밖에 다른 길이 없습니다.

② 좋은 열매를 맺음으로써 하나님의 사랑을 삶 속에서 확실히 체험하게 됩니다.

(약 1:17)"온갖 좋은 은사와 온전한 선물이 다 위로부터 빛들의 아버지께로부터 내려오나니 그는 변함도 없으시고 회전하는 그림자도 없으시니라" 하였습니다. 성도의 궁극적 신앙의 목적은 늘 예수님 안에 사는 것입니다. 그래서 늘 열매를 풍성하게 맺히므로 하나님께 영광이 되게 살아가는 것입니다. 뿌리부터 가지에 이르는 관계가 아름다워지므로 실현되는 나무의 구조와 같이, 주님과의 관계가 아름답게 되기를 주님의 이름으로 축복합니다.

2. 신앙이 성장하게 될 때 열매를 맺게 됩니다.

나무가 성장해야 열매를 맺듯이 신앙이 성장해야 합니다. 과실수를 심었는데 어린나무면 열매를 맺을 수 없습니다. 성장할 때 비로소 열매를 맺게 됩니다.

1) 의인은 번성한다고 하였습니다.

(시 92:12)"의인은 종려나무 같이 번성하며 레바논의 백향목 같이 발육하리로다" 하였는데 나무는 성장할 때 그 기능을 하게 됩니다.

① 원줄기에서 공급되는 순환 효과가 아름답게 유지되듯이, 그리스도인은 언제나 예수님 안에서 성령으로 말미암아 역사하시는 능력을 공급받아야 합니다.

밑 뿌리에서부터 영양이 공급되고 태양을 통한 작용이 아름답게 공급될 때 성장하며 열매를 맺게 됩니다. (고후 13:13)성부, 성자, 성령의 이름으로 축도하게 되는데, 믿음의 성도들의 영적 생활은 삼위일체 하나님의 이름으로 영적 교통이 원만하게 이루어져야 합니다. 주석학자 이상근 박사는 "구원의 확신을 확신시켜 주신다."고 하였습니다.

② 성장하기 위해서는 늘 영적 양식을 공급받아야 합니다.

그리스도의 말씀이 늘 공급되어야 합니다. (마 4:4)사람이 떡으로만 사는 것이 아니라 하나님의 입으로 나오는 말씀으로 살기 때문입니다. (시 19:9)꿀과 송이 꿀보다 더 달게 사모해야 합니다. 말씀에 대한 성도의 입장이 이렇게 뜨거워질 때 역사는 일어나게 됩니다. 하나님의 말씀을 잘 받아야 합니다. 여기에 영적 성장이 있게 되고 열매를 가득하게 맺는 성숙한 신앙생활로 이어지게 될 줄 믿습니다. 그러나 성장이 없이는 열매를 맺을 수 없게 됩니다.

2) 성장하기 위해서는 성장을 방해하는 것을 제거해 버려야 합니다.

농작물에는 성장을 방해하는 것들이 늘 따라다닙니다. 그래서 농부는 김을 매어 주고, 약을 치고, 벌레도 잡아주는 일에 분주합니다. 영적 원리에도 이런 일이 적용되는데, 이와 같은 사실을 늘 생각해야 합니다.

① 성장하도록 주변을 늘 깨끗하게 해야 합니다.

(2절)"과일을 맺게하기 위해서 이를 깨끗하게 하느니라" 하였습니다. 가지치기를 비롯해서 잡초들을 모두 제거해 버려야 합니다. "깨끗하게"(καθαίρω, 카다이로)는 불결하고 지저분한 것에서 청결케 하는 일을 뜻합니다. (요일 1:9)그리스도인들은 늘 회개 자복하면서 죄 용서와 함께 깨끗하게 하는 영적 일에 힘써야 합니다. 저스틴(Justin)은 "이것은 그리스도인들에게 늘 어려운 훈련에 해당되는 것이다." 하였습니다. 우리는 말씀으로 이미 깨끗하게 되었다고 하였습니다.

② 우리를 깨끗하게 하는 것은 주님의 말씀입니다.

"내가 일러준 말로"에서 그 "말"은 '로고스'(λόγος)로 주님이 말씀해 주시는 복음 전체를 가리킵니다. (요 14:23)주님이 함께하십니다. (엡 5:26)말씀으로 깨끗하게 하시는데, 이때의 말씀은 '레마'(ῥήμα), 즉 선포되는 말씀입니다. 우리는 늘 말씀으로 충만해서 깨끗해야 하겠습니다.

3. 열매를 맺는 그리스도인들에게 축복이 약속되어 있습니다.

축복뿐만 아니라 온갖 상급이 주어지는 약속이 분명합니다. 그래서 열매는 곧 축복과 상급으로 이어지는 것이기에 중요합니다.

1) 주님의 제자로서 축복의 길이요 보상의 길입니다.

(7-8절)"너희가 열매를 많이 맺으면 내 아버지께서 영광을 받으실 것이요 너희는 내 제자가 되리라" 하였습니다, 열매가 없는 이유는 아직 어린 신앙이든지, 예수 그리스도 안에 있지 않고 예수님 밖에 있기 때문입니다. 열매를 맺는 것은 예수님 안에 있다는 확실한 증거요 성숙해진 믿음 가운데 있다는 증표입

니다.

① 열매를 맺고 맺지 않고는 분명한 차이가 있습니다.

(요 6:65)예수님의 살을 먹고 피를 마시는 것은 예수님 안에 거하는 것입니다. (마 13:40)열매가 없으면 추수 때에 거두어다가 불에 태우게 된다고 하셨습니다. (막 9:48)거기 불구덩이는 구더기도 죽지 않는 무서운 곳입니다. 예수 그리스도 안에 있는 것과 열매를 맺는 생활이 중요합니다.

② 열매가 풍성한 그리스도 안에 있는 축복은 분명합니다.

그 나무가 축복받듯이, 믿는 자 속에서 축복이 분명하게 나타나게 됩니다. (롬 15:7)무엇이든지 구하게 될 때 응답이 약속되었습니다. (요 15:8)"내 아버지께서 영광을 받으실 것이요 너희가 내 제자가 되리라" 하였습니다. 우리는 주님의 제자요 열매 맺는 포도나무입니다. 언제나 열매가 풍성한 은혜 속에 승리하는 성도가 되어야 하겠습니다. 열매로써 알게 됩니다.

2) 사랑을 받게 됩니다.

(요 15:9)"나도 너희를 사랑하였으니 나의 사랑 안에 거하라" 하셨습니다. 우리는 사랑받는 성도요 포도나무와 같은 존재입니다.

① 영적 열매입니다.

성도가 맺어가는 열매들입니다. (갈 5:23)"오직 성령의 열매는 사랑과 희락과 화평과 오래 참음과 자비와 양선과 충성과 온유와 절제니 이 같은 것을 금지할 법이 없느니라" 하였습니다. (히 13:15)"그러므로 우리는 예수로 말미암아 항상 찬송의 제사를 하나님께 드리자 이는 그 이름을 증언하는 입술의 열매니라" 하였습니다. 성도는 영적 열매로 지위를 가지게 됩니다.

② 그 열매는 주어진 은사에 따라서 맺게 됩니다.

포도나무는 포도 열매를 맺고, 무화과나무는 무화과 열매를 맺듯이, 그리스도 안에서 내게 주어진 은사에 따라 열매를 맺게 됩니다. 그래서 주신 직분이나 은사가 중요한 것은 거기에서 열매가 맺히기 때문입니다. 그러므로 은평교회 성도들은 예수 그리스도 안에서 언제나 하나님이 기뻐하시는 열매를 가득 맺히시기를 예수님의 이름으로 축원합니다.

결론 : 열매로써 신앙이 입증됩니다.

〈예수님〉

예수님의 나귀 타고 가신 길

막 11:1-10

　오늘날의 교통수단은 가공할 만큼 빨리 왕래하게 합니다. 성경 예언이 이루어지는 현장이기도 합니다. (단 12:4)"다니엘아 마지막 때까지 이 말을 간수하고 이 글을 봉함하라 많은 사람이 빨리 왕래하며 지식이 더하리라" 하였습니다. 예수님의 재림이 가까이 올수록 지식이 하늘을 찌르는 듯하고 빨리 왕래하게 될 것입니다. 과학을 이용해서 옛날에는 상상할 수 없는 편리와 교통수단이 운행되고 있습니다. 인터넷(internet)의 발달과 함께 소식도 빨리 접하는 시대가 되었습니다. 그러나 아놀드 토인비(Arnold Toynbee) 박사의 말과 같이, 정신문명이 따라가지 못하기 때문에 이 세상은 문제가 더욱 많이 발생하고 있습니다. 그러므로 우리는 더욱 영적으로 분발하는 신앙생활을 해야 합니다. 그리고 십자가 복음을 온 천하에 전하는 일에 힘써야 합니다(마 28:18-20). 지금이 그때라고 믿습니다.

　본문 말씀은 예수님께서 십자가의 대속적 죽음을 위해 예루살렘으로 올라가실 때 일어난 일입니다. 벳바게라는 마을을 지나가실 때 건너편 마을로 제자들을 보내시어 나귀를 끌고 오게 하셨고, 그 나귀를 타시고 예루살렘으로 올라가실 때 종려나무 가지를 들고서 호산나 찬송하는 큰 무리를 보게 됩니다. 예수님이 나귀를 타고 예루살렘에 올라가시는 모습을 통해 그 이유를 분명히 알고 은혜를 받아야 하겠습니다.

1. 예수님은 평화의 왕으로 오셨음을 전하는 것입니다.

예수님은 평화의 왕으로 오셨습니다. 로마 시대의 로마인들은 말을 타고 다니는 정복자였으나 예수님은 평화의 왕으로 오셨습니다.

1) 나귀는 말과 소에 비해서 온순하고 힘이 없는 동물입니다.

온순하고 힘이 없어 주인의 말을 잘 듣고 일 잘하는 동물로 알려져 있습니다.

① 주님이 예루살렘에 올라가셔서 십자가에서 대속적 제물이 되시기 위해서 타고 가시는 데 사용된 짐승입니다.

레 1-10장의 내용과 같이, 나귀는 예수님이 흠 없는 제물로 사용되시기 위해서 예루살렘으로 가시는 데 사용된 짐승입니다. (히 4:15-)"죄는 없으시니라"(χωρὶς ἁμαρτίας, 코리스 하말티아스), 죄 없으신 예수님이 제물 되시기 위해서 올라가셨습니다.

② 예수님은 한 번도 타보지 않은 나귀를 타시고 평화의 왕으로 입성하셨습니다.

로마 정복자들은 말을 타고 정복하러 다녔지만, 예수님은 대속적 희생양으로, 만왕의 왕으로서 나귀를 타고 입성하셨습니다. 예수님은 평화의 왕으로서 하나님과 사람 사이의 죄악의 담을 허시고 평화를 주시러 오셨습니다(엡 2:14). (눅 2:14)그래서 나실 때에 천사들이 목자들에게 나타나서 "지극히 높은 곳에서는 하나님께 영광이요 땅에서는 하나님이 기뻐하신 사람들 중에 평화로다" 하였습니다. 평화는 국제기구가 줄 수 없고 오직 예수 그리스도가 주십니다.

2) 나귀는 사람에게 그렇게 크게 인정받는 짐승이 아니었습니다.

더욱이 나귀 새끼였습니다. 사람들은 나귀를 그렇게 좋아하지 않았습니다.

① 말이나 낙타는 좋아했던 동물입니다.

말이나 낙타는 전쟁 시에도 유용하게 사용되었기 때문에 인기가 있었지만 나귀는 대개 서민층의 생활 용도에 쓰였을 뿐입니다. (창 37:25)이스마엘 족속이 먼 거리를 이용하면서 무역했던 낙타 무리를 보게 됩니다. 예수 그리스도는 어떠한 인기 위주에서 오신 것이 아니며 오늘날 복음전파도 인기 위주로 할 수는 없습니다.

② 십자가 지고 죽으러 가시는 예수님이 당시의 사람들에게 무슨 인기가 있었겠습니까?

온갖 기적을 베풀어주셨고 온갖 병자들이 치유 받는 곳에는 사람들이 인산인해를 이루었지만 십자가 지시고 가는 길은 쓸쓸하고 외로웠습니다. (사 53:3-)"그는 멸시를 받아 사람들에게 버림받았으며 간고를 많이 겪었으며 질고를 아는 자라..." 예수님은 그 길을 나귀 타고 올라가셨습니다.

2. 예수님이 타고 가신 나귀는 겸손과 순종의 상징입니다.

예수님이 타고 가신 나귀는 상징적으로 우리에게 겸손과 순종을 교훈해 주는 동물입니다. 예수님은 성경의 예언대로 나귀를 타고 예루살렘에 입성하신 것입니다.

1) 예수님이 가신 모든 길은 성경에 예언되었는데, 그 예언에 따라가셨습니다.
① 겸손입니다.

(마 21:5)구약 스가랴 9:9의 인용입니다만 "시온 딸에게 이르기를 네 왕이 네게 임하나니 그는 겸손하여 나귀, 곧 멍에 메는 짐승의 새끼를 탔도다 하라" 하였습니다. 창조주 되시는 하나님께서 인간의 육신을 입으시고 세상에 오신 것부터 시작해서 예수님이 행하신 모든 일이 겸손을 보여 주신 것입니다. 로마인들과 같이 말을 타고 위풍당당하게 큰소리치는 교만이 아니라 십자가 지고 죽으러 가시는 모습의 겸손입니다. (벧전 5:5, 약 4:6)따라서 겸손한 자에게는 하나님이 은혜를 더해주시지만 겸손하지 못하고 교만하면 하나님께서 대적하신다고 하셨습니다.

② 순종입니다.

예루살렘에 올라가시는 길은 십자가 지고 대속적 죽음을 감당하시기 위함인데, 이는 하나님께 순종하는 길이었습니다. (빌 2:6)십자가에 죽기까지 복종하셨는데, 예수님은 하나님께 순종하시는 표준이었습니다. (삼상 15:22-)"순종이 제사보다 낫고 듣는 것이 숫양의 기름보다 나으니 이는 거역하는 것은 점치는 죄와 같고 완고한 것은 사신 우상에게 절하는 죄와 같음이라" 하였습니다. 사울은 폐하여지고 그 자리에 이새의 아들 다윗이 이어서 왕이 되어 이스라엘을 통치하였습니다. 그리스도인으로서 예배가 무엇보다 귀한 일이고 중요하지만 순종이 따르는 신앙이라야 합니다. 불순종의 생활은 사울이 왕위에서 폐위되는 이유가 되었습니다(행 13:22).

2) 우리는 나귀 타고 예루살렘에 올라가시던 예수님을 배워야 합니다.

예수님을 배우고 따라가야 합니다. 이것이 진정한 예수님 제자의 길입니다.

① 예수님을 따른다는 것은 예수님의 겸손과 순종을 배우는 것입니다.

그냥 맹목적인 길이 아닙니다. 예수님의 순종과 겸손을 배우고 따라가는 것이 제자의 길입니다. 믿고 구원받아 하나님의 백성이 되었기 때문입니다. (히 5:8-)"그가 아들이시면서도 받으신 고난으로 순종함을 배워서 온전하게 되셨은즉 자기에게 순종하는 모든 자에게 영원한 구원의 근원이 되시고 하나님께 멜기세덱의 반차를 따른 대제사장이라 칭하심을 받으셨느니라" 하였습니다. 우리는 예수님의 제자들입니다.

② 우리는 날마다 예수님을 배워야 합니다.

(마 11:29)"나는 마음이 온유하고 겸손하니 나의 멍에를 메고 내게 배우라 그리하면 너희 마음이 쉼을 얻으리니" 하였습니다. (마 26:39)"나의 원대로 마시옵고 아버지의 원대로 하옵소서 하시고" 하였는데, 절대적 순종입니다. 또 "순종함을 배워서"(ἔπαθεν τὴν ὑπακοήν, 에마텐 덴 휘파코헨) 하였는데, 신학자 빈센트(Vincent)는 "우리 모두 훈련을 받아야 할 필요성이 있다."고 하였습니다. 우리는 예수님을 따라가는 제자들입니다. 따라서 우리는 겸손과 순종의 길을 바르게 배우고 따라가야 하겠습니다.

3. 예수님이 헌신하신 길이 나귀를 타고 가신 길이었습니다.

예수님이 나귀를 타고 가신 그 길은 헌신의 최고의 본이므로 상징적으로 귀하게 보고 표준 삼아서 잘 따라가야 합니다.

1) 예수님께서 세상에 오신 목적이 섬기려고 오셨기 때문입니다.

죄에 빠진 인간이요, 영원히 망하게 된 인간의 처참한 모습입니다. 그 인간을 구하시려고 영원히 망하게 두지 아니하시고 구원해 주시려고 십자가를 지셨습니다. (롬 5:8)"우리가 아직 죄인 되었을 때에 그리스도께서 우리를 위하여 죽으심으로 하나님께서 우리에 대한 자기의 사랑을 확증하셨느니라"고 하였습니다.

① 십자가를 지고 죽으심으로 섬기셨습니다.

육신을 입고 살아가면서도 그리하셨지만 3년간의 공생애는 섬기시는 생애였습니다. 사복음서 중에 마태는 예수님을 왕 되신 예수 그리스도로, 마가는 종 되신 예수 그리스도로, 누가는 인자 되신 그리스도로, 요한은 하나님의 아들로서 예수 그리스도를 기록하였는데, (막 10:43-)마가는 섬기는 자가 될 것을 강조하였습니다.

② 그 길을 가기 위해서 나귀 새끼를 타고 예루살렘으로 올라가시는 모습이 본문의 주요 내용입니다.

예수님을 '만왕의 왕이요 만주의 주'시라고 하는데, 그 예수님은 우리를 위하여 오셨습니다. 그리고 십자가를 지고 대속적 죽음을 죽으시고 겸손과 섬김을 순종을 통해 보여 주셨습니다. 지금 세상의 개념과는 전혀 맞지 않는 일이라 할지라도 우리는 그 예수님의 겸손과 순종을 배워야 합니다. (마 7:12)이 길은 많은 사람이 가는 인기의 길이 아니라 좁은 문이요 인기가 전혀 없는 길입니다.

2) 예수님이 가신 길은 실패의 길이 아니라 승리의 길임을 깨닫고 믿음으로 따라가야 합니다.

나폴레옹은 실패했지만 예수님은 승리하셨습니다.

① 예수님은 실패자가 아니요 승리하신 분입니다.

(골 2:15하)"십자가로 승리하셨느니라" 하였습니다. (빌 2:9-)"이러므로 하나님이 그를 지극히 높여 모든 이름 위에 뛰어난 이름을 주사 하늘에 있는 자들과 땅에 있는 자들과 땅 아래에 있는 자들로 모든 무릎을 예수의 이름에 꿇게 하시고 모든 입으로 예수 그리스도를 주라 시인하여 하나님 아버지께 영광을 돌리게 하셨느니라" 하였습니다. 이제 그 예수님은 온 세상을 심판하시러 오실 것입니다(계 1:7).

② 예수님을 따라가면 실패자가 아니라 성공과 축복의 사람이 됩니다.

예수님을 따라가는 길은 세상적인 잣대와 개념으로 보았을 때는 실패자처럼 보일지 모릅니다. 그러나 진실로 예수님을 따라가는 길은 영원토록 빛나게 될 것입니다. 나귀를 타고 초라하게 예루살렘으로 올라가시는 예수님의 뒤를 믿음으로 잘 따라가는 성도들이 다 되시기를 예수님의 이름으로 축원합니다.

결론 : 우리는 예수님의 제자들입니다.

〈예수님〉

예수님이 우셨던 눈물들

히 5:1-10

　세상의 모든 만물은 살아 있을 때 희로애락이 있는데, 기쁠 때는 웃게 되지만 슬프고 마음이 아플 때는 울게 됩니다. 인간의 육체에는 눈물샘이 있어서 무엇인가 그것을 자극할 때는 울게 되고 눈물을 흘리게 됩니다. 성경에서 보면 울 때 무엇인가 해결되는 경우를 보게 됩니다. (창 21:4)하갈과 이스마엘의 눈물에서 봅니다. (삼상 1:10)한나의 울음에서 봅니다. (왕하 20:5)히스기야 왕의 울음에서 봅니다. (시 56:8)다윗은 "나의 유리함을 주께서 계수하셨사오니 나의 눈물을 주의 병에 담으소서"라고까지 그 정황을 전해 주고 있습니다.

　본문에서 예수님도 세상에 계실 때 때로는 우셨음을 보게 됩니다. 세상에서 그 어떤 사람도 눈물을 모두 흘리게 되는데, 그 눈물은 약함의 표시가 아니라 인간 됨의 표시로 보아야 합니다. 예수님도 약하셔서 우신 것이 아니라 사람이기에 우셨던 흔적을 봅니다. (7절)"심한 통곡과 눈물로 간구와 소원을 올렸고" 하였습니다. 기도에는 점점 높아져 가는 세 가지 종류가 있습니다. 곧 기도와 눈물과 부르짖음입니다. 기도는 조용히 드리는 것이라면 부르짖음은 소리 높여 하는 것이고, 눈물은 그것을 극복하게 하는 것입니다. 신학자 웨스트콧(Westcatt)은 "눈물은 모든 것을 극복한다. 눈물이 통과하지 못하는 관문은 없는 것이다." 하였습니다. 본문에서 예수님이 눈물 흘리신 현장을 보면서 은혜받기를 바랍니다.

1. 예수님이 흘리신 눈물의 첫 번째 현장에서 보게 됩니다.

예수님이 세상에 계실 때 눈물을 흘리셨던 곳인데, 성경이 말하는 순서에 따라서 생각해 봅니다.

1) 예수님은 필요하실 때 우셨습니다.

요즈음과 같이 영화에서 배우들이 연기하면서 우는 눈물이 아닙니다. 예수님의 눈물은 배우의 연기적 눈물이 절대 아니라는 것입니다.

① 꼭 필요하실 때 인간적으로 우셨습니다.

사람은 필요할 때 울 줄도 알아야 합니다. 눈물도 감정도 메마른 사람들이 있습니다. 남들은 울고 있는데 본인만은 맨송맨송하게 감정이 없는 사람이면 곤란합니다. 죄 때문에 울고, 기도하며 울고, 찬송하며 우는 영적인 눈물이 필요합니다. (마 11:6)바리새인들은 감각이 없었기에 책망받았습니다. 빈센트(Vincent)는 "그들은 잔칫집에서도 웃지 않고, 초상집에서도 울지 않았다"고 하였습니다. 오늘날 교회의 모습이 이렇게 전락하면 곤란합니다.

② 눈물에는 큰 힘이 배어있습니다.

눈물은 단지 'H2O + NaCl'(물과 염분)의 화학성분이 아닙니다. 감정과 성심과 영혼 깊이 배어있는 영적인 성분이 풍성한 물질입니다. 마 12:20(사 42:4의 인용)"상한 갈대를 꺾지 아니하며 꺼져가는 심지를 끄지 아니하기를 심판하여 이길 때까지 하리니" 하였고, (겔 9:4)우는 자의 이마에 표를 하라고 하셨습니다. 지금의 교회는 울어야 할 때입니다(눅 23:28).

2) 예수님의 첫 번째 눈물은 나사로의 무덤 앞에서 흘리셨습니다.

나사로가 죽어서 무덤에 있을 때 무덤에 찾아가신 예수님이 울고 있는 마르다 마리아와 동네 사람들을 보시며 함께 눈물을 흘리셨습니다.

① 신학자들의 해석이 여러 가지입니다.

신학자 메튜 헨리(Matthew Henry)는 동정심 때문이라고 하였고, 바클레이(Barclay)는 "유대인들의 가식화 때문이다."라고 하면서 그때 당시에는 돌보지 않더니 죽은 후에야 울었다는 해석입니다. 렌스키(C. H. Lenski)는 "예수님은 인성이시기 때문에 그 인성이 울게 하였다."고 했습니다. (요일 4:1)예수님의 인성을 부인하면 이단입니다. 박윤선 박사는 "인간들의 불신앙 때문이다."(요 11:25) 하였습니다. 살게 된다는 말을 믿지 못하는 그들의 불신앙 때문에 우셨다는 것입니다.

② 어떤 이유든 간에 예수님은 우셨습니다.

박윤선 목사가 말했듯이 평상시 예수님께 대하여 또 신앙에 대하여 너무 뒤쳐져 있는 그들의 영적인 상태를 보시고 우셨든, 어떤 이유에서 우셨든지 예수님의 눈물에서 예수님의 인성을 보게 됩니다. 지금과 같이 불신앙이 팽배해지고 영적인 불이 약해지는 시대에 교회는 울어야 하고, 주의 백성은 눈물이 풍부해야 합니다.

2. 예수님이 우셨던 두 번째 현장에서 은혜를 받게 됩니다.

두 번째 예수님이 보여 주셨던 울음은 예루살렘 성전산에서 예루살렘 시가지를 내려다보시면서 우셨습니다. 주후 70년 예루살렘이 파괴될 것을 보고 우셨던 예수님의 눈물의 현장입니다.

1) 예루살렘이 주후 70년 망할 것을 보시고 우셨습니다.

(마 23:37)"예루살렘아 예루살렘아 선지자들을 죽이고 네게 파송된 자들을 돌로 치는 자여 암탉이 그 새끼를 날개 아래에 모음 같이 내가 네 자녀를 모으려 한 일이 몇 번이더냐 그러나 너희가 원하지 아니하였도다" 하시며 우셨습니다.

① 예수님을 십자가에 못 박은 죄 때문입니다.

(마 27:24)빌라도는 손을 씻으며 나는 이 사람의 피에 대하여 죄가 없다고 할 때 그 피를 우리와 우리 자손에게 돌리라고 외치던 엄청난 사건의 죄악입니다. 주후 70년에 로마의 장군에 의해 망하였고, 일부는 항전하다가 멸망하였고, 일부는 노예로 남게 되었으며, 일부는 묶여서 이집트의 알렉산드리아 항구에 실려 가서 팔리게 되지만 사는 사람이 거의 없었으니 성경에 예언된(신 28:68) 그대로 되었습니다. 2차대전 때는 유럽에 살던 유대인들이 히틀러에 의해서 육백만 명 이상이 죽임당하는 일은 역사가 증언하고 있습니다. 그래도 아브라함과 이삭과 야곱과 다윗에게 약속하신 말씀이 있기에 1948년 영국령에 의해서 지금의 이스라엘이 다시 독립되었는데, 이것은 하나님의 섭리요 기적이라 할 것입니다. (마 24:32)무화과나무가 싹이 나는 때가 말세라고 하셨는데, 예수님의 눈물 속에는 이와 같은 메시지가 담겨 있습니다.

② 성경은 그대로 이루어집니다.

왜냐하면 성경은 하나님의 말씀이기 때문입니다. 사람들이 믿든지 믿지 않든지 하나님의 말씀은 이루어집니다. 성경에 예언된 대로 역사의 현장에서 이루어지게 됩니다. (계 10:7)일곱째 천사가 나팔 불 때 하나님의 비밀이 그 종 선지자들에게 전하신 복음과 같이 이루어지리라 하였습니다. 지금 세상은 그 예언과 같이 온 세상의 종말을 알리는 종지부를 찍어가는 때라고 보는데, 이른바 말세라는 것입니다. 이런 때에 교회는 울어야 합니다. 주의 백성인 성도들은 눈물이 메마르지 않게 깨어 있어 기도해야 할 때입니다(마 24:42).

2) 예루살렘을 향해서 우신 것은 분명한 이유가 있습니다.

시가지를 내려다 보시면서 우셨습니다. 하나님을 예배하던 예루살렘이 모슬렘에 점령당하면서 성전은 무너지고 그 자리에 모슬렘 신전이 들어서게 되었습니다.

① 역사가 무너지는 순간입니다.

(창 22:1)아브라함이 이삭을 바쳤던 모리아산이요, (삼하 24:24)다윗이 아리우나 타작마당을 사서 예배드렸던 곳이요, (대하 3:1)솔로몬이 그 자리에 건축했던 황금 성전이 무너지게 된 것입니다. 주후 70년에 예루살렘이 무너지면서 당하게 되는 역사적인 일인데, 일컬어서 역사가 무너지는 뼈 아픈 사건입니다. 지금까지도 버젓하게 그 장소에는 모슬렘 신전이 자리 잡고 서 있습니다.

② 안 당해도 될 것인데 당하는 안타까운 모습에 우셨던 눈물입니다.

말조심해야 합니다. "우리와 우리 자손에게 돌릴지어다"라는 그들의 외침은 대단한 실수요 범죄입니다. 영화 〈그리스도의 고난(The Passion Of The Christ)〉을 촬영하면서 유대인들이 이 부분만 빼고 영화를 찍게 되었다고 하는데 그렇다고 해서 역사가 뒤로 갈 수는 없는 노릇입니다. 예수님은 미래의 역사를 보시면서 우셨던 눈물이 바로 성전산에서 흘리셨던 눈물입니다. (롬 8:26)성령님은 지금도 우리를 위해서 탄식하고 계십니다.

3. 예수님이 우셨던 세 번째 현장에서 은혜를 받게 됩니다.

예수님이 세상에 계실 때 우셨던 세 번째 현장은 우리가 오늘 본문에서 읽었듯이, 십자가를 앞에 두고 심한 통곡과 눈물을 흘리신 겟세마네 동산입니다. (마 26:37)이제 예수님은 우리(나)를 구원해 주시기 위해서 십자가를 앞에 놓고 밤이 새도록 기도하셨는데, 그때 흘리신 예수님의 고뇌의 눈물입니다. "할 만하시거든 이 잔을 내게서 지나가게 하옵소서 그러나 나의 원대로 마시옵고 아버지의 원대로 하옵소서" 하시며 기도하시던 예수님의 눈물입니다.

1) 예수님은 이때에도 우셨습니다.

"슬퍼하사"(άδημονεω, 아데모네오)는 '슬픔 중의 슬픔'이라는 뜻입니다. (막 14:33)"심히 놀라시고 슬퍼하사"라고 하였습니다. 진짜 눈물의 현장을 보여 줍니다.

① 예수님은 육신을 가지셨으므로 심히 육신적인 고뇌의 눈물을 흘리셨습니다.

시골집에서 키우던 소들도 팔려갈 때는 그 큰 눈에서 눈물을 흘리는 모습을 보게 됩니다. 동물이지만 죽음 앞에서 웁니다. 개들도 주인 품을 떠나 팔리게 될 때 웁니다. 예수님은 밤새도록 기도하시면서 우셨습니다. 내(우리) 죄를 사하시고 구원하시기 위해서였습니다.

② 예수 그리스도는 십자가를 지심으로 우리의 구원을 완성하시게 되는데, 그때 당하신 고난은 필설로 표현할 수 없는 눈물의 현장입니다.

이사야는 예언했는데 그대로입니다. (사 53:5)그가 찔림은 우리의 허물 때문이요 그가 상함은 우리의 죄악 때문이었습니다. 예수님이 그렇게 눈물 흘리심은 나의 구원의 길이 되었습니다.

2) 예수님의 눈물이 우리에게도 다 있기를 축복합니다.

예수님께서 그렇게 눈물을 흘리심으로 구원받게 되었는데, 우리 주변에는 아직도 멸망으로 달려가는 인생들이 많습니다. 그들을 향한 예수님의 마음과 같이 우리 마음에도 그들을 위한 눈물의 기도가 반드시 필요합니다.

① 아직도 멸망으로 가는 영혼들을 보면서 울어야 합니다.

불신 가족을 위해 기도해야 합니다. 불신 가족이 예수 믿도록 울어야 합니다. 지금 울어서 그들을 그리스도 앞으로 인도해야 합니다. 불신자인 친구, 이웃들이 예수 믿고 구원에 이르기까지 먼저 믿는 우리가 기도하며 울어야 할 때입니다. 예수님의 흘리신 눈물이 나를 구원해 주셨고, 영원한 지옥에 갈 내 영혼을 영원한 천국 가는 길로 인도해 주셨습니다.

② 애통하는 사람이 복이 있다고 하셨습니다.

(마 5:4)"애통하는 자는 복이 있나니 그들이 위로를 받을 것임이요" 하였습니다. 예수님이 주신 팔복 중의 하나가 울며 애통하는 것입니다. 따라서 지금은 예수님의 눈물 흘리심의 뜻을 바로 깨닫고 우리 역시 울어야 합니다. 본인과 가족과 교회, 국가, 모두가 기도의 대상입니다. (계 7:17)하나님께서 그들의 눈에서 모든 눈물을 씻겨 주실 날이 올 것입니다. 예수님을 본받아 우는 역사가 있기를 예수님의 이름으로 축원합니다.

결론 : 지금은 울 때입니다.

〈예수님〉

예수님이 찔리시고 상하셨습니다.

사 53:4-9

　오랜 기간 구약에서 예언된 말씀이 신약에 와서 예수님을 통하여 이루어집니다. 그 예언이 구약 전체에서 흐르거니와 오늘 본문의 이사야를 통하여서도 볼 수 있습니다. 예수님은 우리의 죄 문제를 해결하시고 대속적 죽음을 통해서 믿고 구원받는 길을 열어 주셨습니다. 어느 누구도 할 수 없는 그 일을 예수님은 하나님의 아들로서 이 땅에 오셔서 십자가에서 완성하셨고 이루셨습니다. (엡 2:1)"그는 허물과 죄로 죽었던 너희를 살리셨도다" 하였습니다. (롬 6:23)죄의 삯은 사망인데 거기서 살길이 열리게 되었습니다. (히 4:15)죄 없으신 예수님께서 하셨습니다. (히 9:28)이제 멀지 않아서 죄와 상관없이 바라는 주님의 구속된 백성을 데리러 오시게 될 것입니다.
　오늘 본문에서 보듯이 예수님은 우리의 질고를 다 지시고 죽으시기 위해서 이 세상에 오셨습니다. (7절)그가 곤욕을 당하여 괴로울 때도 그의 입을 열지 않으셨습니다. 우리의 믿음의 선진들은 이 신앙을 이어받아서 온갖 고난을 모두 겪었어도 그 믿음을 굳게 지켜왔습니다.

1. 예수님이 왜 고난을 당하셨는지 바로 알아야 합니다.
　예수님의 고난당하심의 본질입니다. 예수님의 십자가 시간을 수없이 이야기하고 말하지만 왜 예수님께서 그렇게 참혹하게 고난을 당하셨는지를 바로 알아야 합니다. 본문에서 이사야 선지자를 통하여 예언해 주셨습니다.
　1) 우리(나)의 죄 문제를 해결해 주시기 위함이었습니다.

예수님께서 그렇게 참혹하고 끔찍하게 고난을 겪으신 이유는 우리가 죄를 지어서 그 죗값으로 지옥에 가게 된 형벌에서 풀어주시기 위함이었습니다. 원죄와 자범죄가 우리를 지옥으로 가게 만듭니다. 그러나 예수님의 피 흘리심은 우리의 원죄와 자범죄를 모두 사하여 주셨습니다.

① 죄의 삯은 사망이기 때문입니다.

예수님이 내가 받을 고통을 대신 당하셨고 지셨습니다. (5절)"그가 찔림은 우리의 허물 때문이요 그가 상함은 우리의 죄악 때문이라" 하였습니다. (레 16:9)제사법전인 레위기에서 밝히 말하는데 '아사셀'의 제도입니다. 예수님은 아사셀 짐승처럼 이 세상에 오셨고 십자가에서 희생당하셨습니다.

② 구약에서 죄를 속하기 위해서는 생명이 대신 죽었습니다.

제사법전의 제사 이름도 여섯 가지씩이나 기록되었습니다(레 7:37). 번제, 소제, 속죄제, 속건제, 위임제, 화목제인데 모두 희생제물로 가능한 제사입니다. (요 1:29)예수님은 세상 죄를 지고 가는 어린양이 되셨습니다. "지고가는"(αἴρων, 아이론)이라는 동사에는 세 가지 뜻이 있습니다. 들다(돌을 들 듯이, 요 8:5-9), 지다(십자가를 지듯이, 마 16:24), 옮기다(돌을 무덤에서 옮기듯이, 요 20:1). 예수님은 우리 모든 죄를 해결해 주셨습니다(출 29:38, 12:3, 레 4:3, 사 53:7). 예수님은 양으로 제물이 되셨습니다.

2) 예수님의 그 고난은 우리의 모든 죄를 해결하는데 완벽한 희생이 되셨습니다.

또다시 어떤 이름으로 속죄할 필요가 없습니다. 예수 그리스도의 속죄 사건으로 해결된 것입니다.

① 다른 이름으로는 대용할 수 없습니다.

오직 예수 그리스도의 십자가 사건만이 우리의 원죄 자범죄의 모든 죄를 해결해줍니다. 히 9장에서 구약시대의 성막 제도를 통해서 예수 그리스도의 피 흘리심과 속죄를 분명히 전하여 주었습니다. 염소와 송아지의 피가 아닌 그리스도의 피가 우리의 모든 죄를 사해 주시는 말씀을 확언하게 됩니다.

② 이사야의 예언된 그대로 예수님은 고난당하셨고 우리의 죄 문제가 해결되었습니다.

신약에 와서 그 의미를 더욱 분명히 해주셨습니다. (마 8:17)우리의 연약한 것을 친히 짊어지셨습니다. (행 8:32)사지로 가는 양과 같이 끌려가셨습니다. (벧전 2:22)그는 죄를 범하지 아니하시고 그 입에 거짓도 없으십니다. (히 9:28)이와 같이 그리스도도 많은 사람의 죄를 담당하시려고 단번에 드리신 바 되셨습니다. (히 9:22)"피 흘림이 없은즉 사함이 없느니라" 하였습니다. 그리스도 예수님은 고난받고 죽으셨는데, 이는 우리를 살리기 위함이었습니다. 바로 깨닫기를 축복합니다.

2. 예수님의 십자가와 죽으심 앞에서 우리가 해야 할 일이 있습니다.

이제 믿는 자로서 방관하는 자세로 있을 것이 아니라 해야 할 일이 분명하다는 것입니다. 예수님의 피 흘리시고 희생하심 앞에서 반드시 해야 할 일이 있음을 깨달아야 합니다.

1) 이제 죄인의 신분이 아니라 하나님 백성 된 신분입니다.

(엡 2:3)본질상 진노의 자녀였던 신분이었습니다. 그러나 이제는 신분이 확실하게 변했습니다. (롬 8:15)하나님을 아버지라 부릅니다. (요 1:12)하나님의 자녀가 되는 권세를 주셨습니다. 변화된 신분에서 해야 할 일입니다.

① 성경이 우리에게 변화된 신분의 모습을 분명하게 보여 주었습니다.

(요 1:12)하나님의 자녀입니다. (롬 8:15)하나님을 향하여 아빠 아버지라 부르게 됩니다. (빌 3:20)우리의 시민권은 하늘에 있습니다. (빌 4:3)생명책에 이름이 기록되었습니다. (엡 1:13)성령님께서 우리에게 오셔서 하나님의 자녀 됨을 인(印)쳐 주셨습니다. (롬 8:16)성령님이 우리의 영과 더불어 우리가 하나님의 자녀인 것을 증언해 주십니다. 천국에 들어가는 사람은 오직 생명책에 기록된 자들뿐인바(계 21:17) 우리는 이미 천국 백성으로서 이 세상을 살아가고 있는 것입니다. 이것이 예수님께서 못 박히시고 피 흘리신 은혜의 결과입니다.

② 하나님의 자녀 된 신분으로서 해야 할 일이 있음을 기억해야 합니다.

(벧전 4:1-2)하나님의 자녀이기 때문에 구별된 생활입니다. "그리스도께서 이미 육체의 고난을 받으셨으니 너희도 같은 마음으로 갑옷을 삼으라 이는 육체의 고난을 받은 자는 죄를 그쳤음이니 그 후로는 다시 사람의 정욕을 따르지 않고 하나님의 뜻을 따라 육체의 남은 때를 살게 하려 함이라" 하였습니다. 사람의 정욕을 따르지 않고 하나님의 뜻을 따라 남은 세월을 살아야 합니다. 내

생각대로 살 것이 아니라 주님 뜻대로 살아가는 것입니다. (롬 14:7-8)우리는 사나 죽으나 주님의 것이기 때문입니다.

2) 이제는 달라져야 합니다.

예수님의 십자가 보혈의 역사를 알기 전의 생활과 알고 믿은 후의 생활은 반드시 달라져야 합니다. 신분이 변화되었기 때문입니다. 신분이 달라졌기 때문입니다.

① 십자가에 죽으시고 부활하신 예수님 안에 있으므로 달라지는 것입니다.

이제는 내 안에 내가 사는 것이 아니요 내 안에 그리스도께서 사시는 것입니다. (롬 6:10)"그가 죽으심은 죄에 대하여 단번에 죽으심이요 그가 살아 계심은 하나님께 대하여 살아 계심이니 이와 같이 너희도 너희 자신을 죄에 대하여는 죽은 자요 그리스도 예수 안에서 하나님께 대하여는 살아 있는 자로 여길지어다" 하였습니다. 이제는 십자가에서 함께 죽은 자요 부활하심과 함께 산 자입니다. (빌 1:20)내 안에서 그리스도가 존귀히 되게 하는 것이 우리의 생활입니다. "이는 내게 사는 것이 그리스도니 죽는 것도 유익함이라" 하였습니다.

② 그리고 이제는 십자가를 지고 가는 생활입니다.

(마 24:16)예수님의 뒤를 따라가는 주님의 제자는 십자가를 지고 가야 합니다. 종탑 위의 십자가라든지, 목걸이하고 다니는 장식용 십자가가 아니라 생활 속에서 십자가를 지고 가는 것이 참된 그리스도인의 품격입니다. 주님의 고난주간에 다시 한번 확인하는 시간이 되시기를 축복합니다.

3. 예수님의 십자가와 부활의 복음을 전해야 합니다.

고난주간과 종려주일을 보내면서 이 십자가와 부활의 복음이 나를 구원하셨다는 그 은혜를 생각해야 합니다. 만일 십자가와 부활의 복음이 없었다면 우리가 여전히 죄 가운데 살다가 죄 가운데 죽게 될 텐데, 아직도 이 복음을 모르는 백성에게 이 진리를 전하는 자의 사명을 다해야 합니다.

1) 십자가와 부활의 복음이 아니면 구원도 없고 여전히 죄 가운데 빠져 있을 것입니다.

다른 길로나 다른 이름으로는 절대로 구원이 없습니다. 오직 예수 그리스도의 이름밖에는 주시지 않았음을 똑똑히 알아야 합니다(요 14:6, 행 4:12).

① 구원은 예수 그리스도의 십자가와 부활의 복음밖에 다른 길이 없습니다.

이 사실을 잊어버리거나 알지 못한 채 멸망으로 가는 불쌍한 처지에서 돌아오게 해야 하는 것이 먼저 구원받는 우리의 사명입니다. 이 문제를 놓고 전도해야 합니다. 기도해야 합니다. 성령님의 도우심을 입어야 합니다. (행 16:31)"주 예수를 믿으라 그리하면 너와 네 집이 구원을 받으리라" 하였음을 믿고 전도하고 선교하는 것이 지상 교회가 존재하는 목적입니다.

② 제자들은 예수님의 부활 이후에 성령 받아서 복음 전파에 힘쓰게 되었습니다.

모든 것이 끝났다고 낙심해서 엠마오로 내려가던 제자들이 부활하신 예수님을 만나게 되었고, 다시 예루살렘으로 돌아와서 전도자가 되었습니다.

2) 십자가 복음의 교회의 사명은 영혼 구원입니다.

부지런히 전도해야 합니다. 선교해야 합니다. 교회는 예수님의 십자가와 부활을 전해서 영혼 구원하는 곳입니다. 지상교회가 이 사명을 감당하지 못한다면 지상 교회의 존재 목적을 잃어버린 것임을 깨달아서 이 사명을 다하는 고난주간이 되어야 합니다.

① 영혼 구원입니다.

살아가면서 육신적으로 유익하도록 여러 가지 일을 하지만 교육, 봉사 등 선한 사업을 합니다. 그러나 그것까지도 교회는 세상 나라를 세우기 위한 목적이 아니라 예수 그리스도의 십자가와 부활을 통하여 구원을 얻게 하기 위한 복음 전도가 목적이 되어야 합니다. 그러므로 교회의 존재 목적은 전도요 선교인바 은평교회는 이 세상이 다하는 그날까지 복음 전도에 힘을 써나가는 교회가 되어야 할 줄 믿습니다.

② 예수님이 마지막으로 주신 지상명령입니다.

(마 28:18)위대한 지상명령(The great commission)이 바로 우리의 사명입니다. "예수께서 나아와 말씀하여 이르시되 하늘과 땅의 모든 권세를 내게 주셨으니 그러므로 너희는 가서 모든 민족을 제자로 삼아 아버지와 아들과 성령의 이름으로 세례를 베풀고 내가 너희에게 분부한 모든 것을 가르쳐 지키게 하라 볼지어다 내가 세상 끝날까지 너희와 항상 함께 있으리라" 하셨습니다. 예수님의 십자가와 부활을 생각하면서 이 사명에 충실한 은평교회 모든 성도가 되시기

를 예수님의 이름으로 축원합니다.

결론 : 그가 찢기심으로 우리가 나음을 입었습니다.

〈예수님〉

십자가 위에서 부르시는 나의 하나님

마 27:45-50

　짐승들도 죽을 때는 비상한 소리를 치게 됩니다. 요즘에는 호스피스 병동이 있어서 말기 환자들의 모습을 보게 되는데 임종 때의 모습은 평상시와는 다릅니다. 예수님께서 세상에 계실 때는 완전하신 하나님이시며 완전하신 사람의 모습이었으므로 예수님은 이성일인격(二性一人格)이셨는바, 이제 그 육체가 죽으셔야 하는 때가 되었습니다. 우리의 죄(나의 죄) 때문에 대속적 죽음을 당하시게 되는데, 그때 십자가 위에서 부르짖는 예수님의 소리를 본문에서 보게 됩니다.

　이사야 선지자는 이사야 53장에서 예수님의 십자가 위에서의 고통을 예언했는데, 그 예언대로 예수님은 고난과 고통을 다 당하시고 십자가에서 죽으셨습니다. 마틴 루터(M. Luther)는 이사야 53장의 예언에 대하여 말하기를 "하나님의 아들은 나를 사랑하여 자기 자신을 나에게 주셨으니 그것은 율법과 및 인간의 행위의 의(義)에 대하여 터진 뇌성벽력 같은 반대어이다." 하였습니다. 주전 800년 전에 예언된 이사야 53장의 내용에 대하여 예수를 믿지 않는 유대인 학자 중의 솔로몬 긴스벅(Solomon Ginsberg)은 "예수 그리스도는 우리의 구세주요 메시야로 믿을 수밖에 없어서 믿게 되었다"고 고백하였습니다. (롬 8:30) 예수님은 병사들이 주는 쓸개 탄 신포도주를 입에 대시지만 마시지 않고 외면하시고 운명하는데, 마지막 말씀이 "다 이루었다" 하시고 영혼이 돌아가셨습니다. 그때 외치신 말씀이 "나의 하나님 나의 하나님 어찌 나를 버리셨나이까" 하는 외마디였는데, 죄로 인해 하나님과 끊어지고 단절되는 그 아픔을 표현한 것이라고 신학자들은 이야기합니다. 본문에서 우리는 은혜를 받게 됩니다.

1. 십자가는 하나님 사랑의 최고봉입니다.

그래서 하나님을 말할 때 "사랑이시라"고 말하게 됩니다. 이 사랑은 헬라인들이 말하는 에로스, 필리아, 스톨게가 아니라 하나님의 사랑 '아가페(ἀγάπη)' 인데 이른바 희생적 십자가의 사랑을 말합니다.

1) 예수님은 우리의 죄를 담당하셨습니다.

인류 역사 가운데 이렇게 십자가를 지고 대신 죽음으로써 대속적 죽음을 담당한 사람은 없었습니다. 또 그와 같은 일을 할 수 있는 자격을 갖춘 이도 예수님밖에는 없습니다. 왜냐하면 인간은 모두 죄인이기 때문입니다.

① 하나님의 큰 사랑이 이루어지게 하였습니다.

(요 13:1)"유월절 전에 예수께서 자기가 세상을 떠나 아버지께로 돌아가실 때가 이른 줄 아시고 세상에 있는 자기 사람들을 사랑하시되 끝까지 사랑하시니라" 하였는데, 이때 가룟 유다는 마귀가 주는 예수님을 팔 생각을 품고 있었습니다. "끝까지"(εἰς τέλος, 에이스 텔로스)는 신학자 플루머(Plummer)가 말하듯, 문자적으로 그의 생애 마지막까지 사랑하셨다는 것입니다. 우리는 그 사랑 받아서 예수님의 십자가 공로로 구원받게 된 것입니다. 예수 그리스도 안에 있는 사람만이 하나님의 영원한 사랑을 받아 누리게 되는 것입니다.

② 피흘림이 없은즉 사함도 없기 때문입니다.

히브리서에서는 제물 되시는 예수 그리스도에 대하여 전하는데 성막 제도로 설명하게 됩니다(히 9장). 구약시대의 성막에서 행하여졌던 모든 일을 설명하면서 (히 9:10)개혁할 때까지 맡겨 두셨다 하였는데, 제사법전의 모든 행위는 오실 메시야이신 예수 그리스도를 예표한 것입니다. 새 언약의 중보로서 예수님은 피 흘리셨는데, 이 피가 우리의 죄를 씻게 됩니다(히 9:22, 레 17:11, 마 26:28, 고전 11:28). 예수님의 피는 새 언약의 피가 되었습니다.

2) 문제는 예수님께서 끝까지 사랑하셨지만 깨닫지 못하였다는 것입니다.

예수님이 대속적 죽음을 당하시고 3일만에 말씀하신 대로 부활을 하셨음에도 사람들이 깨닫지 못했고 믿지를 못하였습니다. (눅 24:13)엠마오로 내려가는 두 제자에게 봅니다. (요 20:25)제자 요한에게서 봅니다. (마 28:17)의심하는 자도 있었습니다. 지금도 여전히 믿지 못하는 사람들이 많습니다.
① 예수님은 십자가 위에서 죽으시면서 기도하셨습니다.
(행 7:60)스데반 집사는 순교하면서 기도하였습니다. 예수님은 우편 강도에게 구원까지 허락하시며 낙원을 약속하셨습니다. (눅 23:43)기도하시면서 저들이 알지 못해서 그렇다고 하셨습니다. 끝까지 사랑하시는 예수님의 사랑을 우리는 알게 되고 깨닫게 됩니다.
② 예수님은 최후 순간에도 기도하는 것과 영혼 구원의 사랑을 잊지 않으셨습니다.
이는 예수님이 이 땅에 오시게 된 목적이요, 십자가에서 죽으신 의미가 됩니다. 우리의 죄를 십자가에서 모두 해결하시므로 믿는 자에게 구원을 확실하게 주셨습니다. 고난주간에 우리는 다시 한번 예수님의 피 흘리심과 고난과 희생을 생각하면서 우리의 믿음을 확인해야 하겠습니다.

2. 예수 그리스도의 십자가 사건은 우리 구원의 선전포고요 승리입니다.

따라서 누구든지 예수 그리스도께 나아가면 구원이요 죄사함이요 천국입니다. (마 1:21)예수님의 이름은 곧 우리의 구원입니다.
1) 예수님의 십자가는 하나님과 인간 사이의 화목의 증표요 구원의 길입니다.
(창 3:1)아담과 하와가 범죄하므로 하나님과 단절되었고 죄의 담이 막혀 있게 되었습니다. (창 3:24)에덴동산에서 추방당하게 되었습니다. 그리고 죄의 삯은 사망이라는 심판을 받게 되었습니다. (롬 6:23)문제는 죄 없는 사람은 아무도 없다는 것입니다. 모두가 하나님의 심판의 대상이요 영원한 지옥 형벌입니다. 이 문제를 예수님이 해결해 주신 것이 십자가의 피 흘리심이요 부활입니다(롬 4:25).
① 예수님의 십자가는 하나님과 죄지은 인간 사이에서 화평을 이루었습니다.
사도 바울은 전하였습니다. (엡 2:1)"너희의 허물과 죄로 죽었던 너희를 살리셨도다" 하였고, (엡 2:13)"이제는 전에 멀리 있던 너희가 그리스도 예수 안에서 그리스도의 피로 가까워졌느니라 그는 우리의 화평이신지라 둘로 하나를 만드사 원수 된 것 곧 중간에 막힌 담을 자기 육체로 허시고 법조문으로 된 계명의 율법을 폐하셨으니 이는 이 둘로 자기 안에서 한 새 사람을 지어 화평하게

하시고 또 십자가로 이 둘을 한 몸으로 하나님과 화목하게 하려 하심이라 원수 된 것을 십자가로 소멸하시고 또 오셔서 먼 데 있는 너희에게 평안을 전하시고 가까운 데 있는 자들에게 평안을 전하셨으니" 하였습니다.

② 십자가의 도(말씀)는 구원받는 우리에게 하나님의 능력입니다.

그럼에도 불구하고 많은 사람이 믿지 않고 불신 가운데 망합니다. (고전 1:18)"십자가의 도가 멸망하는 자들에게는 미련한 것이요 구원을 받는 우리에게는 하나님의 능력이라" 하였습니다. 그러므로 십자가의 도를 믿고 구원받는 우리에게는 영원하신 하나님과의 평화가 맺어져서 영원한 심판이 아니라 영원한 천국 영생이 주어집니다. 이것이 "엘리 엘리 라마 사박다니"의 진리요 우리 믿는 성도에게 주시는 축복과 은혜입니다.

2) 성소 휘장이 위에서 아래로 찢어졌습니다.

예수님이 운명하실 때 성소 휘장이 위에서 아래로 찢어졌고 그때 이후로 예수 이름을 믿는 사람은 누구든지 하나님께 예수님의 이름으로 직접 아뢰는 길이 열리게 된 것입니다. 하나님께 직접 예수님의 이름으로 부르며 기도합니다. (마 27:51)"이에 성소 휘장이 위로부터 아래까지 찢어져 둘이 되고" 하였습니다. (히 10:20)이는 예수님의 육체의 찢어짐을 표시한 것입니다.

① 예수님의 육체가 찢어진 사건입니다.

(히 10:19-20)"그러므로 형제들아 우리가 예수의 피를 힘입어 성소에 들어갈 담력을 얻었나니 그 길은 우리를 위하여 휘장 가운데로 열어 놓으신 새로운 살 길이요 휘장은 곧 그의 육체니라" 하였습니다. 이제는 구약시대와 같은 제사법전이 아니라 예수님 이름으로 죄씻음받고 살게 되었습니다. 역사적 고증에 의하면 휘장은 두께가 손두께만 하며 72주름이 되었고 매 주름마다 24개의 실로 되어 있는데, 그 길이는 60척 넓이는 30척이고 이를 제작하는데 300명의 제사장이 필요하다고 합니다.

② 하나님의 전적인 은혜요 사랑의 역사로 믿습니다.

어거스틴(St. Augustine)은 "우리가 오직 신뢰하는 것은 어떤 위인이나 사람이 아니라 예수 그리스도이시다." 하였습니다. 지금과 같은 과학 시대에도 우리의 구세주는 오직 예수 그리스도밖에 다른 길이 절대로 없음을 믿어야 합니다.

3. 예수 그리스도의 십자가는 하나님의 공의를 보여 주었습니다.

죗값은 반드시 받게 되는 죄에 대한 심판입니다. 어느 누구도 인간의 죄를 질 수 없고 없이 할 수도 없습니다. 심지어 구약의 제사장도 백성의 죄를 위해 집례하면서도 자기 죄를 위하여서는 따로 행하였습니다. 죗값은 반드시 치르는 것이 하나님의 율법이요 공의이기 때문입니다.

1) 하나님은 분명하게 사랑과 긍휼과 자비의 하나님이신 것이 맞지만, 이면에는 공의가 엄정하신 이유는 그 사랑과 자비와 긍휼이 살기 위해서입니다.

① 예수님이 "엘리 엘리 라마 사박다니" 외치시면서 죽으신 이유입니다.

구원받은 백성이 구원받기 위해서는 그들의 죗값을 반드시 치러야 하는데, 예수님은 그 죄 짐을 지시고 십자가에서 대속적 죽음을 당하셨습니다. 믿지 않는 자는 반드시 심판입니다(요 1:12, 3:16, 36). 우리는 믿고 그 사랑 가운데서 구원받은 하나님의 자녀가 된 줄로 믿어야 합니다.

② 그러므로 우리는 하나님의 사랑과 긍휼과 자비에 함께 할지언정 하나님의 진노의 대상이 되지 말아야 하는데, 그 길은 오직 믿음뿐입니다.

(마 10:12)이 복음을 받지 않는 곳에서는 발에서 먼지라도 떨어버리고 나오라고 하셨습니다. 소돔과 고모라가 그 성보다 견디기 쉬우리라고 하셨습니다. 우리는 전적으로 하나님의 사랑 가운데 있어야 합니다.

2) 죄의 대가를 치르기 위해서 하나님은 예수님까지 버리셔서 십자가에서 죽게 하셨습니다.

"엘리 엘리 라마 사박다니"는 아람어로 "나의 하나님 나의 하나님 어찌 나를 버리셨나이까" 하는 뜻입니다. 예수님은 우리 죄를 위해서 아버지께 버림을 받으셨습니다.

① 예수님이 십자가에서 버린 바가 되셨고, 그 대신 그를 믿는 자는 영생을 얻게 됩니다.

죄사함을 받게 됩니다. 죄 없으신 예수님이 우리 죄를 십자가에서 피 흘려 죽으심으로 대신 갚아 주셨기 때문입니다. 그러므로 이제 우리는 우리의 죄를 회개하고 예수님의 이름을 붙들어야 하는데 이것이 신앙생활입니다. "그리스도 안에"(εν Χριστω, 엔 크리스토) 있는 생활입니다. 이것이 신앙생활입니다.

② 하나님의 심판이 무섭게 임하여 지옥이 준비되어 있지만, 예수님 안에 있

는 사람은 심판과 관계가 없습니다.

　왜냐하면 예수님이 십자가 위에서 우리의 모든 형벌을 받아 주셨기 때문입니다.

결론 : "엘리 엘리 라마 사박다니"입니다.

〈재림〉

예수님의 재림 때 요구되는 것이 있습니다

벧후 3:8-13

　세상의 모든 일에는 끝이 있고 하는 일을 마무리할 때가 반드시 오게 됩니다. 지금까지 잘했어도 마무리를 못하면 문제가 됩니다. 군 복무 36개월을 시작할 때는 숨 막히는 기분이었으나 어느새 끝이 나서 지금은 옛 기억만 남게 되었으니, 지금은 그 시절로 돌아가고 싶어도 갈 수 없는 아련하게 떠오르는 옛 추억으로 남게 되었습니다. 세상이 태초에 창조 때부터 지금까지 지구가 존재해 왔지만 예수님의 재림과 함께 끝이 나게 될 때가 올 것입니다. (전 3:1-)천하에 범사에 기한이 있고 모든 목적이 이룰 때가 있다고 하였습니다. (신 29:29)"감추어진 일은 우리 하나님 여호와께 속하였거니와 나타난 일은 영원히 우리와 우리 자손에게 속하였나니 이는 우리에게 이 율법의 모든 말씀을 행하게 하심이니라" 하였습니다. 우리는 언제나 예수님의 재림을 생각하며 살아야 합니다. 왜냐하면 (살전 5:2)주의 날이 도둑같이 이를 것이기 때문입니다. (롬 13:11-)이제는 자다가 깰 때가 벌써 되었습니다.

　본문 말씀은 마태복음 24-25장과 더불어서 예수님의 오시는 재림의 종말론을 말씀해 주고 있습니다. 주후 70년 예루살렘이 로마 군에 의해 완전히 무너질 것에 대한 예언과 더불어서, 예수님께서 마지막 재림하실 것에 대한 예고와 그 준비에 대한 말씀입니다. 승천하신 후 보혜사 성령님이 역사해 주셨는데, 성령의 감동으로 기록된 성경이 예수님의 재림을 기다리게 하셨는바, 오늘 말씀에서 은혜를 나누며 멀지 않아 다시 재림하실 예수님을 맞을 준비를 해야 하겠습니다.

1. 재림 때를 보면서 준비가 반드시 있어야 하겠습니다.

그냥 예수님을 맞이할 수 없다는 것입니다. 영적으로 준비하지 못하고 있다가는 반드시 낭패를 보게 될 것입니다. 해산 준비가 필요하듯 예수님을 맞이할 준비가 반드시 있어야 합니다.

1) 영적으로 준비해야 합니다.

이제 주님의 재림은 마치 도둑이 오듯 임하게 될 것입니다. 준비하고 있을 때는 별 탈이 없겠지만 준비하지 못하고 있다가는 낭패를 보게 될 것입니다. 지금은 세상 돌아가는 상황을 살피고 깨어 있어야 할 때입니다.

① 이 준비는 각자에게 요구되는 것입니다.

단체나 도매금으로 준비하는 것이 아닙니다. 각자의 생명이 다르듯이 준비하는 것 역시 개인별로 해야 합니다. 회개도 개인별로 해야 합니다. 주의 종은 목회하면서 이때를 위해서 성도들에게 깨우치고 준비하도록 힘써야 합니다. (요 21:15-)주님을 사랑하면 "내 양을 먹이라, 치라, 먹이라" 하셨는데, 이것이 목회이며 힘든 일이지만 해야 할 일입니다. 신학자 풀루머(Plummer)는 "이것이 목회이다." 하였고, 웨스트콧(Westcott)은 "양을 먹이는 설교는 양을 치는 목회 중에서 가장 어려운 것이다." 하였습니다. 여기에 따르면 축복과 상급을 받습니다.

② 재림을 준비하는 것은 영원을 준비하는 것입니다.

잠시 세상에서 잘 살고 잘 먹는 육신적인 일이 절대로 아닙니다. 영원한 세계로 가는 준비가 예수님의 재림을 준비하는 것입니다. (마 25:1-)열 처녀의 비유에서 예수님은 슬기로운 자가 될 것을 강조하셨습니다. 미련한 다섯 처녀는 때가 늦었습니다. 어거스틴(Augustine)은 "저들은 심판 때에 긍휼을 구하는 것이다." 하였는데, 심판 때에는 이미 때가 늦습니다. 크라케(Clarke)는 "너무 늦었다."고 하였습니다. 기도하는 것도 긍휼을 얻는 것도, 그때가 있습니다.

2) 준비하는 자세를 알아야 합니다.

아무렇게나 준비하는 것이 아닙니다. 분명히 때와 기한이 정해져 있기 때문입니다. "그날과 그 시를 알지 못하느니라" 하였습니다. 모든 일에 준비하는 자세가 있듯이 재림 준비도 그러합니다.

① "깨어 있으라" 하였습니다.

(마 25:13-)"그런즉 깨어 있으라 너희는 그날과 그 시를 알지 못하느니라" 하였습니다. 그날과 그 시를 알지 못하기 때문에 "깨어 있으라"(ρηγορειτε, 그레고에이테) 하였고, (눅 21:35)이 날은 온 지구상에 거하는 모든 사람에게 임한다고 하였습니다.

② 만반의 준비를 다 하고 깨어 있어야 합니다.

(눅 12:35)"허리에 띠를 띠고 등불을 켜고 서 있으라" 하였습니다. 중동지역은 긴 옷을 입는데 노동할 때는 허리까지 추켜올려서 매고 일을 합니다. (왕상 18:46-)엘리야는 허리를 동이고 달려갔습니다. (요 13:4)예수님은 허리에 수건을 차고 제자들의 발을 씻어 주셨습니다. (출 12:11-)이스라엘 백성은 애굽에서 나오기 전에 허리에 띠를 띠고 신발을 신고 기다리고 있다가 신호에 따라서 출애굽 하였습니다.

2. 예수님의 재림 예고는 불신자들로 하여금 빨리 돌아와 믿고 구원받기를 재촉하는 것입니다.

이 일에 재림의 징조들이 있는 것은 아직 믿지 않는 사람들에게 더 늦기 전에 빨리 돌아와 예수님을 믿고 구원받기를 촉구하는 부르심입니다. 천년을 하루 같이 하루를 천년 같이 기다리고 계십니다.

1) 아직도 기회는 있다는 것입니다.

빨리 돌아와 예수님을 믿고 구원받아야 합니다. 지금 세계 곳곳에서 일어나고 있는 일들은 우연한 일이 절대로 아닙니다.

① 믿는 성도들은 깨달아서 영적인 준비를 하지만, 불신자들에게는 경고하기 위해 이런 징조들이 세계 곳곳에서 발생하는 이유입니다.

그것은 바로 하나님께서 부르시는 신호탄으로 보아야 합니다. 이제 우리는 준비해야 합니다. (9절)"오직 주께서는 너희를 대하여 오래 참으사 아무도 멸망하지 아니하고 다 회개하기에 이르기를 원하시느니라" 하였습니다. 지금은 시대적으로 영적인 문제가 긴급한 시대임을 깨닫게 됩니다. 신학자 랑게(Lange)의 해석처럼 "더디다고 생각하는 사람들은 불신자가 아니라 신자다."라고 했는데, 지금 우리는 긴급하게 깨닫고 준비하며 살아야 합니다.

② 주님은 빨리 오실 것이며 도둑 같이 오실 것입니다.

도둑의 특성은 몰래 온다는 것입니다. 그리고 신속하게 옵니다. 금은방을 털어서 도망하는 시간이 5분 안에 이루어진다는 것입니다. 예수님께서 오실 때도 도둑 같이 오신다는 표현이 여러 곳에 있음을 보게 됩니다(마 24:43, 눅 12:39, 살전 5:2, 계 3:3, 16:15). 예수님의 재림을 이야기하면 야유하고 불신하는 사람이 많지만 뭐라고 하든지 간에 예수님은 반드시 오실 것이고 도둑과 같이 오실 것입니다. 참 지혜로운 사람은 말씀을 믿고 준비하는 사람입니다.

2) 이 모든 것을 '주의 날'이라고 말씀해 주셨습니다.

주께서 재림하시는 날을 '주의 날'이라고 하였습니다. (출 12:42)애굽에서 이스라엘 백성이 430년 만에 출애굽 할 때 애굽의 모든 장자가 죽은 밤을 '여호의 밤'이라고 부르게 되었는데, 본문은 주님이 재림하실 그때를 '주의 날'이라 하였습니다.

① 우리는 주의 날을 기다리는 사람입니다.

(행 2:20)베드로의 전한 말씀에도, 구약 요엘 2:28을 인용해서 "여호와의 크고 두려운 날이 이르기 전에 해가 어두워지고 달이 핏빛 같이 변하려니와"라고 전하였고, 벧후 3:12에는 "하나님의 날"이라 하였으며, 벧후 2:9에는 "심판의 날"이라 하였습니다. 우리 주님은 그의 백성을 심판의 날까지 지키시며 인도해 주실 줄 믿습니다.

② 그 주님의 날이 어떻게, 어떤 모습으로 임하게 되는지 모릅니다.

개인마다 다르게 나타나게 될 것입니다. 주님의 날에 상급 받고 깨어 있는 사람은 예수 그리스도 안에서 살아가는 믿음의 사람들입니다. 우리가 지금까지 무슨 일이 있든지 바른 신앙생활 하기를 애쓰는 이유입니다. 또한 심판과 영원한 저주의 사람들도 있습니다. 예수님과 관계없는 사람들입니다. 그래서 우리는 믿고 그날을 기다립니다(벧후 3:12, 고전 15:58).

3. 믿는 성도에게는 요구되는 것이 있습니다.

예수님 믿고 구원받아서 천국 백성으로서 반듯하게 살아가는 성도에게는 분명하게 요구되는 것이 있습니다.

1) 모든 성도는 주님의 성도이기 때문에 구별된 생활이 요구됩니다.

믿는 성도는 영적으로 주님의 신부입니다. (계 19:8)"그에게 빛나고 깨끗한 세마포 옷을 입도록 허락하셨으니 이 세마포 옷은 성도들의 옳은 행실이로다" 하였습니다. 주님의 신부들이 꼭 기억해야 할 것입니다.

① 주님의 신부로서 영적 신부 단장을 해야 합니다.

(벧전 3:3-)"너희의 단장은 머리를 꾸미고 금을 차고 아름다운 옷을 입는 외모로 하지 말고 오직 마음에 숨은 사람을 온유하고 안정한 심령의 썩지 아니할 것으로 하라 이는 하나님 앞에 값진 것이니라" 하였습니다. 영적 단장입니다. (요일 2:28-)"자녀들아 이제 그의 안에 거하라 이는 주께서 나타내신 바 되면 그가 강림하실 때에 우리로 담대함을 얻어 그 앞에서 부끄럽지 않게 하려 함이라" 하였습니다. (요일 4:17)"우리로 심판 날에 담대함을 가지게 하려 함이니" 했습니다.

② 세상에 살지만 세상과는 구별된 생활이 요구됩니다.

세상에서 살지만 세상이 우리의 궁극적인 목적이 아닙니다. (빌 3:20)우리의 시민권은 하늘에 있기 때문입니다. 따라서 최종적으로 천국에 갈 때까지는 세상에서 구별되게 살아야 합니다(롬 12:2). 왜냐하면 하나님의 자녀요(요 1:12), 천국 백성이기 때문입니다(롬 8:15).

2) 천국의 열매를 맺는 생활이 있어야 합니다.

세상에 살지만 천국의 열매가 요구되는 생활입니다. 그래서 구약에서도(사 5:2, 겔 15:1-), 신약에서도(요 15:1, 갈 5:23-) 열매를 강조하였습니다. 주님이 오실 때 그의 열매로써 그를 안다고(마 7:16) 하셨기 때문에 열매는 중요합니다.

① 무슨 열매를 맺는 생활인지 보아야 합니다.

(사 5:1)이스라엘은 극상품 좋은 포도를 심었는데 들포도 열매를 맺어서 책망 받습니다. 신약에 와서도 열매를 강조하시면서 예수님 안에 있을 때 좋은 열매를 맺게 된다고 하였습니다(요 15:1-5, 15-16, 마 7:16). 그 열매를 보아서 그 나무를 알 수 있다고 하였습니다. 그래서 우리는 말세일수록 좋은 열매가 가득한 영적 생활이 되어야 합니다.

② 이제 예수님을 맞이할 때가 반드시 오게 됩니다.

우리 주님이 오실 때 요구하시는 것들을 내놓아야 합니다. 회개의 열매(마 3:8-)를 비롯해서 (갈 5:23)성령의 열매이며, (히 13:15)찬송의 제사를 드리는 열매로 가득해야 합니다. (벧후 3:11)"이 모든 것이 이렇게 풀어지리니 너희가 어떠한 사람이 되어야 마땅하냐" 하였습니다. 우리 모두 주님 오실 때 기쁨으로 그 날을 맞이하게 되시기를 예수님의 이름으로 축원합니다.

결론 : 주님은 반드시 오십니다.

⟨제자⟩

우리는 복음의 일꾼입니다

골 1:13-23

　모든 만물은 제각기 살아가는 목적이 있고 생존하여 존재하는 의미와 목적이 있기 때문에 그 속에는 아름다움이 있습니다. 하나님의 창조하신 자연 생태계를 들여다보면 제각기 생존하는 개체 개체마다 의미가 있는데, 맨 위에 자리 잡은 군이 곧 인간군이라는 사실입니다. (창 1:28)하나님께서는 창조하신 인간을 향해서 복을 주셨습니다. 모든 생태계는 하나님의 영원하신 뜻과 섭리를 이루기 위해서 살아갑니다. 하나의 제품이 나오기까지 각각 분야별로 일하는 손길이 있듯이, 하나님의 교회에는 복음 전파자와 천국 건설을 위해서 세우신 제각기 다른 은사와 직분이 있어서 결국 하나님의 뜻을 완성하게 됩니다. (고전 2:4)은사와 직임이 다르지만 결국 한 성령님의 역사로 복음을 전하고 교회를 세워 가게 하셨습니다.

　오늘 본문에서 보면 자신과 그 동역자들을 가리켜 여러 가지로 말씀했습니다. (갈 2:9)베드로와 요한 야고보를 기둥 같은 일꾼이라 하였습니다. (골 1:7)그리스도의 신실한 일꾼(faithful minister of Christ on our behalf), (고후 3:6)새 언약의 일꾼(Minister of a New covenant), (골 1:25)교회의 일꾼이라 하였는데, 한마디로 말하면 우리 모두는 하나님의 교회에서 교회를 세우는 일꾼이라는 사실입니다. 모든 일에는 규격이 있듯이 교회 일에도 일꾼의 규격이 있는바, 우리는 이 규격에 알맞게 되어서 주님 마음에 드는 일꾼이 되어야 하겠습니다.

1. 예수님의 복음으로 구원받은 감격이 있는 사람이 일하는 일꾼입니다.

십자가 복음을 통해서 그 은혜로 말미암아 구원받은 은혜 속에서 일하는 일꾼입니다.

1) 세상적인 개념의 기술이나 학문이 절대로 아닙니다.

세상의 일들은 그 일을 하기 위해서 분야마다 기술 습득과 기술 자격증이 투입되어서 일하게 됩니다.

① 복음의 일꾼은 그와 같은 세상적인 실력이 아닙니다.

십자가를 통해서 믿음으로 구원받은 구원의 확실성에 분명하게 서 있는 사람이 복음의 일꾼입니다. 따라서 세상적인 일에 성공했다고 해서 교회에서 모두 일꾼이 되는 것은 아닙니다. 확실하게 죄 문제가 해결되고 성령의 역사를 따라 영적인 체험이 있는 사람이어야 합니다. (엡 2:1-)죄와 허물로 죽었던 사람이 십자가 복음을 통해서 살게 된 체험이 분명히 있어야 합니다.

② 이는 하나님께서 예정된 자들에게 주시는 믿음의 선물입니다.

인간 자신의 힘이나 공로나 능력이 전혀 아닙니다. 하나님께서 그의 택하신 백성에게 거저 주시는 선물입니다. (엡 2:8)이 모든 은혜를 받고 깨달은 바울 사도는 이것은 하나님의 은혜로 된 것이라고 분명히 전하였습니다. (고전 15:10)"내가 나 된 것은 하나님의 은혜로 된 것이니", 은혜로 된 복음의 일꾼은 확실히 합니다.

2) 그리스도의 일꾼 된 사람은 겸손하게 일합니다.

그리스도의 일꾼은 예수 그리스도 복음 때문에 구원받게 되었고 그 복음 전하는 일을 위해서 간접적이든 직접적이든 일하는 일꾼으로 살려고 힘쓰는 생애요 현장이었음을 고백하게 됩니다.

① 복음의 진정한 일꾼의 겸손한 자세입니다.

사실 예수님이 겸손을 본으로 보여 주셨기 때문입니다. 따라서 예수님의 위대하신 명령(Great Commssion)을 위해서 사는 길은 겸손해야 합니다. (빌 2:5, 마 21:5)예수님이 겸손을 보여 주셨습니다.

② 복음의 일꾼의 진정한 모습을 겸손으로 보여 주셨습니다.

따라서 복음의 일꾼들도 겸손해야 합니다. 성 어거스틴(St. Augustine)의 그 유명한 겸손 신학을 배워야 합니다. 그는 신앙의 미덕은 첫째도 둘째도 셋째도 겸손이라고 하였습니다. 찬송가 143장 4절에 나오는 "나 십자가 대할 때에 그 일이 고마워 내 얼굴 감히 못 들고 눈물 흘립니다."라는 가사에서도 배웁니다.

2. 은혜를 체험한 일꾼은 경건되게 복음을 위하여 봉사하는 사람입니다.
 세상의 일꾼은 제각기 가정에서나 직장이나 사업 터에서 열심히 일하는데 모두 돈을 벌어 살기 위한 수단과 방편들입니다.
 1) 교회의 일은 세상적인 개념에서 보았을 때 수단과 방법이 아닙니다.
 재물을 얻기 위한 수단과 방법이 절대로 아닙니다. 더욱이 이름을 나타내기 위한 것도 아닙니다.
 ① 교회의 일은 복음 때문에 내가 구원받아서 하나님 백성이 되었으므로 거기에 따른 봉사요 헌신입니다.
 어디까지나 하나님께 헌신하는 자리라는 것을 잊지 말아야 하겠습니다. 세상일은 모두가 이권과 관계가 있지만 교회의 복음을 위한 일은 그런 것이 아니라는 사실입니다. 영원한 죄와 사망의 권세에서 나를 건져주신 예수 그리스도의 그 은혜에 감사해서 헌신하며 복음을 위해서 일하는 자리에 있게 되는 것입니다. 따라서 구원의 감격이나 체험이 빈약하거나 없는 사람은 헌신이 나올 수 없습니다.
 ② 이 은혜 속에 있으면서 우리는 늘 보람있게 일을 해야 합니다.
 이것이 또한 경건하게 일하는 일꾼의 참된 모습입니다. 예수님의 인격을 닮아가는 생활이기도 합니다. 예수님이 나 때문에 십자가 지셨고 희생하셔서 나를 구원해 주셨듯이, 우리는 이제 주님 말씀을 위해서 헌신해야 합니다. 따라서 교회의 일은 세상적인 일과 같이 원망이나 불평 가운데 하는 불신앙적인 자세가 아니라 구속받은 은혜에 감격해서 힘써야 합니다. 이것이 구속의 은혜를 감사하며 헌신하는 구원받은 성도의 모습입니다.
 2) 경건하게 일하는 일꾼에게는 보람이 있고 그 가치가 반드시 따릅니다.
 세상에서도 따르겠지만 주님을 만나게 될 때 반드시 칭찬하실 것입니다. 따라서 주의 일꾼은 언제나 믿음의 주요 또 온전하게 하시는 이인 예수님을 바라보고 일하는 일꾼이 되어야 하겠습니다(히 12:2).
 ① 주께서 칭찬하실 날이 불원간에 확실히 다가오게 될 것이기 때문입니다.

그래서 사람을 기쁘게 하기 위해서가 아니라 하나님을 기쁘시게 해드리기 위해서입니다. (갈1:10)"이제 내가 사람들에게 좋게 하랴 하나님을 좋게 하랴 내가 지금까지 사람들의 기쁨을 구하였다면 그리스도의 종이 아니니라" 하였습니다. (롬 14:7)사나 죽으나 주의 백성이기 때문에 이런 확실한 자세가 나타나게 되는 것입니다.

② 구원해주신 주께로부터 확실한 칭찬의 시간이 다가올 것이기 때문입니다.
사람들의 값싼 싸구려 칭찬이 절대로 아닙니다. 우리 주님의 칭찬이 있습니다. 세상에서의 칭찬이 절대로 아닙니다. 천국에서의 칭찬입니다. 우리 주님의 칭찬이 있습니다. 없어지는 것이 아니라 영원히 간직하고 기념될 칭찬입니다.

3. 복음에 일꾼 된 사람은 주의 권능에 힘입어 일합니다.

세상의 각종 일은 힘들고 어렵습니다. 세상에 쉬운 일은 어디에도 없습니다. 그런데 복음의 일꾼으로서 일하는 자리는 더욱 힘들게 합니다. 보이지 않는 천국의 일이 쉬울 리 없습니다.

1) 영적인 일이기 때문입니다.
세상적 수익을 내는 일이 아니며 잠시 보이는 것도 아닙니다. 영적인 일이며 생명에 관한 일입니다. 한시적 일이 아니라 영원한 세계의 일입니다.

① 그래서 복음의 일꾼은 성령의 권능을 받아야 감당할 수 있습니다.
예수님께서 마지막 승천하시기 전에 당부하신 말씀을 보게 됩니다. (요 14:16)"보혜사"(παράκλητος, 파라클레토스)로서 우리를 도와주시는 분입니다. (행 1:8)권능을 받게 된다고 하셨는데, 그 권능은 성령의 권능이요. 성령의 역사하심입니다.

② 그 권능을 받게 될 때 십자가와 부활의 복음을 전하는 역사가 나타나게 됩니다.
마 28:19의 위대한 명령을 위해서입니다. "권능"(δύναμιν, 듀나민)인데, 성령의 능력으로서 마치 폭발물처럼 역사하는 힘입니다. 그래서 신학자 벵겔(Bengel)은 하나님의 나라는 바로 이런 증언에 의해 확장되는 것이라 하였고, 신학자 브루스(Bruce)는 이런 능력으로 로마에까지 복음이 가게 되었다고 하였습니다.

복음 전파의 역사와 주님의 교회 일은 성령의 역사로만 가능합니다.

2) 복음의 일꾼은 본인이 하는 일에 부끄러워하지 않고 담대하게 일하게 됩니다.

복음 때문에 당하는 일에도 힘을 내어서 일하게 됩니다.

① 복음을 누구 앞에서나 부끄러워하지 않고 전하게 됩니다.

누구에게나 담대하게 내가 믿는 예수 그리스도의 대해서 전하는 믿음입니다. (롬 1:16)사도 바울 역시 복음을 부끄러워하지 않고 부지런히 누구 앞에서나 담대히 전하였음을 보게 됩니다. (고전 1:23)유대인에게는 거리끼는 것이요 헬라인에게는 미련하게 보일지라도 성령으로 전하며 주의 일에 힘썼던 현장을 보게 됩니다.

② 하나님의 교회 일꾼은 모두 복음의 일꾼입니다.

구속의 은혜로 하나님의 백성이 되었기 때문입니다(요 1:12). (엡 1:3)성령의 인치심을 받았기 때문입니다. (롬 8:15)하나님을 아버지라 부르기 때문입니다. (빌 3:20)시민권이 하늘에 있기 때문입니다. 그러므로 우리 모두 복음의 일꾼으로서 끝까지 승리하시기를 주님의 이름으로 축원합니다.

결론 : 복음의 일꾼으로 살아야 합니다.

〈제자〉

너는 나를 따르라

요 21:20-23

　성경에 등장하는 수많은 인물 중에서 베드로와 같은 행운의 사람도 많지 않을 것입니다. 베드로는 예수님 앞에서 행운아였습니다. 성경에서 하나님 앞에 신임받은 인물들을 보면 그 모든 상황이 다르게 나타납니다. 부르심을 받고 쓰임받은 모든 일이 제각기 다른 모습입니다. (렘 1:4-)예레미야는 아직 나이가 어릴 때 부르심을 받고 귀하게 쓰임 받았습니다. (암 7:14-)아모스는 양을 치는 목자였고 뽕나무를 재배하는 농부였을 때 부르심을 받았습니다. (마 4:18-)베드로, 안드레, 야고보, 요한 등은 어부로 일할 때 부르심을 받았습니다. (마 9:9)마태는 세무직원으로 일할 때 부르심을 받았습니다. 미국의 유명한 부흥사 무디(D. L. Moody)는 구둣방에서 헌 구두를 수리하는 직공일 때 부르심을 받았습니다. 지인 목사님 중에 어떤 분은 깡패의 세계에서 일하다가 하나님의 강력한 역사하심 가운데 부르심을 받고 목회자가 되었습니다.
　오늘 본문 말씀은 부활하신 예수님께서 3번씩이나 부인했던 베드로를 다시 만나 주시고 사명을 다시 한번 확인해 주신 내용의 말씀입니다. "내가 다시 올 때까지 그(사도 요한)를 머물게 하고자 할지라도 네게 무슨 상관이냐 너는 나를 따르라"고 베드로에게 말씀하셨습니다(You must follow me). 토마스 아 킴피스(Thomes A kempis)는 "베드로는 베드로의 길이 있고, 요한은 요한의 길이 있다. 그 길로 가는 것은 그리스도에게로 통하는 길이다." 하였습니다. 본문에서 은혜를 받게 됩니다.

1. 예수님을 세 번이나 부인한 베드로에게 나를 따르라 하신 것은 베드로를 용서하시는 은총의 부르심입니다.

(마 26:34)예수님의 경고하심에도 호언장담하다가 (마 26:71-)세 번이나 예수님을 배반한 베드로였습니다. 닭이 울자 예수님의 말씀이 생각나서 밖에 나가서 심히 통곡하였습니다.

1) 예수님의 경고를 듣지 않고 호언장담한 베드로였습니다.

결국 예수님이 빌라도에게 심문받으시는 자리에서 주님을 세 번씩이나 부인했습니다. 그렇게 실패한 베드로였습니다.

① 베드로는 예수님을 배반하였을지라도 예수님은 베드로를 배반하지 않으시고 다시 찾으셨습니다.

(눅 22:31)사탄이 시몬을 밀 까부르듯 하려고 요구하였으나 네 믿음이 떨어지지 않도록 기도하셨다고 하였습니다. "요구하였으나"(ἐξῃτήσατο, 에게사토)는 두 단어의 합성어인데, '찾아'(αιτεω, 아이테오) + '보다'(ἐξ, 에크)의 뜻으로서 사탄의 일을 보여 줍니다. (욥 1:7, 벧전 5:8)사탄은 두루 다니면서 삼킬 자를 찾습니다. (사 49:14)그러나 하나님은 하나님의 백성을 손바닥에 기록해 놓고 계심을 믿어야 합니다.

② 베드로의 행위에서 우리의 현재의 모습을 보아야 합니다.

베드로가 예수님의 경고를 경홀히 대하며 쉽게 장담하다가 문제 앞에서 넘어졌듯이, 우리는 경각심을 가져야 합니다. "삼킬 자를 찾나니"에서 신학자 크라케(Clarke)는 "사탄은 세 가지 모양으로 시험한다."고 하였습니다. 첫째는 간교한 뱀 모양으로(창 3:1), 둘째는 광명의 천사 모양으로(고후 11:14), 셋째는 우는 사자 모양으로(벧전 5:8) 덤벼든다고 하였습니다. (빌 2:12)두렵고 떨림으로 구원에 이르도록 힘써야 합니다.

2) 그런 베드로를 예수님은 다시 만나주시고 나를 따르라고 하셨습니다.

반드시 따라와야 한다는 강한 의지가 담겨 있습니다.

① 용서하신다는 강한 의지입니다.

그렇게 내 앞에서 부인했어도 용서하시겠다는 강한 의지입니다. (히 10:17)그들의 죄와 그들의 불법을 다시 기억하지 아니한다고 하셨습니다. 영국의 한 정신병원의 통계에 환자의 95%가 하나님의 용서를 믿지 않는 사람이었다고 했습니다. 우리는 주님의 용서와 부르심을 듣고 믿어야 합니다.
　② 베드로에게 나를 따르라고 하신 것은 모든 허물을 용서해 주고 덮어 주시겠다는 뜻입니다.
　예수님은 베드로에게 그의 실수에 대해서 한마디도 묻지 않으셨습니다. 모두 덮으시고 용서해 주셨기 때문입니다. (벧전 4:8)후에 베드로는 "무엇보다도 뜨겁게 서로 사랑할지니 사랑은 허다한 죄를 덮느니라"고 하였는데, 그 후 베드로는 예수님의 복음을 전하다가 순교의 제물이 되었습니다. 베드로는 부르심에 끝까지 잘 달려간 것을 보게 됩니다.

2. 예수님이 세 번이나 부인한 베드로를 부르심은 재기의 성공적 축복을 주시기 위함입니다.

　예수님의 수제자가 그렇게 엎드러져서 일어나지 못한 채 끝이 날 수는 없습니다. 다시 일어나서 재기의 길로 나아가라는 부르심입니다.
　1) 다시 실패에서 성공으로 일어서야 하는 부르심입니다.
　베드로가 예수님을 세 번이나 부인한 채 그냥 주저앉았다면 성경에서 큰 문제가 될 수밖에 없을 것입니다. (롬 11:29)하나님의 부르심에는 후회하심이 없느니라 하였습니다.
　① 우리를 부르심에도 후회하심이 없어야 합니다.
　베드로에게 그리하시듯 우리 개인마다 하나님의 후회하심이 없어야 합니다. 예수님이 우리를 부르시고 목사로 장로로 권사로 안수집사로 교사로 성가대원과 구역장과 각각의 위치에 세우셨는데, 후회하심이 없게 해드려야 합니다. 베드로를 다시 부르신 이유라고 믿습니다.
　② 미리 보여주셨던 사건에서 봅니다.
　(눅 5:1-)밤이 새도록 고기를 잡았으나 실패해서 고기 그물을 씻고 있던 베드로를 주님이 찾아가셔서 깊은 데로 가서 그물을 던지라고 말씀하셨는데, 그 말씀에 순종하여 그물을 던졌더니 두 배가 가득 채우게 된 사건을 통해 우리는 깊이 깨닫게 됩니다. 실패를 뒤로하고 말씀에 의지하여 다시 길을 나서는 베드로의 모습에서 깨닫게 됩니다. 주님의 부르심에 순종해서 큰 은혜를 체험하시는 은평교회 성도들이 되어야 할 줄 믿습니다. (사 60:1)일어나 빛을 발해

야 할 때입니다.

  2) 우리 주님의 손은 능력의 손길입니다.

  실패한 상태에서 옛 직업을 찾아 바닷가에 있는 베드로에게 손 내미시는 주님의 손은 능력의 손입니다. (벧전 4:11)후에 베드로는 청지기의 사명을 강조하며 전하였습니다.

  ① 베드로는 늙었지만 주님의 복음을 전하다가 순교의 자리까지 가게 되었습니다.

  이는 사람의 능력이나 힘이 아니라 주님의 능력의 손으로 붙들어 주심입니다. 하나님이 공급하시는 힘으로 하는 것 같이하여 베드로는 결국 영적으로 승리자가 되었습니다.

  ② 주님이 붙드시면 재기하게 됩니다.

  다시 일어나서 승리할 수 있도록 붙들어 주시기 때문입니다. 이른바 칠전팔기의 신앙으로 나아가게 됩니다. (잠 24:16)일곱 번 넘어져도 다시 일어나게 됩니다. (시 37:24)주께서 그 손으로 붙들어 주시기 때문입니다. 현재 약함에 처해 있을지라도 주님의 능력의 손을 붙드세요. 주님이 베드로에게 손을 내미듯이 주님이 지금도 우리에게 손을 내미시고 계시는데 그 손을 굳게 붙드시기를 바랍니다.

3. 세 번이나 부인한 베드로이지만 주님은 복음 전하는 사도로 귀하게 사용하셨습니다.

  대부분 사람은 자기에게 조금만 이상이 생겨도 상대를 버리지만 예수님은 그리하지 않습니다. 인간처럼 예수님이 그러하신다면 주님 앞에 설 사람은 아무도 없을 것입니다.

  1) 예수님은 세 번이나 다짐하시면서 질문하셨습니다.

  "요한의 아들 시몬아 네가 나를 사랑하느냐" "네가 나를 사랑하느냐" "네가 나를 사랑하느냐"고 질문하셨습니다.

  ① 질문하시면서 사명을 강조해 주셨습니다.

  내가 너를 사랑하여 십자가에서 피 흘려 죽었듯이, 네가 나를 사랑하면 내 양을 맡기겠다는 주님의 부르심입니다. 오늘 우리는 주님께서 부탁하신 사명을 잘 감당해야 하겠습니다. 지금 우리가 여기에 앉아서 예배드리는 것은 우리 주님의 은혜 때문입니다. (고전 15:9)사도 바울은 내가 나 된 것은 하나님의 은혜라고 하였습니다. 잊지 말고 감사 감격한 가운데서 사명을 감당해야 할 때입니다.

② 복음 전도의 사명입니다.

전도하여 가서 제자 삼으라는 사명입니다. (마 28:18-20)"예수께서 나아와 말씀하여 이르시되 하늘과 땅의 모든 권세를 내게 주셨으니 그러므로 너희는 가서 모든 민족을 제자로 삼아 아버지와 아들과 성령의 이름으로 세례를 베풀고 내가 너희에게 분부한 모든 것을 가르쳐 지키게 하라 볼지어다 내가 세상 끝날까지 너희와 항상 함께 있으리라"고 하셨습니다. 사명을 받고 사명의 자리에 서야 할 때입니다.

2) 다시 재기한 베드로의 사명은 지상 선교요 전도의 길이었습니다.

이 일 때문에 세상에 오셨고 십자가에서 죽으시고 3일 만에 부활하셨습니다. 이제는 남겨진 교회인 구원받은 우리가 이 사명을 다해야 할 것입니다.

① 한번 죽음으로써 끝이 아니라 심판이 있기 때문입니다.

(히 9:27-)"한번 죽는 것은 사람에게 정해진 것이요 그 후에는 심판이 있으리니 이와 같이 그리스도도 많은 사람의 죄를 담당하시려고 단번에 드리신 바 되셨고 구원에 이르게 하기 위하여 죄와 상관 없이 자기를 바라는 자들에게 두 번째 나타나시리라" 하였습니다. 지상에 존재하는 동안에 교회의 사명은 전도하고 부지런히 선교해서 영혼을 구원하는 데 있습니다.

② 주님은 우리에게 말씀하십니다.

"너는 나를 따르라"(you must follow me, NIV). 주님이 나를 따라 오시나요? 내가 주님을 따라 가나요? 그렇다면 주님이 이 시간에도 우리에게 말씀하십니다. 누군가에게서 복음을 듣고 내가 구원받은 것 같이 나도 누군가에게 복음을 전하며 구원받게 해야 합니다. 이것이 죄악 세상에서 살 동안 구원받은 우리의 사명인 줄 알고, 우리 모두 주님의 부르심에 응답하고 승리할 수 있게 되기를 예수님의 이름으로 축복합니다.

결론 : 주님은 나를 따르라 하십니다.

〈축복〉

축복을 받은 사람들

롬 5:1-6

　세상을 살아가면서 누구나 각자에게 주어진 환경과 생활 가운데서 하는 일이 잘되고 행복한 생애를 꿈꾸게 됩니다. 여기에서 행복이냐 불행이냐는 성공이냐 실패이냐에 따라서 달라지는 현상을 주변에서 보게 됩니다. 어떤 사람의 성공과 실패에서 오는 행복과 불행은 타고나는 것도 있지만 본인 스스로 만들어 가는 경우도 있습니다. 성경은 우리에게 분명하게 말씀하고 있습니다. 하나님께서 율법과 말씀을 주시면서 (신 10:13)우리로 하여금 행복하기 위해서 주셨다고 하였습니다. (잠 3:1-)"내 아들아 나의 법을 잊어버리지 말고 네 마음으로 나의 명령을 지키라 그리하면 그것이 너를 장수하게 하며 많은 해를 누리게 하며 평강을 더하게 하리라" 하였는데, 인생의 생사화복의 주권이 하나님께 있으므로 말씀 따라서 행할 때 영적인 행복이 더하게 됩니다. (잠 10:28)"의인의 소망은 즐거움을 이루어도 악인의 소망은 끊어지느니라" 하였습니다.

　그리고 행복은 두 가지 차원에서 볼 수 있습니다. 하나는 일시적인 것과 맹목적인 행복입니다. 또 하나는 눈에 보이는 가시적이고 물질적인 것과 눈에 보이지 않는 영적이고 신령한 차원의 것입니다. 조석으로 변하는 것은 진정한 행복이라고 말할 수 없습니다. (행 6:15)스데반 집사님은 돌에 맞아 순교하는 자리에서도 그의 얼굴이 천사의 얼굴과 같았다고 했습니다. 성령 충만한 영적 생활을 말합니다. (출 34:29)40일 금식하며 율법을 받아서 내려오는 모세의 얼굴에는 광채가 나게 되었습니다. (마 17:9)예수님의 변화한 모습에서 그 영광을 볼 수 있습니다. 이에 대해 신학자 홀츠만(Holzmann)은 "쾌활한 명랑성과 평화로운 위엄이다."라고 하였고, 신학자 룸비(Lumby)는 "그의 선한 동기에 대한 신념과 성령으로 말미암은 안전과 부동성이다." 하였습니다. 오늘 본문에서 우리는 영원히 예수 그리스도 안에서 행복한 사람을 볼 수 있습니다.

1. 그리스도 안에서 행복한 사람은 환란 중에도 즐거워합니다.

같은 환경이라면 예수 그리스도 안에 있으므로 그렇게 됩니다. (요 14:27)세상이 주는 평안이 아닙니다. (롬 15:13, 33)소망의 하나님이시며 평강의 하나님이십니다.

1) 세상 사는 동안에 환란은 누구에게나 다 있습니다.

내용과 강도가 다를 뿐입니다. 누가 환란이 없겠습니까?

① 인생은 고난의 연속 가운데 살아가는 여정입니다.

마치 바다에는 큰 파도와 작은 파도가 늘 있는 것과 같은 원리입니다. (시 90:9-)120세를 살았던 모세도 그랬습니다. (전 7:13-)인생이 겪는 일에 대해서 솔로몬은 이렇게 전했음을 보게 됩니다. (창 3:17-)이는 아담과 하와가 불순종하여 타락했기 때문입니다.

② 사도 바울에게도 고난이 연속적으로 찾아왔습니다.

(고후 11:23-)사도 바울이 겪은 고난의 현장입니다. 신학자 플루머(Plummer)는 "그리스도의 일꾼이기 때문에, 사도이기 때문에 고난이 더 컸다."고 하였습니다. (마 16:24)예수님은 예수님을 따라올 때 십자가를 지고 따라오라고 분명히 말씀하셨습니다. (딤후 4:6-8)그리고 사도 바울은 승리의 개선가를 부르게 되었습니다.

2) 환란 중에도 즐거워한다고 간증하고 있습니다.

고통 중에도 즐거워하는 신앙적 간증입니다. 성령님께서 힘을 주시기 때문입니다.

① 바울은 고난 중에도 행복해하는 모습입니다.

(고후 11:28)그 모진 고난 중에서도 오히려 주님의 몸 된 교회를 위해서 마음으로 더 눌리는 것이 있었다고 고백합니다. (행 16:25, 빌 4:4)바울은 옥중에서도 기도하였고 찬송하였으며, 성도들에게 기뻐하라고 전하고 있습니다.

② 그리스도 안에서 믿음의 사람들은 구약이든 신약이든 교회사이든 현재를

살든 관계없이 공통적이며 같은 신앙의 모습을 보게 됩니다.

(단 3:17-)사드락 메삭 아벳느고에게서 분명히 보게 됩니다. (단 6:10)사자 굴에 들어간 다니엘에게서 보게 됩니다. 교회사에서 폴리캅(Polycarp)에게서 배우게 됩니다. 주기철 목사님이나 손양원 목사님 같은 분들의 신앙에서 보게 됩니다. 이들은 모두 환란 중에도 행복해했음을 보게 되는데, 우리도 이와 같은 신앙으로 무장해서 환란 중에도 즐거워하는 신앙인이 다 되기를 소망합니다.

2. 그리스도 안에서의 이 행복은 절망 중에서도 희망을 가지는 능력이 됩니다.

보편적으로 절망 가운데서는 절망하면서 사는 것이 사실이지만, 그리스도인들은 오히려 그것을 참고 견디면서 소망을 가지는 능력이 있게 되는데, 이것이 믿음의 영적 능력입니다.

1) 그리스도 안에 있기 때문입니다.

그리스도 안에 있으므로 소망이 있고 절망하지 않습니다.

① 겉사람은 낡아지는 것이 자연적인 이치입니다.

팽팽한 피부를 자랑해도 때가 되면 늙게 되고 쭈글쭈글한 피부로 바뀌듯이 인생사 역시 그렇다는 것을 잊지 말아야 합니다. 어쩌다 거울 앞에 자기 얼굴을 본다든지 옛날 사진을 본 경우에 모습이 변하여 있음을 보게 됩니다. 대개 이런 때에 한숨을 쉬면서 낙심하거나 실망하여서 우울증에걸리는 경우도 보게 됩니다. 그러나 그리스도인들은 분명히 달라야 합니다. 그런 가운데도 오히려 소망을 가지고 영적으로 또 다른 계기를 이루도록 힘써야 합니다. (행 7:56-)스데반 집사님은 돌에 맞아 죽는 가운데서도 예수님을 보게 되었습니다.

② 그리스도인들은 속사람을 보면서 소망을 가져야 합니다.

그리스도 안에서 또 다른 새 사람을 보아야 합니다. (고후 4:16)사도 바울은 고백했습니다. "그러므로 우리가 낙심하지 아니하노니 겉사람은 낡아지나 우리의 속사람은 날로 새로워지도다" 하였습니다. 프랑스의 작가 빅톨 위고(Victor Hugo)는 나이 80세 되어 죽음이 가까이 왔을 때 "내 늙은 이 몸속에서 새 생명의 움이 터 나오는 것을 느낌은 이상한 일이 아닌가?" 하였습니다. 예수 그리스도 안에 있는 믿음의 성도에게는 영원한 생명이 약속되었기 때문에 낙심할 이유가 없습니다. 또 소망 중에 즐거워하며 환란 중에 참으며 기도에 항상 힘 쓰는 가운데 승리하게 됩니다(롬 12:12-).

2) 우리가 소망하고 돌아보는 것은 영원한 것이기 때문입니다.

(고후 4:18)"우리가 주목하는 것은 보이는 것이 아니요" 했습니다. 보이는 것과 보이지 않는 것을 대조시켜서 말씀하신 것입니다.

① 보이는 세계가 전부가 아님을 반드시 알아야 합니다.

보이지 않는 세계를 믿음의 눈 신령한 눈을 떠서 보아야 합니다. (엡 1:18-)"너희 마음의 눈을 밝히사 그의 부르심의 소망이 무엇이며 성도 안에서 그 기업의 영광의 풍성함이 무엇이며 그의 힘의 위력으로 역사하심을 따라 믿는 우리에게 베푸신 능력의 지극히 크심이 어떠한 것을 너희로 알게 하시기를 구하노라" 하였습니다. (히 11:24-)모세가 애굽 왕의 자리가 아니라 천국의 영광을 보았던 눈입니다.

② 사람들은 자연히 늙어가는 것도 두려워하는데, 믿음을 지키며 고난당하는 것을 현실적으로 좋아하지 않습니다.

오늘 본문에서 "우리가 환란 중에도 즐거워하나니 이는 환란은 인내를 인내는 연단을 연단은 소망을 이루는 줄 앎이니라" 하였는데, 이것이 우리의 믿음입니다.

3. 그리스도 안에서의 행복은 잠시가 아니요 영원한 것입니다.

잠시 있다가 사라지는 안개 같은 것이 절대로 아닙니다. 영원히 변하지 않는 천국의 보배와 같은 것입니다

1) 세상은 잠깐이지만 천국은 영원한데 그 천국에까지 같이 가는 동행자가 영원한 천국의 행복자입니다.

이와 같은 영적인 소망과 믿음이 있으므로 어려운 현실을 극복합니다.

① 참된 행복은 평상시에도 중요하지만 임종시에 보면 확실히 나타나게 됩니다.

임종 시에 천국이 열리는 사람과 지옥이 열리는 사람은 분명히 다르기 때문입니다. 프랑스의 성직자였던 라프데(1781-1854)는 세상을 떠나면서 "최후의 시간이 온 것은 하나님의 뜻 안에서 행복하다." 하였습니다. 폴란드의 대작곡가

쇼팽은 죽기 전에 돌아와서 신앙을 찾았는데, 친구 목사님에게 기도 받고 행복하다고 하며 소천했다고 합니다.

② 그리스도인은 천국을 바라보기 때문에 그 천국은 확실하며 거기에서 행복을 체험하게 됩니다.

어떤 불신앙자가 말하듯이 천국이 있는지 모르겠다가 아니라 확실히 믿고 있기 때문에 행복이 따르게 됩니다. (롬 5:2)우리가 그 믿음 안에 있는 것입니다. 따라서 천국이 확보된 사람은 행복합니다. 환란이 그 행복을 꺾을 수 없습니다.

2) 그리스도 안에서 죽는 자는 복이 있습니다.

현세에서 내가 그리스도 안에서 사느냐 그렇지 않느냐가 중요합니다.

① 주 안에서 죽는 자는 복이 있다고 하였습니다.

(계 14:13)"또 내가 들으니 하늘에서 음성이 나서 이르되 기록하라 지금 이후로 주 안에서 죽는 자들은 복이 있다 하시매 성령이 이르시되 그리하다 그들이 수고를 그치고 쉬리니 이는 그들이 행한 일이 따름이라 하시더라" 하였습니다. 이것이 주 안에 있는 성도의 행복입니다.

② 임종시에 불행하면 영원한 불행입니다.

(눅 16:24-)부자와 나사로의 경우에서 보여 주신 예수님의 말씀입니다. (전 2:26-)부지런히 천국을 쌓아가는 사람이 있지만, 바람을 잡으려고 헛된 것에 꿈을 꾸는 사람들도 있습니다. 그러므로 진정한 행복은 예수 그리스도 안에 있는 줄 믿고, 예수 그리스도 안에서 환란도 이기고 인내하면서 영원한 천국의 행복을 누리는 성도들이 다 되시기를 예수님의 이름으로 축복합니다.

결론 : 우리의 행복은 영원한 것입니다.

〈축복〉

축복은 믿음대로 되리라

막 11:22-26

　세상을 살아가면서 그냥 살아가는 것이 아니라 반드시 하나님의 축복을 받고 살아야 하는 것이 천칙(天則)입니다. 하다못해 이름 모를 들풀 하나, 미물 하나까지도 하나님의 돌보심의 은혜와 축복이 있을 때 생존하고 성장하게 됩니다. 욥이 가장 힘들고 어려운 시기를 지날 때 하나님께서 욥에게 질문하시는 내용을 성경에서 보게 되는데, 여기서 큰 뜻을 깨닫게 됩니다. (욥 38:41)"까마귀 새끼가 먹을 것이 없어서 오락가락할 때에 그것에게 먹을 것을 주시는 분이 누구냐"는 것입니다. (시 147:9, 104:25)하나님께서 먹이시고 준비하신다고 말씀하셨습니다. 여기에 대한 성경은 비단 자연 생태계에 대한 내용으로 끝나는 것이 아니라 우리의 생명까지도 그 주권이 하나님께 있다는 확실성을 믿어야 합니다(마 10:28). 그리고 살아가는 의식주 문제도 하나님께서 주신다는 사실을 믿어야 합니다(마 6:28). 시험에 드는 것은 자신의 욕심 때문임을 기억해야 합니다(약 1:14). 유대인 격언 중에 "욕심은 처음에는 거미줄처럼 들어 오지만 나중에는 밧줄처럼 너를 묶는다." 하였고, 영국 격언에 "네가 욕심을 제어하지 못하면 욕심이 너를 제어할 것이다." 하였습니다. 여기에서 '욕심'이라는 헬라어는 '에피투미아'(ἐπιθυμία)로서 사학자 로페스(Ropes)에 의하면 "특히 금단의 일에 대한 욕구를 가리킨다." 하면서 "에덴동산에서조차 행복의 축복을 받고도 하나님과 같이 된다는 마귀의 속삭임에 속은 것을 연상하게 된다."고 하였습니다. 오늘 본문에서 은혜를 받고 깨달아야 하겠습니다. 예수님께서 주신 말씀에서 은혜를 받게 됩니다.

1. 하나님을 믿는 믿음에 서 있어야 합니다.

우리 믿음의 대상은 오직 창조주 하나님이신데, 성부, 성자, 성령 3위 일체 하나님만이 우리 믿음의 대상이 됩니다.

1) 우리의 축복은 이 하나님을 믿는 믿음에서 나타나며 받게 됩니다.

철저하게 믿는 믿음이 중요합니다. 기독교 신앙은 이 믿음 위에서만 이루어집니다.

① 믿어야 합니다.

본문에서 믿으라(22절, Faith), 믿고(23절, believe), 믿으라(24절, believe)는 말씀이 세 번이나 나온 것을 볼 수 있습니다. 이 믿음에 관해서는 요 14:1-6에서도, 엡 2:8에서도 믿음의 행위를 강조해 주셨음을 보게 됩니다. 인간이 마지막까지 믿을 분은 하나님뿐이십니다. 학자 중에 토마스 풀러(Thomas Fuller)는 "인간은 울면서 태어나서 불평하며 살다가 실망하며 죽는다." 하였습니다. 민 13-14장과 출 14:9에서 보듯 인간은 하나님을 신뢰하는 것에 인색한데, 은평교회 성도들은 하나님을 믿고 신뢰하는데 풍성해야 하겠습니다.

② 확실한 믿음이 있을 때 행복해집니다.

믿음이 확실하지 않을 때는 흔들리고 불확실해지게 됩니다. 여기에서 불안해집니다. 어거스틴(Augustine)은 "당신이 믿으려는 법을 이해하려 하지 말고 당신이 이해하고 싶은 법을 믿으라." 하였습니다. 파스칼(Pascal)은 "우주 안에는 증명되는 진리가 있고 증명되지 못하는 진리가 있다." 하였습니다. 우리는 성경 말씀을 있는 그대로 믿어야 합니다.

2) 영원한 축복인 재산 가치는 믿음입니다.

사람은 세상을 살아가면서 잠깐 있는 눈에 보이는 것들인 물질적 재산이나 가시적인 것에 가치를 두고 살아갑니다. 그리고 그것을 소유하는 데 혈안이 되어 있습니다. 여기에서 갈등이 오게 됩니다.

① 내가 시간을 모두 사용하고 하나님께 갈 때는 모두 사라지는 것들입니다.

세상에 살아가는 동안만 잠시 있는 것들입니다. (벧전 4:10)하나님 앞에 청지기임을 잊지 말아야 합니다. "선한 청지기같이 서로 봉사하라"(faithfully administering God's) 하였습니다. 내가 소유한 모든 것까지 믿음으로 관리하는 관리자라는 사실을 잊지 말아야 합니다.

② 그리고 이렇게 믿음으로 행하였느냐 하는 결산의 시간이 온다는 것입니다. (딤후 4:6-8)바울 사도의 결산에서 봅니다. 의의 면류관의 주인공이 되었습니다. (마 25:14)달란트 비유에서도 착하고 충성된 종이 소개되었습니다. 이것이 믿음의 결산 내용들인데, 우리에게 모두 믿음이 있다면 이 믿음으로 마지막 결산 때에 아름다운 열매를 맺을 것입니다.

2. 믿음의 반대는 의심인데, 이 의심을 버려야 합니다.

성경에서 볼 때 믿음이 성장하지 못하고 중간에 헤매며 신앙을 포기하는 경우를 보게 됩니다. 그것은 바로 의심 때문입니다. 의심은 믿지 못하는 불신앙이기 때문에 버려야 합니다. 의심은 믿지 못하게 하는 함정입니다.

1) 의심은 잘라 버려야 합니다.

의심하게 되면 결국 함정에 빠지게 됩니다. (창 3:1)간교한 뱀이 하와에게 접근해서 선악과를 따먹으라고 할 때 그들은 그 유혹을 이기지 못하고 선악과를 따먹음으로써 타락하게 되었고, 인류에게 원죄가 생기게 되었습니다.

① 믿지 못할 때 의심이 생기게 되고 불신앙에 빠지게 되는 결과가 나타납니다.

그러므로 우리는 말씀에 대한 의심을 과감히 버려야 합니다. (요 20:24)예수님의 부활을 보았던 제자들의 말을 믿지 못하고 불신했던 도마의 모습에서 우리는 교훈을 얻게 됩니다. (눅 24:22)예수님의 두 제자가 주님을 믿지 못하는 불신앙으로 인해 낙심하여 엠마오로 내려가다가 다행히 부활의 주님을 만나 그들의 신앙이 회복되었습니다.

② 예수님은 우리에게 믿음을 강조해 주셨습니다.

본문에서 23절을 주목해서 읽어보세요. "내가 진실로 너희에게 이르노니 누구든지 이 산더러 들리어 바다에 던져지라 하며 그 말하는 것이 이루어질 줄 믿고 마음에 의심하지 아니하면 그대로 되리라" 하였습니다. 성도들에게는 이 '의심'은 반드시 버려야 할 영적인 '적'과 같은 존재입니다. 믿음은 받아들이고 의심은 버려야 할 존재입니다.

2) 의심을 잘라버리는 방법은 주님의 말씀이 작동할 때 가능합니다.

말씀이 내 안에서 작동되어야 합니다. (눅 24:32)예수님이 떠나신 이후에 두 제자의 고백에서 보게 됩니다. "우리에게 성경을 풀어 주실 때 우리의 속에서 마음이 뜨겁지 아니하더냐" 하였습니다. 그들의 믿음이 뜨거워졌습니다.

① 말씀이 속에서 뜨겁게 역사할 때 의심은 꼬리를 감추고 도망갑니다.

말씀이 마음에 들어가서 자리 잡을 때 의심은 사라지고 말씀으로 인하여 마음이 뜨겁게 되는 축복이 나타나게 될 줄 믿습니다. (히 4:12)하나님의 말씀은 살아 있고 활력이 있어 좌우에 어떤 날선 어떤 검보다도 예리하여 혼과 영과 및 관절과 골수를 찔러 쪼개기까지 합니다. 죽은 말씀이 아니라 "살아 있고"(Ζῶν, 존), "활력"(ἐνεργής, 에겔게스)이 있는 양날의 예리한 검으로 비유하였습니다. 이것이 말씀입니다.

② 의심은 영적으로 큰 피해를 주기 때문에 과감하게 버려야 합니다.

일본의 의사 하루야마 시게오가 쓴 《뇌내혁명(A Great Revolution in the Brain World)》에서, 그는 사람이 좋다 싫다 하는 것은 기본적인 양의 에너지가 필요한데 긍정적으로 생각할 때와 부정적으로 생각할 때의 에너지의 분비량이 달라진다고 했습니다. 긍정적일 때에는 좋은 호르몬이 나오지만 부정적일 때는 독성이 나와서 몸에 해가 된다는 것입니다. 긍정적인 믿음의 사고로 바뀌어야 건강도 따라올 줄 믿습니다.

3. 예수님은 믿음대로 될 것을 강조하셨습니다.

역시 믿음입니다. 믿으면 그대로 된다는 사실을 천명해 주신 것입니다. (24절)"무엇이든지 기도하고 구하는 것은 받은 줄로 믿으라 그리하면 너희에게 그대로 되리라" 하셨습니다. 예수님이 실언하신 것도 아니고 말씀 되시는 예수님이 우리에게 진실과 사실을 분명하게 말씀해 주셨기 때문에 믿고 기도하면 이루어지게 되는 것입니다.

1) 믿음의 위대성과 결과를 우리에게 말씀해 주셨습니다.

타락 이후에 인간은 모두 하나님께 대한 믿음을 상실하였고 그 결과 멸망인데, 이 모두가 마귀에게서 나온 부정적인 일들이므로 마귀를 대적해야 합니다.

① 그러나 예수 그리스도를 구세주로 믿는 성도에게 믿음이 분명하게 있다면, 창조주 하나님을 향한 믿음이 확실하게 마음에 굳게 서 있어야 합니다.

내 죄를 해결하시기 위해서 성육신하시고 십자가에서 대속적 죽음을 죽으시고 3일 만에 무덤에서 부활하신 예수 그리스도를 마음에 모시고 확실하게 믿어야 합니다. 내 마음에 성전 삼으시고 계신 성령님을(고전 3:16) 확실하게 믿어야 합니다. 잠시 후에는 영원한 천국이 최종적인 목적지이기 때문에 그곳에 갈 것을 확실하게 믿고 소망해야 합니다. (요 14:1-6)그곳은 예수님이 준비하신 영원히 거할 곳입니다.

② 내 마음에 어떤 영향을 받느냐에 따라서 생활이 달라집니다.

믿음의 영향을 받게 되면 생활이 믿음의 영향을 받는 방향으로 바뀝니다. 반대로 불신앙의 영향을 받게 되면 생활이 불신앙과 그릇된 의식으로 바뀌게 됩니다. 타임지(Time)가 발표한 바에 의하면, 임신 중에 고고음악, 춤음악을 들으면서 복중에서 있던 아이들은 태어나서도 음악과 댄스 쪽으로 발달한다는 것입니다.

2) 믿음대로 되는 영적 세계입니다.

우리는 예수 그리스도 안에서 영적으로 살아야 합니다. 그것은 다른 길이 아닌 믿음대로 되는 역사이기 때문입니다. 믿음에서 벗어나면 레일(Rail)을 벗어난 기차와 같아서 영적 세계에서는 아무것도 할 수 없게 됩니다.

① 영적 세계이기 때문에 누구의 영향을 받느냐에 따라서 달라집니다.

성실하고 성령 충만한 사람이 옆에 있으면 자연적으로 거기에 발을 맞추어서 따르게 됩니다. 그러나 불성실한 사람이나 믿음이 파선된 후메내오와 알렉산더(딤전 1:19)와 같은 길을 가면 함께 문제가 됩니다. 민 13-14장에 나오는 정탐꾼의 보고에서도 배우게 됩니다.

② 믿음대로 되는 세계입니다.

우리의 믿음은 어떤 상태인지를 살펴야 합니다. (마 8:10)가버나움의 백부장의 믿음은 예수님께 칭찬 듣는 믿음이었습니다. (마 9:29)두 맹인의 믿음은 따라야 할 믿음입니다. 지금은 (눅 18:8)믿음이 점점 약화되는 시대입니다. 은평교회 모든 성도의 믿음이 견고하게 서게 되시기를 예수님의 이름으로 축원합니다.

결론 : 믿음은 축복입니다.

만나요약설교 14

초판 1쇄 발행 2023. 08. 01.

지은이　　　김명규
펴낸이　　　박성숙
펴낸곳　　　도서출판 예루살렘
주 소　　　10252 경기도 고양시 일산동구 고봉로 776-92
전 화　　　031-976-8970
팩 스　　　031-976-8971
이메일　　　jerusalem80@naver.com
등 록　　　(제59호) 2010년 1월 18일
창립일　　　1980년 5월 24일
ISBN　　　978-89-7210-574-9 03230

책값은 뒤표지에 있습니다.

도서출판 예루살렘은 말씀과 성령 안에서 기도로 시작하며
영혼이 풍요로워지는 책을 만드는 데 힘쓰고 있습니다.
나의 힘이신 여호와여 내가 주를 사랑하나이다(시 18:1)